위대한 부흥의 불꽃, 이스라엘의 사사들

제1권 역경을 이긴 보통 사람들

위대한 부흥의 불꽃, 이스라엘의 사사들
제1권 역경을 이긴 보통 사람들

글쓴이 김서택
펴낸이 정애주

편집 송승호 이현주 한미영 황교진 김기민 김준표 오은숙 유진실
미술 김진성 문정인 송하현 최혜영
제작 윤태웅
영업 오민택 차길환 국효숙 박상신 송민영
총무 정희자 마명진 김은오 윤진숙

펴낸날 2001. 8. 25. 초판 발행 2011. 9. 9. 7쇄 발행

펴낸곳 주식회사 홍성사
1977. 8. 1. 등록 / 제 1-499호
121-897 서울시 마포구 합정동 369-43
TEL. 02)333-5161 FAX. 02)333-5165
http://www.hsbooks.com E-mail: hsbooks@hsbooks.com

ⓒ 김서택, 2001

ISBN 978-89-365-0609-4
ISBN 978-89-365-0526-4(전4권)
값 9,500원   ※잘못된 책은 바꿔 드립니다.

위대한 부흥의 불꽃, 이스라엘의 사사들
제1권 역경을 이긴 보통 사람들

김서택 지음

홍성사

머리말
평범한 사람을 쓰시는 하나님

답답하고 어려운 상황이 계속될 때 사람들은 자포자기하거나 꿈을 잃게 되기가 쉽습니다. 그런데 이스라엘의 역사 중 가장 암울하고 어두운 시대에 오직 성령의 능력 하나만으로 온 세상을 환하게 밝힌 영웅들이 있었습니다. 그들은 바로 이스라엘의 사사들이었습니다.

하나님이 쓰신 사사들은 장애인이나 여성이나 사생아 같은 연약한 자들이었습니다. 그러나 이 연약한 자들이 일단 하나님의 손에 붙들리자 세상이 감당치 못할 영웅이 되었습니다. 오늘 이 어려운 시대에 하나님께서 찾으시는 사람들은 바로 이런 사람들입니다. 연약하지만 하나님의 말씀에 붙들린 그들이야말로 이 시대를 바꿀 영웅들입니다.

이 부족한 설교집이 자신감을 잃고 있는 많은 성도들에게 힘이 되기를 바랍니다. 이 책이 나오기까지 수고하신 홍성사 편집부 모든 분들께 감사드립니다.

2001년 여름 대구 수성교 옆에서

김의택

위대한 부흥의 불꽃, 이스라엘의 사사들
제1권 **역경을 이긴 보통 사람들**

머리말 ● 평범한 사람을 쓰시는 하나님   5

1. **사사 시대의 시작** 1:1-21   9
   여호수아가 죽은 후 ● 유다 지파의 진격 ● 전쟁중의 아름다운 에피소드

2. **타협과 공존** 1:22-36   32
   요셉 지파의 실수 ● 다른 지파들의 경우 ● 그리스도인의 영적 전쟁

3. **길갈 세대의 애통** 2:1-10   56
   길갈에서 온 하나님의 사자 ● 사자의 책망 ● 길갈 세대의 반응

4. **어둠의 시대를 밝힌 사사들** 2:11-23   81
   이스라엘 백성이 바알과 아스다롯을 섬기다 ● 이스라엘 안에 있는 죄의 본성 ●
   어둠의 시대를 밝힌 사사들

5. **고통은 외부로부터** 3:1-11   108
   전쟁을 알지 못하는 세대 ● 이스라엘 백성의 타협 ●
   이스라엘의 부르짖음과 옷니엘의 구원

6. **장애인 사사 에훗** 3:12-30 134
　　이스라엘 백성의 신앙 주기●의외의 구원자●다시 일어서는 이스라엘

7. **농부 출신 사사 삼갈** 3:31 159
　　삼갈의 구원●삼갈은 예표이다●블레셋의 정체

8. **주부 출신 사사 드보라** 4:1-10 185
　　이스라엘의 고질병●가나안 왕 야빈의 학대●여자 사사 드보라

9. **이방 여자 야엘의 승리** 4:11-24 209
　　호밥의 후손들●므깃도의 전쟁●이 전쟁의 원리●이방 여자 야엘의 승리

10. **승리의 노래 (1)** 5:1-18 231
　　하나님을 찬양할 이유●하나님의 영광스러운 임재●
　　지금까지의 이스라엘은 어떠했는가?●함께한 자들과 외면한 자들

11. **승리의 노래 (2)** 5:19-31 257
　　이스라엘의 두려움●하나님의 개입●하나님이 준비하신 영웅●
　　시스라를 기다리는 늙은 어미

　　부록 ● 차례에 따른 성경본문 282

■ 일러두기
1. 이 책은 1998년 2월부터 4월까지 제자들교회 주일예배에서 설교한 내용을 정리한 것입니다.
2. 본문에 인용된 성경구절의 문장부호는 *New International Version* 을 참고로, 편집자가 첨부한 것입니다.

1
사사 시대의 시작

> 여호수아가 죽은 후에 이스라엘 자손이 여호와께 묻자와 가로되 "우리 중 누가 먼저 올라가서 가나안 사람과 싸우리이까?" ……
>
> 사사기 1:1-21

제가 어렸을 때 어머니는 독일 재상 비스마르크의 이야기를 많이 해 주셨습니다. 왜 하필 비스마르크 이야기를 해 주셨는지는 잘 모르겠습니다. 아마도 어려운 시절에 가난한 집에서 자라, 마치 중국 춘추전국시대 때처럼 분열되어 있던 독일을 하나의 강력한 나라로 통일시킨 그의 큰 됨됨이를 본받으라고 그러셨던 것 같습니다. 그 당시 독일은 무수히 많은 제후들의 나라로 쪼개진 채 자기들끼리 싸우고 있는 형편이었고, 지도자들은 속이 좁고 옹졸했으며 자기밖에 몰랐습니다. 그 가운데서 시대를 꿰뚫어보고 이 모든 사람들을 포용하여 하나로 묶을 만한 큰 그릇과 강력한 지도력을 갖추었던 사람이 바로 비스마르크였습니다. 만약 독일이 그때 하나로 합쳐지지 못한 채 자기들끼리의 싸움을 계속했더라면, 주위에 있는 강대국들에 치여 오늘날의 독일은 존재할 수 없었을 것입니다.

어려운 혼란의 시대는 강력한 지도자를 필요로 합니다. 시대가 혼란할수록 사람들은 자기중심적으로 생각하며 자기 이익을 채우는 일에 급급해지게 마련입니다. 이런 어두운 시기에 나타나 사람들의 어려움을 통찰하고 그들을 위기에서 건진 이들은 하나같이 생각의 그릇이 크고 남의 어려움을 먼저 살피며 나라나 민족에 철저히 헌신한다는 특징을 가지고 있습니다.

사사기는 성경 중에서 가장 매력적이면서도 어려운 책입니다. 우선 사사기가 매력적인 이유는 하나님의 나라가 어려울 때 혜성처럼 등장하여 원수들을 물리치고 나라와 민족을 구한 영웅들의 이야기가 가득하다는 데 있습니다. 사사기 때의 이스라엘 역시 중국 춘추전국시대 때와 같았습니다. 사람들은 오로지 자기 이익과 안일만 추구했습니다. 그렇게 어두운 시기에 믿음의 영웅이 일어나 인간의 힘으로 도저히 극복할 수 없는 위기를 극복하고 원수들을 물리친 이야기들이 사사기에는 가득 기록되어 있습니다. 왜 어머니께서 비스마르크 이야기 대신 사사기를 읽어 주지 않으셨는지 모르겠습니다.

그런데 다른 한편으로 사사기가 어렵게 느껴지는 것은 통일성이 없기 때문입니다. 사사기의 구조를 살펴보면, 처음에 일종의 서론격으로 이스라엘 백성이 가나안 민족들을 철저히 몰아내지 못하고 결국 그들을 닮아 가는 이야기가 나오고 있습니다. 그들은 가나안에 들어가 적응하는 과정에서 믿음을 지키지 못한 채 타락하고 변질됩니다.

이어지는 본론에는 여러 지파들이 큰 어려움에 빠질 때마다 하나님께서 사사를 보내 구원하시는 이야기가 나옵니다. 여기에는 큰 사사들의 이야기도 있고 작은 사사들의 이야기도 있습니다. 큰 사사란 체격이 큰 사람을 말하는 것이 아니라 큰 어려움이 닥쳤을 때 큰 대가를 지불하고 백성들을 구원해 낸 사람을 말합니다. 또 작은 사사는 크게 한 일 없이 사사의 자리만 지킨 사람들로서, 개중에는 물질적인 욕심에 빠져든 이들도 있었습니다.

사사기의 마지막 부분은 이스라엘 백성들이 가장 크게 타락한 모습에 대한 고발 내지는 자백으로 이루어져 있습니다. 여기에는 단 지파가 어떻게 우상숭배에 빠지게 되었으며 여호수아가 분배해 준 기업을 포기하고 엉뚱한 방향으로 철수해 갔느냐 하는 이야기와 함께, 베냐민 지파의 동성연애와 그로 인해 촉발된 내전(內戰)이 기록되어 있습니다.

우리 생각에는 사사 시대를 건너뛰고 여호수아의 가나안 정복기에서 다윗의 왕정 시대로 곧바로 넘어갔더라면 가장 이상적이었을 것 같습니다. 사실 사사기 안에도 "이스라엘에 왕이 없으므로"라는 표현이 반복적으로 나오고 있습니다. 즉 이스라엘이 통일된 왕국이 아니었기 때문에 사사기에 기록된 바와 같은 혼란이 일어났다는 뜻입니다. 만약 여호수아의 가나안 정복기가 곧장 다윗의 왕정 시대로 이어졌더라면 이스라엘은 대단히 강력한 통일 왕국을 형성했을 것이고 이런 혼란은 일어나지 않았을 것입니다. 그러나 그들은 여호수아의 침공 이래 여러 지파로 나뉘어 지리멸렬하게 가나안 원주민들과 밀고 당기는 줄다리기를 400년 동안이나 계속했습니다.

그래서 어떤 이들은 사사기의 역사를 '실패의 역사'라고 부르기도 하고, 사사 시대를 '모순의 시기'라고 부르기도 합니다. 그러나 우리가 알아야 할 것은 사사기에 기록된 이 혼란의 역사야말로 오늘날 교회에 가장 큰 교훈을 주고 있다는 사실입니다. 만약 여호수아의 침공이 다윗의 왕정으로 곧장 이어졌다면 오늘날 교회는 설 땅을 잃었을 것입니다.

구약성경을 구속사적인 관점에서 볼 때, 여호수아의 가나안 침공은 예수 그리스도의 십자가 승리를 나타냅니다. 가장 대표적인 것은 여호수아가 기브온 전투에서 승리한 후 아모리 다섯 왕의 목을 발로 밟는 장면입니다. 여기에는 대단히 상징적인 의미가 있습니다. 그리스도의 십자가 사건은 사탄의 머리를 깨는 것이었고 원수의 목을 밟는 것이었기 때문입니다.

여호수아는 큰 승리를 거두었고 원수의 주력부대를 무너뜨렸습니다. 그러나 패잔병들은 아직 남아 있었고, 이 문제는 이스라엘 각 지파가 스스로 해결해야 했습니다. 하나님께서는 이스라엘 백성들과 함께 자신의 나라를 건설하기 원하셨으며 그들이 이 일에 구경꾼 되는 것을 원치 않으셨습니다. 그래서 여호수아의 큰 정복기가 끝난 후 패잔병들을 몰아내는 일을 각 지파의 손에 맡기셨습니다.

그런데 이때부터 이스라엘 백성들은 혼란의 시기에 접어들기 시작했습니다. 그들은 가나안 백성을 몰아내기는커녕 닮아 갔으며, 오히려 그들의 지배를 받아 거의 죽은 것이나 다름없는 상태에 빠지기까지 했습니다. 그러나 이스라엘은 죽지 않았습니다. 위기 때마다 기름 부은 종들을 통해 다시 일어나 엄청난 믿음의 승리를 거두었습니다. 이 시기는 결국 왕정 시대로 발전해 갑니다.

예수님께서는 십자가에서 큰 구원을 이루신 후 교회에 복음을 맡기셨습니다. 그리스도가 처음 오셨을 때부터 재림하실 때까지의 기간은 혼란의 시대이기도 하지만 교회의 시대이기도 합니다. 때로는 교회가 세상을 너무나도 닮아 간 나머지 그 등불이 거의 꺼진 것처럼 보일 때도 있었습니다. 그러나 교회는 결코 죽지 않았습니다. 다시 성령의 기름 부음을 받아 거짓된 우상을 몰아내고 하나님의 놀라운 구원을 일으키는 일을 반복해 왔습니다. 이것이 바로 교회의 역사입니다.

그래서 사사기는 교회론적으로 접근하는 것이 옳습니다. 사사기야말로 이 어렵고 혼란한 시대에 교회가 어떻게 다시 한 번 성령의 기름 부음을 받을 것이며, 보잘것없는 평신도들이 하나님 나라를 위해 큰 업적을 이룰 수 있는가를 가장 잘 보여 주는 책입니다.

사실 '첫번째 사사 옷니엘' 이니, '두번째 사사 에훗' 이니 하는 말은 성립되지 않습니다. 왜냐하면 사사는 항상 있었기 때문입니다. 출애굽 때에도 있었고 여호수아 때에도 있었습니다. 사사라는 직책은 오늘날의 개념으로 하자면 카운셀러나 평신도 지도자, 목회자 같은 것입니다. '판관'으로 번역하는 경우도 있지만, 사실 사사는 우리가 생각하듯이 법적인 지위를 가진 재판관이 아니었습니다. 그들은 이스라엘 백성들 사이에 사소한 분쟁이 생겼을 때 하나님의 말씀에 입각하여 옳고 그름을 분별해 주고 그들이 해야 할 일을 가르쳐 주는 일종의 카운셀러였고 평신도 지도자였으며 평범한 목회자였습니다. 그들은 군인도 아니었고 정식 관직을 가진 사람도 아니었습니다. 단지 하나님의 말씀을 읽고 먼저 깨달아 백성들의 어려움을 도와준 사람들이었을 뿐입니다.

그러나 그들은 하나님의 나라가 위기에 처하여 무력 전쟁이 불가피해질 경우에는 무서운 전사로 변하곤 했습니다. 그들은 언제까지나 성경만 읽고 상담만 하지 않았습니다. 하나님의 나라가 위기에 처했을 때에는 평소에 자기가 붙들고 있던 말씀을 시대에 적용하고 하나님의 능력을 끌고 와 원수들의 목을 치는 전쟁 지도자가 되었습니다. 그리고 전쟁이 끝나면 다시 평범한 평신도나 목회자의 자리로 돌아가 말씀으로 조용히 사람들을 가르치고 지도하는 일을 했습니다.

이처럼 사사들의 특징은 언제까지나 이론적인 말씀으로 토론만 하는 사람들이 아니었다는 것입니다. 그들은 언제까지나 말씀을 묵

상만 하고 나누기만 하는 사람들이 아니었습니다. 위기가 왔다고 생각될 때에는 즉시 그 자리에서 일어나 전쟁을 치를 수 있는, 한순간에 용사로 돌변할 수 있는, 말씀을 도서관이나 서재에만 가두어 두는 것이 아니라 곧바로 생활에 적용할 수 있는 믿음의 용사들이었습니다.

사사기 전체에 제목을 붙인다면 아마 '미션 임파서블'(Mission Impossible)이라고 해야 할 것입니다. 이것은 고작 영화에나 붙일 제목이 아닙니다. 사사기야말로 '미션 임파서블'입니다. 사사들은 불가능한 임무를 감당해 낸 사람들이었습니다.

여호수아가 죽은 후

사사기 1장 1절을 보면 여호수아가 죽은 후부터 사사 시대가 시작되고 있습니다. "여호수아가 죽은 후에 이스라엘 자손이 여호와께 묻자와 가로되 '우리 중 누가 먼저 올라가서 가나안 사람과 싸우리이까?'"

사사 시대는 여호수아가 죽은 후부터 시작되어 사울 왕조가 들어서면서 끝이 납니다. 그러나 이미 말했듯이 사사라는 직분이 이 기간에만 있었던 것은 아닙니다. 이스라엘 백성들 중에는 족장 격인 장로들이 늘 존재했고, 또 그들과 달리 말씀으로 백성들의 어려운 문제들을 해결해 주고 지도해 준 사사들이 항상 있었습니다. 그런데 여호수아가 죽고 난 후부터 이 무명의 사사들이 하나님의 나라를 위해 활약하는 새로운 시대가 열리게 된 것입니다.

이 사사들은 결코 영웅이 아니었습니다. 그들은 그저 평범한 말씀의 사역자들이었을 뿐입니다. 그 중에 어떤 이는 심각한 장애인이었고, 어떤 이는 서자로서 집에서 쫓겨나 부랑아들과 어울려 지내던 건달 같은 인물이었으며, 어떤 이는 여자였습니다. 여자에 대해 이렇게 말하는 것이 요즘에는 이상하게 들릴 수도 있지만, 옛날에는 여자가 사사가 된다는 것은 극히 예외적인 일이었습니다. 이들은 전쟁과는 도무지 어울리지 않는 평범한 사람들이었습니다. 그러나 나라가 위태로워지고 말씀의 진실성이 위협받게 되자, 이 평범한 사람들이 말씀을 붙들고 일어나 위대한 임무를 감당해 냈습니다.

우리는 여기에서 모세 시대와 여호수아 시대, 그 후의 사사 시대를 구속사적으로 구분해 볼 필요가 있습니다. 모세 시대의 특징은 '율법의 시대'라는 것입니다. 하나님께서 시내 산에서 불과 화염으로 나타나신 것만 보아도 그분이 이스라엘 백성들을 어떤 방식으로 대하셨는지 알 수 있습니다. 율법 시대의 특징은 나무도 없고 물도 없는 상황에서 율법의 말씀만 가지고 끊임없이 훈련받은 것입니다.

사실 그리스도가 오시기 전까지 풍성함이라는 것은 존재하지 않았습니다. 세례 요한이야말로 율법의 정신을 가장 잘 깨달았던 사람이었습니다. 그는 가죽옷을 입고 메뚜기와 석청을 먹었으며 날마다 자기 죄에 대해 애통해했습니다. 이것이 율법 시대의 특징입니다.

그리스도가 오시기 전까지 죄인들은 풍성할 수가 없었습니다. 하나님께서 그토록 이스라엘 백성을 사랑해서 만나와 메추라기로 먹이시고 반석의 물로 살려 주셨음에도 불구하고, 모세 시대는 결국 모세가 분노로 므리바의 바위를 내리치는 모습으로 막을 내립니다.

뒤이어 여호수아가 보여 준 것은 하나님 나라의 모습이었습니다. 그리스도의 십자가는 유월절과 홍해를 건넌 일로 나타났지만, 하나님 나라의 성격은 가나안의 풍성함으로 표현되었습니다. 가나안은 광야와 전혀 다른 세계였습니다. 거기에는 풍성함이 있었고, 이것저것 중에 선택할 수 있는 여유가 있었습니다.

앞서 말했듯이 여호수아의 특징적인 모습은 아모리 다섯 왕의 목을 밟은 것입니다. 아모리 다섯 왕은 이스라엘 백성을 멸망시키기 위해 기브온으로 몰려왔지만, 태양과 달이 지지 않는 놀라운 하나님의 능력 앞에 패배한 후 결국 목이 밟혀 죽는 것으로 최후를 맞이했습니다.

그러나 여호수아는 자신이 가나안 전 족속을 멸망시키는 대신, 각 지파에게 제비를 뽑게 함으로써 스스로 자기 땅을 정복하고 하나님 나라를 세우게 합니다. 이것은 오늘날 교회의 모습과 비슷합니다. 마귀의 주력부대는 갈보리 산 위에서 이미 결정적인 패배를 당했습니다. 그리스도께서는 사탄의 목을 밟으시고 그 머리를 깨뜨리셨습니다. 그러나 사탄이 완전히 멸망한 것은 아닙니다. 무시할 수 없는 사탄의 세력이 여전히 버티고 있습니다.

우리가 사사기에서 보는 것은 여호수아가 물리친 가나안 족속들이 그 땅에 다시 돌아와 살고 있는 모습입니다. 대표적인 곳이 예루살렘입니다. 예루살렘은 유다 족속들이 이미 패배시키고 불까지 지른 곳입니다. 그런데도 가나안 족속들이 다시 돌아와 살고 있습니다. 꼭 찰거머리 같습니다. 아무리 내쫓아도 다시 기어 들어옵니다. 그러다가 결국 어떻게 되었습니까? 이스라엘 백성들은 그들과 타협해서 같이 살기 시작했고, 급기야 이 타협이 이스라엘의 발목을 잡게 되었습니다.

사사기는 교회 시대를 상징합니다. 그리스도는 십자가 위에서 승리하셨지만 세부적인 부분은 그대로 남겨 두셨습니다. 왜 그렇게 하셨습니까? 우리도 하나님 나라를 위해 무언가 일할 여지가 있어야 하기 때문입니다. 사사기는 각 지파들이 어떻게 원수들을 몰아내고 하나님의 나라를 세우는지 보여 주고 있습니다. 물론 그 가운데는 혼란이 있고 무질서가 있습니다. 왕이 있었더라면 이런 혼란은 없었을 것처럼 보입니다. 그러나 이스라엘은 열두 지파로 나뉘어 있었기 때문에 오히려 한꺼번에 부패하지 않고 400년을 버틸 수 있었습니다. 오늘날 우리는 교회가 여러 교파로 나뉘어 있다는 데 혼란을 느낍니다. 그러나 이렇게 나뉘어 있기 때문에 한꺼번에 부패하지 않는 것입니다. 한 교파가 시들해지면 다른 교파가 힘을 내기 시작하고, 한 교파가 힘을 잃으면 다른 교파에서 부흥의 불길이 일어납니다. 교회는 이렇게 함으로써 그 빛을 잃지 않을 수 있습니다.

사사 시대야말로 평범한 사람들이 하나님의 나라를 위해 크게 헌신할 수 있는 시기입니다. 모세 시대 때 누가 감히 하나님께 가서 돌비를 받아올 수 있었겠습니까? 여호수아 시대 때 누가 감히 아모리 다섯 왕의 그 굵은 목을 발로 밟을 수 있었겠습니까? 모세와 여호수아가 한 일들은 그야말로 모세와 여호수아가 아니면 할 수 없는 것들이었습니다. 그러나 사사 시대는 출신이나 사회적인 신분과 상관 없이, 장애인이나 남녀의 구분 없이, 말씀에 헌신되고 성령으로 기름 부음 받은 자라면 누구든지 놀라운 역사를 행할 수 있고 불가능한 임무를 완수해 낼 수 있는 교회의 시대, 열린 시대입니다.

예수님은 제자들에게 "세례 요한의 때부터 지금까지 천국은 침노를 당하나니 침노하는 자는 빼앗느니라"(마 11:12)고 말씀하셨습니다. 바로 이것입니다. 공격하는 자가 가장 좋은 것을 차지할 것입니다. 하나님 나라를 위해 달음질하는 자가 상을 얻을 것입니다.

사도 바울은 "자기의 육체를 위하여 심는 자는 육체로부터 썩어진 것을 거두고 성령을 위하여 심는 자는 성령으로부터 영생을 거두리라"(갈 6:8)고 말씀했습니다. 무엇을 위하여 사느냐는 자기 자유입니다. 성령을 위해 살 수도 있고 육신을 위해 살 수도 있습니다. 그러나 그 삶에 대한 평가와 상급은 하나님 앞에서 정확하게 이루어질 것입니다.

유다 지파의 진격

여호수아가 죽고 난 후, 이스라엘 자손들은 너나없이 소강 상태에 빠져 있었습니다. 자기가 분할받은 땅을 향해 진격하기만 하면 되는데, 그렇게 하지 않고 서로 눈치만 보았습니다. 1장 1절과 2절은 여호수아가 죽은 후 스스로 정복해야 할 땅을 정복하지 못한 채 주저하고 있는 이들의 모습을 이렇게 전하고 있습니다. "여호수아가 죽은 후에 이스라엘 자손이 여호와께 묻자와 가로되 '우리 중 누가 먼저 올라가서 가나안 사람과 싸우리이까?' 여호와께서 가라사대 '유다가 올라갈지니라. 보라, 내가 이 땅을 그 손에 붙였노라' 하시니라."

그들은 누가 먼저 올라가야 할지 물어 볼 필요가 없었습니다. 각자 싸워야 할 땅이 이미 정해져 있었기 때문에 그냥 올라가서 싸우기만 하면 돼요. 그런데도 그들은 올라가지 않고 "누가 먼저 올라갈까요?" 하고 물었습니다. 신앙이 좋아서가 아닙니다. 서로 눈치만 보고 있다가 그래도 누군가 하나는 가야 할 것 같으니까 물은 것입니다. 마치 추운 겨울날, 형제 중 누군가는 밖에 나가서 무를 뽑아 와야 하는데 전부 아랫목에 주저앉은 채 서로 눈치만 보고 있는 것과 같습니다. "형이 가", "아니야, 막내가 가" 하면서 서로 미루다가 결국 아버지한테 묻습니다. 그래서 아버지가 "장남이 가야지!" 하고 소리지르면, 왜 하필 장남으로 태어났을까 탄식하면서 무를 뽑으러 가지요.

이스라엘 백성에게는 장남이 세 명 있었습니다. 육체적으로는 르우벤 지파가 장남이었습니다. 그러나 르우벤은 끓는 물 같은 기질 때문에 신앙적인 장남이 되지 못했습니다. 이스라엘의 신앙적인 장남은 유다 지파였고, 세상적인 영역의 장남은 요셉 지파였습니다. 요셉 지파는 물질적인 축복을 가장 많이 받았고 세상적인 일에서 항상 주도권을 장악했습니다.

그런데 하나님께서 가나안 땅을 침공하는 일에 유다 지파를 지목하신 데에는, 가나안 침공은 세상적인 일이 아니라 영적인 일이며 하나님의 나라의 일이라는 의미가 담겨 있습니다. 이 전쟁은 단지 살 수 있는 땅을 확보하기 위한 싸움이 아니라 영적인 싸움이라는 것입니다. 이 것은 가나안 사람들을 심판하는 싸움이었습니다.

그런데 유다는 자기만 가지 않고 시므온 지파를 끌어들였습니다. "유다가 그 형제 시므온에게 이르되 '나의 제비뽑아 얻은 땅에 나와 함께 올라가서 가나안 사람과 싸우자. 그리하면 나도 너의 제비뽑아 얻은 땅에 함께 가리라.' 이에 시므온이 그와 함께 가니라"(1:3).

유다가 혼자 가지 않고 시므온을 끌어들인 것은 잘한 일일까요, 잘못한 일일까요? 잘한 일입니다. 물론 하나님의 일에 관심도 없고 생각도 없는 사람을 끌어들이면 오히려 부담이 됩니다. 예를 들어 선교에는 전혀 관심이 없고 오직 관광에만 목적이 있는 사람을 선교여행에 끌고 가면, 그 사람은 결국 선교팀에 부담이 될 수밖에 없습니다. 이런 사람은 선교하다가 약간만 어려움이 생겨도 가장 먼저 불평을 터뜨립니다. 그리고 제일 먼저 자고 제일 늦게 일어납니다. 이처럼 준비가 되어 있지 않은 사람은 하나님의 일에 부담이 됩니다.

그런데 가끔은 전혀 준비되어 있지 않은 사람 덕분에 위기를 넘기는 경우가 있습니다. 그런 경우에는 준비되어 있지 않은 것처럼 보였던 그 사람이 실제로는 준비된 사람인 셈입니다. 시므온 지파는 그런 경우였습니다.

결국 유다 지파는 이 전쟁에서 생각지도 못한 승리를 거둡니다. "유다가 올라가매 여호와께서 가나안 사람과 브리스 사람을 그들의 손에 붙이신지라. 그들이 베섹에서 10,000명을 죽이고 또 베섹에서 아도니 베섹을 만나서 그와 싸워 가나안 사람과 브리스 사람을 죽이니 아도니 베섹이 도망하는지라. 그를 쫓아가서 잡아 그 수족의 엄지가락을 끊으매 아도니 베섹이 가로되 '옛적에 70 왕이 그 수족의 엄지가락을 찍히고 내 상 아래서 먹을 것을 줍더니 하나님이 나의 행한 대로 내게 갚으심이로다' 하니라. 무리가 그를 끌고 예루살렘에 이르렀더니 그가 거기서 죽었더라"(1:4-7).

'유다가 올라갔다'는 것은 팔레스타인 땅의 남쪽이 산지로 되어 있기 때문에 나온 표현입니다. 그들은 마치 맥아더가 인천에 상륙했을 때처럼 중간에서부터 공격을 감행했습니다. 우리나라는 북쪽에

산이 많고 남쪽에 평지가 많지만, 팔레스타인은 반대로 북쪽이 평지이고 남쪽이 산지입니다. 유다는 남쪽을 분할받았기 때문에 그 산지로 올라간 것입니다.

유다와 시므온 연합군은 베섹에서 큰 승리를 거두었습니다. 베섹이 어디인지는 분명하지 않습니다. 그러나 베섹 왕은 대단히 중요한 사람이었습니다. 그는 아주 악독한 자로서 여호수아가 멸망시킨 30명의 명단에 걸려들지 않고 베일에 가려 있던 인물이었는데, 이번에 걸려든 것입니다. 여기에 나오는 "아도니 베섹"은 이름이 아니라 직책입니다. 그는 한 번의 탈출에는 성공했지만 결국 붙들려 손발의 엄지가락을 끊겼습니다. 엄지가락을 끊는 데에는 다시는 대항하지 못하게 만든다는 의미가 있습니다. 엄지손가락이 끊기면 무기를 잡을 수 없고 엄지발가락이 끊기면 힘을 주고 서 있을 수가 없습니다. 이스라엘 백성들은 아도니 베섹이 다시는 대항하지 못하도록 손발의 엄지가락을 끊어 버렸습니다.

이때 아도니 베섹의 입에서 놀라운 고백이 나왔습니다. 예전에는 자기가 70명의 왕을 잡아 그 엄지가락을 자르고 개처럼 자기 상 아래에서 음식을 주워 먹게 했는데, 이제 하나님께서 자기가 행한 대로 갚으셨다는 것입니다. 아도니 베섹은 남부 지방의 숨은 실력자였습니다. 70명의 왕을 잡아 개처럼 부렸던 굉장히 무섭고 악독한 사람이었어요. 한번 생각해 보십시오. 엄지가락이 잘린 왕들을 자기 상 밑에 엎드리게 해 놓고, 양고기 먹다가 던지고 소고기 먹다가 던지면 개처럼 기어와 주워 먹게 했다는 거예요. 이것은 아주 교만하고 악한 짓입니다. 아무리 자기가 힘이 있다고 해도 이런 짓을 하면 안 됩니다.

이것을 보면 하나님께서 왜 그토록 가나안 족속을 철저히 몰아내라고 하셨는지 이해가 됩니다. 얼핏 생각하기에는 '어려운 사람들끼리 어울려 살면 좋지, 왜 이렇게 가나안 사람들을 미워하실까' 싶지만, 아도니 베섹을 보면 알 수 있듯이 그들은 지나치게 교만하고 악한 자들이었습니다. 마치 암세포와 같아서, 조금이라도 남겨 두면 또 번져 나가게 되어 있었습니다. 하나님께서 이스라엘 백성을 가나안에 보내신 것은 바로 이런 자들을 심판하기 위해서였습니다.

유다 지파가 하나님의 말씀에 순종해서 전쟁을 일으키자, 하나님께서는 생각지도 못한 큰 승리를 주셨습니다. 이스라엘이 이런 승리를 거둔다는 것은 겉보기에 불가능한 일이었습니다. 그런데 말씀에 따라 움직여 보니 큰 역사가 나타났습니다. 70명의 왕을 잡아 엄지가락을 잘랐던 아도니 베섹도 잡았고 예루살렘도 빼앗았을 뿐 아니라, 난공불락의 성인 헤브론을 빼앗았으며 거기에 있던 거인 세 명도 잡아 죽였습니다. 1장 10절은 유다가 헤브론에서 가나안 사람 세새와 아히만과 달매를 죽였다고 하고 20절은 아낙의 세 아들을 죽였다고 하는데, 아낙의 세 아들이 바로 세새와 아히만과 달매입니다. 이들은 다 거인이었습니다. 보통 거인들은 크긴 크되 머리가 좀 모자라고 어리숙한 게 특징인데, 아낙 자손들은 그렇지 않았습니다.

키도 크고 힘도 세고 아주 악했습니다. 그때 이스라엘이 다 죽이지 못해서 남게 된 아낙의 후손이 바로 골리앗입니다.

하나님께서 이스라엘 백성들에게 요구하신 것은 죄의 뿌리를 철저히 뽑으라는 것입니다. 마치 암을 수술할 때 그 뿌리까지 다 캐내야 다시 발병하지 않는 것과 같습니다. 암을 수술할 때에는 암세포 주위만 도려 내는 것이 아니라 아주 넓은 범위까지 도려 내야 하고, 수술한 후에도 계속 항암치료를 받아야 합니다. 그렇게 하지 않으면 암이 다시 도져서 더 큰 병에 걸리게 됩니다. 죄도 마찬가지입니다.

전쟁중의 아름다운 에피소드

전쟁터에서는 음담패설과 농담을 많이 하게 되어 있습니다. 왜 그렇습니까? 긴장하기 때문입니다. 숨막힐 것 같은 긴장 속에 있는데 누군가 말도 안 되는 엉뚱한 소리를 해서 눈물이 날 정도로 실컷 웃고 나면 기분이 좀 풀리곤 하지요.

유다 백성들의 전쟁사 가운데에는 아주 아름다운 에피소드가 하나 끼여 있습니다. 그것은 갈렙의 딸 악사의 결혼 사건입니다. 갈렙은 전략적 요지인 드빌을 공략하게 되었는데, 공격 자체가 쉽지 않은데다가 백성들도 지쳐 있었습니다. 그때 갈렙은 드빌을 공략하는 자에게 자기 딸 악사를 주겠다고 했습니다. 이것은 지친 병사들에게 청량음료와 같은 상급이었습니다. 서로 악사를 차지하려고 공격을 감행했는데 결국 갈렙의 동생 옷니엘이 기럇 세벨을 빼앗고 악사를 차지하는 영광을 얻게 되었습니다.

우리는 여기에서 몇 가지 심각한 문제에 부딪히게 됩니다. 우선 결혼을 이렇게 정략적으로 해도 되는가 하는 점입니다. 또 설혹 그렇게 결혼해도 된다 치더라도 악사와 옷니엘처럼 가까운 근친 사이에 결혼해도 괜찮을까요? 우리는 그 당시 사람들의 결혼관은 우리의 결혼관과 완전히 다르다는 사실을 알 필요가 있습니다. 그들은 하나님의 백성이었지만, 그때까지만 해도 무지 때문에 하나님이 명하신 창조의 원리를 잘 깨닫지 못하고 있었습니다. 그때는 남자가 결혼을 하려면 엄청난 신부대금을 장인에게 지불해야 했습니다. 이 신부대금은 일종의 결혼보험처럼 아내를 쉽게 버리지 못하게 막는 역할을 했습니다.

아마도 갈렙은 자기 딸의 결혼이 하나님의 나라를 이루는 데 좋게 사용되기를 원했던 것 같습니다. 유다 사람들도 갈렙의 제안을 좋은 의미로 받아들였습니다. "아니, 사랑하는 사람들끼리 결혼하게 해야지 이런 식으로 딸을 억지로 결혼시키면 어떻게 합니까?"라고 항의하는 사람은 한 명도 없었습니다.

또한 그 당시 사람들은 신앙의 순결을 위해 근친 간의 결혼을 용납했습니다. 믿음의 조상들 중에도 근친 결혼을 한 사람이 많았는데, 그것은 사적인 사랑이나 정욕 때문이 아니라 신앙의 순결을 위해서였습니다. 요즘 식으로 해석하면, 세상적으로 더 조건 좋은 사람과 결혼할 수 있음에도 불구하고 신앙의 순결을 위해 같은 교회 안에 있는 형제 자매와 결혼하는 일과 비슷하다고 할 수 있겠습니다. 물론 같은 교회 안에서 결혼하는 것이 그렇지 않은 경우보다 못하다는 말이 아닙니다. 이스라엘 백성들이 친족들 안에서 결혼했던 이유를 이런 식으로 이해할 수도 있다는 것이지요.

그런데 사실은 기럇 세벨을 빼앗은 옷니엘보다 갈렙의 딸이 더 걸작이었습니다. 악사는 옷니엘과 결혼하면서 그 당시로서는 상상할 수도 없이 귀한 샘 두 개를 아버지에게 요청하여 자기 것으로 챙겼습니다. "악사가 출가할 때에 그에게 청하여 자기 아비에게 밭을 구하자 하고 나귀에서 내리매 갈렙이 묻되 '네가 무엇을 원하느냐?' 가로되 '내게 복을 주소서. 아버지께서 나를 남방으로 보내시니 샘물도 내게 주소서' 하매 갈렙이 윗샘과 아랫샘을 그에게 주었더라"(1: 14-15).

이와 동일한 사건이 여호수아 15장에 기록되어 있습니다. 아마 사사기의 저자가 그 기록을 자료로 사용했는지도 모르겠습니다. 악사의 결혼 사건은 그 당시 유다 백성들에게 굉장히 충격적인 에피소드로 받아들여졌던 것 같습니다. 딸을 걸고 기럇 세벨을 공격하게 한 갈렙도 대단하고 그곳을 점령한 옷니엘도 대단하지만 그 결혼을 통해 중요한 샘물 두 개를 차지한 갈렙의 딸은 더 대단하더라는 것입니다. 아버지와 남편도 엄청났지만 딸은 더 엄청났습니다. 이 결혼 이야기는 전쟁중에 있던 유다 백성들에게 희망을 주었던 것 같습니다. 제2차 세계대전 때 독일 청년들의 군용 배낭에는 〈젊은 베르테르의 슬픔〉이라는 괴테의 책이 늘 들어 있었다고 합니다. 한 젊은이의 사랑 이야기가 어떤 전승 보고보다 시원한 청량제 역할을 했던 것입니다. 유다 백성들에게는 악사의 결혼 이야기가 바로 그런 역할을 했습니다.

이처럼 믿음으로 전쟁을 시작한 유다 백성들은 상상할 수 없었던 축복을 받았습니다. 그들은 아도니 베섹 같은 악당을 잡았고, 헤브론의 세 거인을 죽였으며, 전쟁중에 아름다운 러브 스토리도 얻었습니다. 옷니엘은 악사만 차지한 것이 아니라 중요한 샘물을 두 곳이나 차지했습니다. 그 당시 샘은 유전(油田)과 비교도 안 될 정도로 귀한 것이었습니다. 이것은 유다 백성들 가운데 감동적인 축복의 이야기로 오래오래 남게 되었습니다.

옷니엘은 사사 시대를 여는 용사가 되었습니다. 그는 처음에는 결혼 때문에 싸웠고, 그 후에는 메소보다미아 왕과 싸움으로써 큰 구원의 역사를 이루어 냈습니다. 저는 옷니엘을 '첫번째 사사'라고 부르는 것에는 반대합니다. 사사는 그 전에도 많이 있었기 때문입니다. 그러나 그는 놀라운 평신도 시대의 문을 연 사람이었습니다. 그의 가슴 속에는 하나님을 향한 뜨거운 사랑과 열심이 있었습니다. 그는 결혼도 별나게 하더니 결국에는 하나님 나라를 위해서도 큰 일을 이루어 냈습니다. 또한 그는 미인도 차지하고 샘물도 두 곳이나 차지함으로써, 하나님의 나라를 위해 용감하게 싸우는 자는 모든 것을 얻는다는 것을 보여 주었습니다.

전쟁은 아직 끝나지 않았고, 유다 백성들은 계속 승리를 거두었습니다. "유다가 그 형제 시므온과 함께 가서 스밧에 거한 가나안 사람을 쳐서 그곳을 진멸하였으므로 그 성읍 이름을 '호르마' 라 하니라"(1:17). '호르마' 는 완전히 파괴했다는 뜻입니다. 또 18절은 "유다가 또 가사와 그 경내와 아스글론과 그 경내와 에그론과 그 경내를 취하였고"라고 말씀합니다. 우리는 여기에서 유다가 끝까지 신앙의 생명을 유지할 수 있었던 이유를 찾을 수 있습니다. 그들은 하나님의 말씀대로 가나안 문화를 끝까지 철저하게 몰아냈습니다.

그러나 19절은 유다를 더 전진하지 못하게 만든 한계가 있었다고 말씀하고 있습니다. "여호와께서 유다와 함께 하신 고로 그가 산지 거민을 쫓아내었으나 골짜기의 거민들은 철병거가 있으므로 그들을 쫓아내지 못하였으며." 유다 백성들은 말과 병거가 없었기 때문에 일종의 게릴라 전법으로 적을 공격했습니다. 그들은 산을 타고 내려오며 가나안 사람들을 쳤습니다. 그러나 평지에서는 병거가 없었기 때문에 더 이상 전진하지 못했습니다. 그래서 유다가 빼앗은 땅들은 전부 산지에만 있었습니다.

유다 백성들은 산사람들이었습니다. 무기가 없었는데도, 돌로 때리고 나무로 치면서 게릴라 전법으로 밤낮 개 떼처럼 내려와 싸우고서도 열두 지파 중에 최고의 전과를 올렸습니다. 만약 그들이 병거가 없다고 불평만 했다면 아무것도 빼앗지 못했을 것입니다. 그러나 그들은 불평하는 대신 정복할 수 있는 곳부터 점령하는 쪽을 택했습니다. 이것이 유다의 전법입니다. 안 되는 쪽보다는 되는 쪽을 두드리자는 것입니다. 이들은 자신들이 할 수 있는 한계점까지 내려와서 정복했습니다. 이처럼 열악한 상황 속에서도 할 수 있는 범위 안에서 최선을 다했더니, 놀랍게도 이스라엘 가운데 일등이 되었습니다.

사사기는 오늘날 교회 시대를 보여 주고 있습니다. 오늘날에는 누구든지 하나님을 위해 싸울 수 있습니다. 하나님의 나라는 침노하는 자가 빼앗는 것입니다. 말씀에 붙들린 사람이라면 누구든지 모세나 여호수아처럼 하나님 나라를 섬길 수 있는 시대가 바로 이 교회 시대입니다. 얼마나 좋습니까? 우리는 주님을 위해 일한 만큼 축복받게 되어 있습니다. 힘들여서 일한 사람에게는 보너스의 상급이 있습니다. 땅만 주시는 것이 아니라 아내도 주시고 샘물도 주시고 필요한 모든 것을 다 주십니다. 주님은 이 힘든 곳에서 싸워서 승리하는 자, 어느 누구도 가려고 하지 않는 곳으로 나아가 싸우는 자에게 최고의 전리품을 상으로 주겠다고 말씀하십니다. 유다 지파를 보십시오. 얼마나 많은 축복을 받았습니까?

그러나 다른 지파들은 유다처럼 하지 못했습니다. 그들은 타협했고, 병거가 없다고 불평했으며, 죄와 싸우지 못했습니다. 그 결과 제대로 된 열매를 얻지 못했습니다. 1장 후반부를 보면 "쫓아내지 못하매", "쫓아내지 아니하였더라"라는 말이 계속 나오고 있습니다. 그들은 어리석은 사람들이었습니다. 육체를 위해 일하는 사람은 썩어진 것을 거두고 성령을 위해 일하는 사람은 영생을 거두게 되어 있습니다. 그들의 열매는 빈약했고, 그나마 제대로 된 열매도 아니었습니다.

사사 시대는 겉으로 보기에 혼란의 시대였습니다. 그러나 하나님의 말씀에 붙들린 사람이라면 신분이나 신체적인 조건이나 학벌과 상관 없이 누구나 엄청난 구원의 역사를 이룰 수 있는 열린 시대이기도 했습니다. 오늘날 우리가 살고 있는 이 교회 시대도 그렇습니다.

2
타협과 공존

……그 항리의 거민들을 쫓아내지 못하매 가나안 사람이 결심하고 그 땅에 거하였더니 이스라엘이 강성한 후에야 가나안 사람에게 사역을 시켰고 다 쫓아내지 아니하였더라……

사사기 1:22-36

우리 사회에서 가장 암적인 요소로 지적되고 있는 장소가 있다면 바로 사창가와 점치는 곳일 것입니다. 사창가와 점치는 곳은 사회가 혼란스러울수록 흥왕하게 되어 있습니다. 제가 서울에 올라온 지 얼마 되지 않았을 무렵, 남산 도서관에 올라가는 길 양쪽에는 점치는 곳이 엄청나게 많이 늘어서 있었습니다. 거북점, 족집게 도사점 등 별의별 점이 다 있었습니다. 그리고 육교 바로 밑은 유명한 양동 사창가였습니다. 서울의 심장이라고 할 수 있는 남산이 점쟁이들과 창녀들의 본산지를 이루고 있었습니다. 물론 지금은 서울시의 지속적인 노력으로 전부 다른 곳으로 옮겨 갔습니다.

저희 교회에서 그리 멀지 않은 동네에 유명한 사창가가 있었습니다. 보통 사람들은 잘 모르지만, 그곳은 청소년들을 고용해서 윤락 행위를 시키는 아주 질 나쁜 사창가였습니다. 그곳 주민들은 밤만 되면 손님을 부르는 창녀들의 소리와 술이 취해서 싸우는 취객들의 소란에 잠을 잘 수가 없었다고 합니다. 그럼에도 불구하고 그곳 경찰서는 어떤 조치도 취하지 못했습니다. 죄의 뿌리가 워낙 깊었기 때문입니다. 심지어 경찰들 중에도 포주에게서 정기적인 상납을 받은 사람들이 많았다고 합니다. 그래서 경찰이 단속을 나가면 사창가에서 먼저 알고 피해 버렸습니다.

그런데 한 경찰서장이 부임하면서 사창가와 진짜 전쟁이 시작되었습니다. 그는 청소년들이 윤락 행위에 악용되는 것을 막기 위해 집중적인 단속을 펴기 시작했습니다. 사창가 사람들은 하루 이틀 형식적인 단속으로 그칠 줄 알았습니다. 그러나 그 경찰서장은 분명한 의지를 가지고 사창가와 전쟁을 벌였습니다. 그것은 말 그대로 전쟁이었습니다. 사창가 사람들은 온갖 방법을 동원해서 단속을 중단시키려고 했습니다. 더 높은 곳에 진정을 넣기도 하고 뇌물을 먹이려고 해 보기도 하고, 정 안 되니까 세금을 내겠다고 제안하기도 했습니다. 그러나 서장은 꿈쩍도 하지 않았습니다. 이처럼 철저한 단속 때문에 장사가 되지 않자 결국 하나 둘씩 다른 곳으로 이동해 갔습니다.

대전 근교에 있는 계룡산 신도안은 신흥 종교의 박물관이라고 할 정도로 괴상한 도사들이나 종교인들이 모여 있는 집합촌이었습니다. 그래서 예전에 신흥 종교를 연구하던 이들은 신도안을 자기 집 드나들듯 출입하곤 했습니다. 그런데 거기에 군부대가 들어서게 되었습니다. 그것도 보통 군부대가 아니라 육해공군 본부가 들어서게 된 것입니다. 그 중에 군목 한 사람이 무당 및 도사들과 싸움을 시작했습니다. 사병에게 무전기를 들려 주고 산 구석구석을 돌아다니게 하면서 어디든지 촛불만 켜 있다 하면 바로 군부대에 연락해서 철거시키게 한 것입니다. 결국 신도안의 무당과 신흥 종교 교주들은 전부 그곳을 떠나게 되었습니다.

우리는 사사기에서 가나안 족속들을 철저하게 몰아내라고 명령하시는 하나님의 음성을 듣게 됩니다. 하나님께서는 그들을 다 죽이든지, 아니면 발을 디디지 못하도록 철저하게 몰아내라고 명령하십니다. 우리는 이 명령을 잘 이해할 수 없습니다. 왜 하나님은 힘없고 가난한 이 가나안 원주민들과 함께 살게 하지 않으시고 억지로 다 몰아내게 하시는 것입니까?

가나안 족속들은 그냥 가난한 원주민들이 아니었습니다. 그들은 점쟁이나 창녀 같은 사람들이었습니다. 가나안 땅은 점쟁이와 창녀에게 점령당했던 옛날의 남산 같은 곳이었어요. 하나님께서 지금 이스라엘 백성들을 통해 하고자 하시는 일은 도덕적으로 더러워질 대로 더러워진 가나안 땅을 완전히 청소하고 거기에 하나님의 나라를 건설하는 것입니다. 생각해 보십시오. 요즘 공권력을 가진 사람들도 창녀촌을 전부 없애거나 무당이나 점쟁이들을 완전히 몰아내기가 어렵습니다. 더구나 그 당시 가나안 족속은 그냥 무당이나 창녀가 아니라, 요즘으로 치면 마피아처럼 나라의 형태를 갖추고 있는 조직이었습니다. 그들에게는 철병거와 군대가 있었습니다.

우리가 오늘 말씀에서 보게 되는 것은 이스라엘 백성들이 가나안 족속들을 완전히 몰아내지 못한 채 그들과 함께 공존을 시도하는 모습입니다. 이처럼 가나안 백성들과 타협하고 공존한 지 몇십 년 몇백 년이 흐른 후, 결국은 그들 자신의 자녀들이 무당과 창녀가 되는 상황이 벌어지고 맙니다. 이것이 사사기에 나타나는 문제의 핵심입니다.

요셉 지파의 실수

요셉 지파는 유다 지파와 함께 이스라엘 열두 지파 중에 가장 중요한 지파였습니다. 이들은 자기들에게 할당된 땅인 북쪽을 공략하기 위해 벧엘을 가장 먼저 공격했습니다. "요셉 족속도 벧엘을 치러 올라가니 여호와께서 그와 함께하시니라"(1:22).

하나님의 뜻이 무엇입니까? 무당과 점치는 자들과 창녀들로 더럽혀진 가나안 땅을 깨끗이 청소하고, 윤리적으로 정결하며 하나님만 섬기는 하나님의 나라를 건설하는 것입니다. 그래서 하나님께서는 요셉 지파가 벧엘을 치러 갔을 때 그들과 함께하셨습니다. 그분은 유다 지파와 함께하신다고 해서 요셉 지파와 함께하지 못하시는 분이 아닙니다. 하나님의 성령은 언제 어디서나 동시다발적으로 그 백성들을 도우시며 함께하실 수 있습니다.

이것은 신약 교회가 받은 축복이기도 합니다. 우리는 전세계 성도들에게 무슨 일이 일어나고 있는지 알지 못합니다. 누가 지금 해를 당하고 있으며 굶주리고 있는지 모릅니다. 우리가 알고 있는 것은 아주 지엽적인 부분으로서, 우리와 관계되어 있는 지극히 작은 범위를 넘지 못합니다. 그러나 주님께서는 전 세계에 퍼져 있는 자기 백성들을 보고 계시며 그들을 지휘하고 계십니다.

요셉 지파가 벧엘을 공격하는 모습을 보면 이스라엘 백성들이 여리고를 공격할 때와 비슷하다는 생각이 듭니다. 먼저 정탐군을 보내서 그곳 사람으로부터 중요한 정보를 얻은 후에 보호해 줄 것을 약속한 점이나, 그의 정보대로 성을 침공한 후에 철저히 멸망시킨 점이 그렇습니다. 그런데 중요한 것은 그 다음부터 이야기가 완전히 달라진다는 것입니다.

1장 23절부터 26절은 "요셉 족속이 벧엘을 정탐케 하였는데 그 성읍의 본이름은 루스라. 탐정이 그 성읍에서 한 사람의 나오는 것을 보고 그에게 이르되 '청하노니 이 성읍의 입구를 우리에게 가르치라. 그리 하면 너를 선대하리라' 하매 그 사람이 성읍의 입구를 가르친지라. 이에 칼날로 그 성읍을 쳤으되 오직 그 사람과 그 가족을 놓아 보내매"라고 말씀하고 있습니다. 아마도 벧엘은 입구가 없는 성이었던 것 같습니다. 이곳 사람들은 언젠가는 이런 전쟁이 일어날 줄 알고 입구를 비밀통로로 만들어 놓고 자기들끼리만 출입했던 것으로 보입니다. 요셉 지파가 보낸 정탐꾼들은 이 성의 입구를 찾지 못해 어려움을 겪고 있었습니다. 그런데 마침 그 성에서 나오는 사람을 보게 되자 "이 성의 입구를 우리에게 가르치라. 그리 하면 너를 선대하리라"고 제안합니다. 여기서 '선대한다'는 것은 '책임진다'는 뜻입니다. 그 사람은 순순히 성의 입구를 가르쳐 주었고 이스라엘 백성들은 그 성을 쳐서 빼앗았습니다. 그리고 여리고 성에서 그러했듯이 그 안에 있던 사람들을 철저하게 다 죽였습니다.

문제는 그 다음부터입니다. "그 사람이 헷 사람의 땅에 가서 성읍을 건축하고 그 이름을 '루스'라 하였더니 오늘날까지 그곳의 이름이더라"(1:26). 이스라엘 백성들이 여리고에서 살려 준 라합은 여리고의 삶에 환멸을 느끼고 하나님의 땅에 속하기 위해 온 사람이었습니다. 그런데 벧엘에서 살아남은 이 사람은 가나안의 삶의 방식을 버릴 생각이 전혀 없었습니다. 그가 벧엘의 입구를 가르쳐 준 것은 그곳의 죄악된 삶이 싫어서가 아니라 단지 그곳 사람들이 싫어서였던 것 같습니다. 다시 말해 미신이나 음란한 짓을 버리기 위해 이스라엘 백성들을 도와 준 것이 아니라 단지 그곳 사람들도 싫고 새 삶을 시작하고 싶은 마음도 있어서 벧엘을 배신한 것입니다.

결국 요셉 지파는 뱀의 머리를 놓친 셈이 되었습니다. 그는 상당히 중요한 인물로서, 벧엘 없이도 얼마든지 독자적으로 자신의 일을 하면서 새로운 가나안 문화를 만들어 나갈 수 있는 사람이었습니다. 요셉 지파는 하나님이 원하시는 목적을 잊는 실수를 저지르고 말았습니다. 하나님께서 이스라엘 백성들을 가나안 땅으로 진격시키신 것은 그 땅의 미신과 음란을 뿌리뽑고 새로운 윤리, 새로운 예배, 새로운 관계로 이루어진 사회를 세우기 위해서였습니다. 그런데 그들은 이 근본적인 목적을 잊은 채, 자신들의 편의에 맞게 성을 하나씩 빼앗아 영토를 넓히는 것을 목적으로 생각했습니다. 그래서 쉽게 사람을 매수해서 성을 빼앗은 다음 그 사람에게 큰 특혜를 주어 편히 보냈습니다.

그러나 이것은 무당의 두목을 살려 준 것이나 다름없는 큰 실수였습니다. 이 사람이 벧엘을 배반한 것은 우상을 버리고 하나님을 섬기기 위해서가 아니라 경쟁자를 제거하고 새로 독립하기 위해서였는데, 요셉 지파는 거기에 보기 좋게 이용당한 것입니다. 그는 다른 곳에 가서 '루스'라는 간판을 달고 멋지게 새 장사를 시작했습니다. 그 간판 밑에는 작은 글씨로 '요셉 지파가 후원하는 집'이라고 적어 놓았을지도 모릅니다.

요셉 지파는 하나님의 목적을 실천하는 데 철저하지 못했습니다. 그들은 가시적인 성과를 얻으려고 대충 일했습니다. 마치 어느 경찰이 창녀촌을 습격하기 전에 포주를 찾아가 "비밀통로를 알려 주면 너만은 살려 주겠다"고 미리 협상한 것과 같습니다. 그 경찰은 그 지역 창녀들과 포주들을 일망타진하는 대성과를 얻었지만, 그와 협상했던 포주는 바로 옆 동네에서 버젓이 새 장사를 시작합니다. 경쟁자가 없어졌기 때문에 장사는 오히려 전보다 더 성황을 이룹니다. 사창가를 습격하는 것은 성과를 올리기 위해서가 아니라 뿌리뽑기 위해서입니다. 그런데 경찰은 성과를 높이는 것을 목적으로 삼았기 때문에 포주와 협상을 한 것입니다.

  요셉 지파의 편의주의는 가장 중요한 범죄인과 협상하는 결과를 낳았습니다. 조금만 힘들게 공격하려는 생각이 있었다면 이렇게 쉽게 중요한 원수를 놓치지는 않았을 것입니다. 그런데 쉽게 점령하려고 하는 바람에 원수와 타협함으로써 오히려 그를 보호해야 할 책임을 떠안게 되었습니다. 이 사람을 놓치면 안 됩니다. 이 사람을 놓치면 루스가 자꾸 생깁니다. 마치 도마뱀의 꼬리만 잘라 놓고 몸뚱이는 도망치게 내버려 둔 것과 같습니다. 하나님의 백성이 고생하지 않고 대충 편하게 살려고 들면, 무너진 벧엘 옆에 루스가 또 생기게 되어 있습니다.

  겉으로 보기에 요셉 지파는 벧엘 사람들을 철저하게 죽인 것 같았습니다. 그러나 그들은 쓸데없는 고생을 한 것이나 다름없었습니다. 중요한 적은 이미 빠져 나가 버렸기 때문입니다.

다른 지파들의 경우

  요셉 지파를 제외한 지파들은 아예 이런 흉내조차 내지 못했습니다. 가나안 족속들을 칼날로 멸망시킨다는 일은 상상도 하지 못한 채 그들과 타협하며 공존했고 때로는 밀려나기까지 했습니다. 그래도 좀 힘이 강해졌을 때 그들을 잡아서 노예로 삼기는 했지만 완전히 몰아내지는 못했습니다.

베냐민 지파의 경우를 보십시오. "베냐민 자손은 예루살렘에 거한 여부스 사람을 쫓아내지 못하였으므로 여부스 사람이 베냐민 자손과 함께 오늘날까지 예루살렘에 거하였더라"(1:21). 예루살렘은 유다 지파가 이미 공격해서 파괴시킨 곳이었습니다. "유다 자손이 예루살렘을 쳐서 취하여 칼날로 치고 그 성을 불살랐으며"(1:8). 유다 지파가 예루살렘을 쳐서 불사르기까지 했는데, 베냐민 족속은 왜 못 들어가고 있습니까? 불탄 곳에 여부스 족속들이 다시 들어와 판자촌을 이루고 살고 있었기 때문입니다. 한 번 칼로 친다고 해서 사람들이 싹 사라지는 것은 아닙니다. 아무리 칼로 쳐도 살아남은 자는 다시 자기 집터로 돌아와 집을 짓고 살게 되어 있습니다.

다른 지파들의 형편도 마찬가지였습니다. 그들은 여호수아가 이미 왕을 죽이고 무너뜨린 곳들을 여전히 정복하지 못하고 있었습니다. "므낫세가 벧스안과 그 향리의 거민과 다아낙과 그 향리의 거민과 돌과 그 향리의 거민과 이블르암과 그 향리의 거민과 므깃도와 그 향리의 거민들을 쫓아내지 못하매 가나안 사람이 결심하고 그 땅에 거하였더니 이스라엘이 강성한 후에야 가나안 사람에게 사역을 시켰고 다 쫓아내지 아니하였더라"(1:27-28).

여호수아서 12장을 보면 여호수아가 쳐서 빼앗은 성들 중에 이 이름들이 다 들어 있는 것을 볼 수 있습니다. 11절에 라기스, 12절에 게셀, 21절에 다아낙과 므깃도, 23절에 돌이 나오고 있습니다. 사실 여호수아가 한 일은 그곳의 땅을 빼앗은 것이 아니라 왕을 죽인 것입니다. 이때 죽인 왕의 수가 무려 31명에 이르렀습니다. 가나안에 있는 왕들을 거의 다 죽였어요. 그러나 왕은 죽었어도 그곳 사람들은 그대로 남아서 심지어 불사른 곳에도 다시 돌아와 살고 있었습니다. 물론 왕이 죽었기 때문에 큰 힘은 내지 못했습니다. 그래도 이들을 한 사람 한 사람 일일이 쫓아낸다는 것은 그리 쉬운 일이 아니었습니다. 이런 일은 철거민촌에서도 자주 볼 수 있습니다. 철거반이 와서 무허가 건물을 철거하면 주민들이 떼를 지어 몰려와 심한 몸싸움을 벌입니다. 그리고 철거반이 집을 다 부수고 가도 어느새 다시 돌아와 가건물을 세우고 삽니다.

여호수아가 죽인 가나안의 왕들은 사실은 왕이 아니라 무당이요 포주였습니다. 이 왕들은 죽었지만 가나안 족속들은 없어지지 않았습니다. 성경은 이스라엘 백성들이 이들을 다 쫓아내지 못했다고 말씀합니다. 29절은 에브라임 지파가 게셀에 있는 가나안 사람들을 쫓아내지 못했다고 기록하고 있습니다. 30절은 스불론 지파가 기드론 거민과 나할롤 거민을 쫓아내지 못했다고 기록하고 있습니다. 31절은 아셀 지파가 악고와 시돈과 알랍과 악십과 헬바와 아빅과 르홉의 거민들을 쫓아내지 못했다고 기록하고 있으며, 34절은 단 지파가 아모리 사람들에게 밀려 평지에는 아예 내려오지도 못한 채 산 위로 도로 쫓겨났으며 아모리 사람들이 결심하고 헤레스 산과 아얄론과 사알빔에 살았다고 기록하고 있습니다.

이처럼 이스라엘 지파 거의 대부분이 가나안 사람들을 내쫓지 못한 이유는 무엇일까요? 왜 그들은 이미 이긴 싸움에서조차 열매를 거두지 못하고, 타협하고 양보함으로써 공존하려고 했을까요?

이에 대해 대략 몇 가지 답을 생각할 수 있습니다. 첫째는 생활 환경의 변화입니다. 가나안 땅은 이스라엘이 지금까지 생활해 온 광야와 근본적으로 다른 곳이었습니다. 광야에서는 하나님의 말씀만 들으면서 오로지 그가 주시는 만나만 먹고 살면 되었습니다. 그러나 가나안 땅은 그렇지 않았습니다. 씨를 심는 대로 얼마든지 다양한 곡식을 거둘 수 있었고, 이제부터는 스스로 먹는 문제를 책임져야 했습니다. 즉 광야의 삶이 수련회였다면, 가나안의 삶은 자기 손으로 직접 헤쳐 나가야 하는 현실이었던 것입니다.

이스라엘 백성들은 직접 농사를 지어서 먹는 문제를 해결하는 한편, 가나안 사람들과 치열한 영적인 전쟁을 치르는 이중의 과제를 풀어야 했습니다. 그렇다 해도 오래 전부터 농사를 지어 왔다면 큰 문제가 없었을 것입니다. 그러나 이들에게 농사는 아주 생소한 일이었습니다. 농사를 지으려면 일손이 많이 필요했고 지식도 많이 필요했습니다. 그런데 하나님이 내쫓으라고 하신 가나안 원주민들은 농사짓는 일에 전문가들이었습니다. 이스라엘 백성들이 가나안 족속들을 적극적으로 몰아내지 못한 곳들을 살펴보면 다 평지입니다. 유다가 가나안 족속을 철저하게 몰아낸 곳은 산지입니다. 거기에서는 유목을 하면 됩니다. 그러나 북쪽 이스라엘 지역은 평지였습니다. 거기에서는 농사를 짓고 살아야 했습니다. 그래서 북쪽에 있던 이스라엘 백성들은 가나안 족속을 몰아내는 데 아주 소극적이었습니다.

오랫동안 직장 없이 지내던 형제가 있었습니다. 그가 할 일이라고는 오로지 교회에 가서 설교 듣고 기도하는 것밖에 없었습니다. 주일예배 가고 수요예배 가고 금요기도회 가고 새벽기도회 가서 성경 읽고 울면서 기도하는 게 전부였어요. 그런데 드디어 그 형제가 직장을 갖게 되었습니다. 모처럼 회사에 다니면서 자기 힘으로 돈을 버니까 예전에 단조롭게 생활하던 때와는 비교할 수 없는 재미가 있었습니다. 또 새로운 현실에 적응하려다 보니 할 일도 아주 많았습니다. 컴퓨터니 운전이니 영어니 배워야 할 것들이 한꺼번에 쏟아지는데, 이런 것들을 가르쳐 주는 사람들은 전부 신앙이 없는 직장 선배들이었습니다. 그는 점차 기도를 멀리하게 되었습니다. 너무 피곤해서 주일예배에 빠지는 날도 생겼습니다. 그래도 처음에 빠질 때는 죄책감이 심했는데, 계속 빠져 보니 별일 아니라는 생각이 들었습니다. 그는 멋도 내고 사람들도 만나느라 더 이상 예전 같은 신앙생활을 할 수 없게 되었습니다. 그의 마음 속에는 일을 더 잘하고 싶다는 욕심, 그래서 직장에서 더 인정받고 싶다는 욕심이 생겼습니다. 그 동안 주님의 인도를 구한답시고 너무 지체했으니 남들보다 몇 배는 더 노력해야 한다는 생각도 들었습니다. 그는 이 직장을 주신 분이 하나님이시라는 사실을 까맣게 잊어버리고 말았습니다.

어떤 자매는 처녀 때 신앙이 아주 좋았습니다. 그가 다니던 교회에서 가장 신앙이 좋다는 소리까지 들을 정도였습니다. 그런데 한 남자를 알게 되면서 문제가 생기기 시작했습니다. 본인은 그럴 의도가 전혀 없었음에도 불구하고 자꾸 신앙에서 멀어지기 시작한 것입니다. 결국 결혼하고 아이를 낳은 후에는 아예 신앙과 담을 쌓아 버리고 말았습니다. 그 자매는 남편을 주신 분이 하나님이시라는 사실을 잊어버렸습니다. 그 형제나 이 자매나 새로운 환경에 잘 적응하려다가 결국 가장 중요한 것을 놓치고 만 것입니다.

이스라엘 백성들은 가나안 땅에 너무 잘 적응하려고 했습니다. 아마 일등 농사꾼 소리를 듣고 싶었을지도 모릅니다. 적어도 가나안 사람들보다 농사 못 짓는다는 소리는 듣고 싶지 않았을 것입니다. 그러니 가나안 사람들을 다 몰아낼 이유가 없었습니다. 이처럼 그들은 가나안 땅에 적응하는 데 정신을 빼앗긴 나머지 하나님이 왜 자신들을 이곳으로 보내셨는지를 잊고 말았습니다. 하나님의 나라를 건설해야 한다는 중요한 사명을 잃고 만 것입니다.

이스라엘 백성들이 가나안 사람들을 쫓아내지 못한 두번째 이유는 그들을 쫓아내려는 열정이 식었다는 데 있습니다. 이미 살고 있는 사람들을 쫓아낸다는 것은 보통 열심으로는 할 수 없는 일입니다. 뜨거운 열정이 있어야만 할 수 있는 일이에요. 제자들은 예수님이 성전에서 장사하는 자들을 내쫓으시는 모습을 보았을 때 "주의 전을 사모하는 열심이 나를 삼키리라"는 성경말씀을 떠올렸습니다(요 2:17). 웬만큼 해서는 장사하는 사람들을 내쫓지 못합니다. 자신들의 밥줄이 걸린 일일 뿐 아니라 이 자리를 차지하기 위해 상당한 권리금까지 지불한 마당에 그렇게 호락호락 쫓겨날 리가 없습니다. 그럼에도 불구하고 예수님은 열정으로 그들을 내쫓으셨습니다. 경찰도, 구청직원도 못 쫓아내는 장사꾼들을 불 같은 열정과 분노로 남김없이 쫓아내셨습니다.

이스라엘 백성들이 가나안 사람들을 쫓아내지 못한 것은 열정이 식었기 때문입니다. 굳이 그들을 쫓아내지 않아도 먹고 사는 데 아무 지장이 없었을 뿐 아니라 그들은 자진해서 일을 해 주겠노라고 나서기까지 했습니다. 그렇지 않아도 일손이 급해서 사람을 꿔 와야 할 판에 제 발로 걸어와 공짜로 일해 주겠다는 사람을 쫓아낼 바보가 어디 있겠습니까? 그들은 농사짓는 법도 가르쳐 주고 집도 지어 줄 것입니다. 그러니 죽이는 것보다는 일을 시키는 편이 낫지 않겠습니까? 이스라엘 백성들은 이런 이기적인 생각과 욕심 때문에 가나안에 새로운 나라를 세우고자 하신 하나님의 큰 뜻을 놓치고 말았습니다.

물론 잘못된 열정도 있을 수 있습니다. 사울은 바울이 되기 전에 예수 믿는 사람들을 잡는 일에 열정을 가지고 있었습니다. 이것은 좋은 열정이 아닙니다. 그러나 하나님의 나라를 위한 열정은 굉장히 중요합니다. 자기 먹고 사는 일에만 빠져 있으면, 하나님 나라를 세우는 일은 다른 사람의 손에 넘어가고 맙니다.

셋째로, 이스라엘 백성들은 가나안 사람들에게 틈을 보였습니다. 만약 이스라엘 백성들이 목숨을 걸고 그들을 용납하지 않았다면 그들은 결국 다른 곳으로 떠나 버렸을 것입니다. 남자가 아무리 쫓아다녀도 여자가 단호하게 거절하면 물러가게 되어 있습니다. 틈을 자꾸 보이니까 아예 결심하고 달려드는 것이지요. 가나안 사람들은 이스라엘 백성들에게 단호한 의지가 없다는 것을 알았습니다. 성경은 그들이 '결심하고 거하였다' 고 말씀합니다. 그들은 결사적으로 가나안 땅에 붙어 있었습니다. 왜 그렇게 했습니까? 이스라엘 백성들에게 틈이 보였기 때문입니다. 그들은 자신들이 끝까지 버티기만 하면 봐준다는 것, 이스라엘 사람들을 위해 일만 조금 해 주면 쫓아내지 않는다는 것을 알았습니다.

죄와 싸울 때에는 약간의 틈도 보이지 않는 것이 중요합니다. 조금이라도 틈을 보이면 마귀는 결사적으로 덤벼들게 되어 있습니다. 그래서 처음부터 자기 입장을 분명히 해야 합니다. 대학에 가기 전에 먼저 내가 왜 이 학교에 가려고 하는가를 물어야 하고, 취직하기 전에 먼저 내가 왜 이 회사에 취직하는가를 물어야 하며, 결혼하기 전에 먼저 내가 왜 이 사람과 결혼하는가를 물어야 합니다. 그렇게 하지 않으면 의지가 약해져서 결국에는 타협하게 되어 있으며, 욕은 욕대로 얻어먹고 손해는 혼자서 다 보게 되어 있습니다.

이스라엘 백성들이 보기에 아모리 족속은 너무 강한 것 같았습니다. 그들은 철병거를 가지고 있었고, 그 지경은 아그랍빔 비탈 바위부터였습니다. "아그랍빔"은 '전갈'이라는 뜻으로서, 당시에 아주 유명한 곳이었던 것 같습니다. 적이 너무 강하면 결국 타협하게 되어 있습니다. 그 중에서도 가장 비참했던 지파는 단 지파였습니다. 단 지파는 너무 강력한 적을 만나는 바람에 평지에 내려오지도 못했습니다.

그러나 그들이 생각지 못했던 것이 무엇입니까? 강한 적을 상대하게 하기 위해 하나님은 더 강한 자를 보내신다는 것입니다. 하나님은 단 지파를 위해 삼손을 보내셨습니다. 여러분은 사사기가 연대순으로 나열되어 있지 않다는 점을 기억해야 합니다. 사사기에는 삼손 이야기가 후반부에 나오지만, 실제로 삼손은 그렇게 후대에 등장한 인물이 아닙니다.

우리가 유난히 힘든 곳에서 사역할 때, 유난히 악조건에서 신앙생활을 해야 할 때, 하나님은 아주 강력한 방법을 사용하십니다. 상황이 힘들면 힘들수록 더 큰 능력을 주십니다. 그러므로 악한 세력의 겉모습만 보고 미리 낙심할 필요가 없습니다. 중요한 것은 악과 싸우려는 의지입니다. 단 지파는 이 의지가 없었습니다. 그들은 영적인 전투를 원치 않았습니다. 그저 이 세상에서 편하게 살고 싶었습니다. 그래서 하나님이 주신 땅에서 철수하여 북쪽에 있는 라이스를 공격해서 거기 주저앉아 버렸습니다. 결국 단 지파의 이름은 이스라엘 열두 지파에서 영원히 사라지고 맙니다.

지금 이스라엘 백성들이 생각지 못하고 있는 것이 무엇입니까? 자신들은 가나안에 농사를 잘 지으러 온 것이 아니라 하나님의 나라를 건설하러 왔다는 것입니다. 그들의 사명은 죄를 심판하고 새로운 윤리를 세우는 것이었습니다. 그러나 그들은 먹고 사는 문제에 빠져 죄와 싸우지 못했습니다. 그 결과, 그들의 자녀 대에 이르러서는 가나안 사람과 구별이 불가능할 정도로 동화되고 말았습니다.

그리스도인의 영적 전쟁

우리가 구약 이스라엘의 역사를 읽거나 배울 때 가장 어렵게 느끼는 점은 구약의 하나님은 사랑의 하나님이 아니라는 것입니다. 하나님께서는 별로 큰 죄도 짓지 않은 것처럼 보이는 가나안 족속을 남김없이 죽이게 하십니다. 그래서 초대교회 시대 때 말시온이라는 사람은 구약의 하나님은 예수 그리스도의 아버지가 아니라고 주장하기도 했습니다. 그렇게 잔인한 하나님이 그리스도의 아버지일 리가 없다는 것이지요. 그래서 그는 신약성경에서 구약의 요소를 철저히 제거하고자 했습니다. 아마 유대인들에게 큰 마음의 상처를 입은 적이 있었던 모양입니다. 결국 그는 교회의 주요 이단으로 정죄되었습니다.

우리는 때때로 모든 원수를 멸하라고 하시는 하나님의 명령을 너무 잔인하다고 생각하면서, 마치 우리가 하나님보다 더 사랑이 큰 것처럼 행세하기 쉽습니다. 그러나 하나님의 사랑이 우리의 사랑보다 작을 수는 없습니다. 하나님의 사랑이 아무리 작다 해도 우리의 사랑에 비하면 수천 배 수만 배 큽니다. 그는 우리와 비교할 수 없을 정도로 은혜로우시며 자비로우신 분입니다. 그런 하나님께서 멸망시키라고 하시면 멸망시켜야 합니다. 하나님이 멸망시키라고 하시는 사람을 불쌍히 여기는 것은 하나님보다 더 자비롭고 은혜로운 척하는 교만입니다. 성령보다 더 똑똑해지려고 하고 하나님보다 더 잘나지려고 하면 이단이 됩니다. 이스라엘 백성들은 '하나님도 너무하시네. 왜 다 죽이라는 거야? 집도 지어 주고 농사도 지어 주겠다는데 다 같이 사이좋게 살게 두시지. 가만히 보면 하나님도 이상한 데가 있다니까' 라고 생각했습니다. 이것은 교만입니다.

하나님께서 가나안 족속을 멸망시키라고 하신 것은, 그들이 인간의 한계를 이미 벗어났기 때문입니다. 신앙적인 기준이 아니라 기본적인 상식으로만 보아도 인간의 기본적인 자세를 이미 버린 사람들이었어요. 그런데도 요셉 지파는 이런 자들과 덜컥 협상을 하고 그들을 보호해 주겠다고 약속해 버렸습니다. 그들의 마음 속에는 하나님보다 자신들이 더 자비롭다는 교만이 들어 있었습니다.

오늘 우리는 이것을 어떻게 적용할 수 있겠습니까? 우리가 해야 할 가장 중요한 일은 우리가 왜 이 세상에 살게 되었는가, 하나님께서 왜 우리를 이런 모순된 세상에 살게 하시는가를 아는 것, 즉 삶의 목적을 분명히 하는 것입니다. 하나님께서는 그리스도인들의 새로운 삶의 방식을 통해 이 세상을 정죄하고자 하십니다. 여기에서 정죄는 무언의 정죄를 가리킵니다. 즉 세상 사람들의 악하고 미련한 짓에 동참하지 않음으로써 그들이 죄짓고 있음을 드러내는 것입니다. 노아는 당시 사람들의 타락한 삶의 방식에 동참하지 않음으로써 세상을 정죄했습니다.

예를 들어 우리는 대학 신입생 환영회에서 대접으로 술을 퍼마시는 데 동참하지 않음으로써 '진정한 신입생 환영회는 이런 식으로 하는 것이 아니다'라는 것을 증거하며 그들을 정죄할 수 있습니다. 또 다른 식구들이 죽은 조상에게 절할 때 절하지 않음으로써 '이런 식으로 하나님의 영광을 더럽혀서는 안 되며 모든 영광은 마땅히 하나님께 돌려야 한다'는 것을 드러낼 수 있습니다. 세상 사람들이 혼전 순결을 버리는 것을 융통성 있는 행동으로 생각하고 그렇게 살 때 우리는 순결을 지킴으로써 그런 융통성은 없어도 된다는 것을 보여 줄 필요가 있습니다. 또 다른 사람에게 피해를 주어 가면서 무리하게 사업을 확장하는 것이 상식으로 통할 때에도 그렇게 경영하지 않음으로써 탐욕스러운 자들을 정죄할 필요가 있습니다. 이것이 하나님의 뜻이며, 그리스도인들이 세상에 사는 이유입니다.

이렇게 하기 위해 그리스도인들은 힘들게 살 각오를 해야 합니다. 우리가 이 세상에 사는 목적은 잘살기 위해서가 아니라 하나님의 살아 계심을 보여 주기 위해서입니다. 따라서 우리는 하나님을 섬기는 일과 세상 일이라는 두 가지 일을 동시에 해야 합니다. 아무리 세상 일이 바쁘다 해도 하나님 앞에 나아가는 일보다 더 중요할 수는 없습니다. 그렇다고 세상 일을 다 내팽개쳐서도 안 됩니다. 어떤 의대생이 제게 "성경이나 기독교 서적을 읽을 때는 굉장히 좋은데 해부학 책을 보면 그렇게 가슴이 답답하고 힘들 수가 없습니다"라고 했습니다. 그러나 두 가지 다 해야 합니다. 성경도 읽어야 하고 뼈 이름도 외워야 합니다. 반대로 "사법고시 합격할 때까지는 교회에 안 나가야지" 같은 소리도 하면 안 됩니다. 두 가지 다 해야 합니다.

안식일은 내가 일의 노예가 아니라는 것을 선포하는 날입니다. 직장인은 이 날 쉼으로써 자신이 일의 노예가 아니라는 것을 선포해야 하며, 학생들도 쉼으로써 자신이 공부벌레가 아니라는 것을 드러내야 합니다.

우리가 세상에서 어려움을 당하는 것은 당연한 일입니다. 하나님은 모순된 세상에 우리를 두셨습니다. 창녀와 도둑이 들끓는 곳에 자기 백성을 심어 놓으셨습니다. 그러나 중요한 것은 우리가 겪는 어려움은 우리의 어려움에 그치지 않고 하나님의 어려움이 된다는 사실입니다. 하나님은 "너 혼자 해결해"라고 하지 않으십니다. 그 어려움을 해결할 힘을 주십니다. 그리스도인에게 이런 하나님의 힘이 없다면 도저히 이 두 가지 과제를 동시에 해 낼 수가 없습니다.

이스라엘 백성들이 가나안 땅에서 살아야 한다는 것은 그 자체가 엄청난 긴장이요 모순이었습니다. 하나님은 왜 썩을 대로 썩은 가나안 땅에 그들을 보내셨습니까? 오늘 우리 그리스도인들이 사는 세상이 바로 그런 곳이기 때문입니다. 우리는 하나님을 모르는 주위 사람들과 잘 지낼 필요가 있습니다. 할 수 있는 대로 모든 사람과 잘 지내야 하고, 아무리 목사님이라도 이웃집 스님과 서로 인사하면서 잘 지내야 합니다. 적을 무찔러야 한다면서 절에 처들어가 부수고 불지르면 안 돼요. 그러나 그럼에도 불구하고 정신적으로는 항상 전쟁 상태에 있다는 것을 알아야 합니다. 믿지 않는 사람에게 영적인 갈등에 대해 이야기하거나 아쉬운 소리를 하지 마십시오. 그러면 나중에 그것을 빌미로 공격해 오기 쉽습니다. 아무리 급해도 안 믿는 사람에게 돈 빌리러 가지 마세요. "네가 믿는 하나님은 뭘 하길래 나한테 빌리러 오냐?"고 합니다.

예수님께서는 "저희로 너희 착한 행실을 보고 하늘에 계신 너희 아버지께 영광을 돌리게 하라"(마 5:16하)고 말씀하셨습니다. 할 수 있는 한 다른 사람들에게 선을 베풀고 사랑의 통로가 되라는 것입니다. 그러나 그들의 죄나 악한 사상은 단 한 방울도 흘러 들어오게 해서는 안 됩니다. 적어도 나의 영역 안에서는 사탄이 보금자리를 틀지 못하게 해야 합니다. 만약 내가 소유한 건물 안에서 누가 점을 친다면 무슨 수를 써서라도 내쫓아야 합니다. 그가 계속 점을 치도록 내버려 두는 것은 악을 키우는 것입니다. 만약 내가 관리하는 직장 안에서 누가 마약이나 도박을 하고 있다면 결코 그런 일을 못하도록 뿌리를 뽑아야 합니다. 또 부하 직원이 어떤 일을 시작하기 전에 고사를 지내려 한다면 절대 못 하게 금지해야 합니다. 그 말을 듣지 않으면 아무리 유능하고 똑똑한 사람이라고 해도 두 손에 돼지 머리 들려서 내보내야 합니다. 하나님의 백성이 희생하지 않으면 자기 영역에서 죄의 세력을 몰아낼 수가 없습니다.

한때 텔레비전에서 유달리 귀신에 관한 방송을 많이 한 적이 있었습니다. 우리 가정 깊숙한 곳까지 귀신 문화가 파고 들어왔습니다. 그럴 때 방송국에 찾아가거나 항의전화를 하는 등의 노력으로 그런 비상식적인 프로그램을 중단시킬 수 있다면 좋겠지만, 설사 그렇게까지는 못한다 해도 적어도 자기 집 안에서만큼은 그런 프로그램이 방영되지 못하게 막을 수 있습니다. 집 안에 음란한 책이나 비디오테이프가 있다면, 아무리 비싼 것이라도 찢거나 부수어서 내 영역에 가나안의 풍습이 들어오지 못하게 해야 합니다. 부수기 아깝다고 남에게 주면 안 돼요. 또 우리 집 아이가 나쁜 친구들에게 빠져들고 있다면 어떤 희생을 치러서라도 거기에서 빼내 와야 합니다.

결국 하나님의 백성들에게 필요한 것은 열정입니다. 편하고 쉽게 살려고 하는 것보다 더 무서운 올무는 없습니다. 요셉 지파의 타협은 다른 모든 지파의 타협에 영향을 주었고, 하나님 나라의 건설은 다윗이 등장할 때까지 무려 400년 간이나 지연되어야 했습니다. 물론 완전한 하나님의 나라는 그리스도가 오셔야 비로소 세워질 것입니다. 그때에는 오직 죄와 싸운 자들만이 주님과 함께 영원히 왕 노롯 할 것입니다. 이 세상에서 편하게 타협하면서 산 사람은 주님과 함께 다스릴 수 없습니다.

요셉을 위시해서 가나안과 타협한 많은 지파들은 지금 이 세상에서 죄와 타협하고 있는 많은 교회들을 예시하고 있습니다. 오늘날 교회들은 성장을 위해 문턱을 낮추고 있으며, 진리를 감추면서까지 사람들을 용납하며 그들이 가져오는 선물을 기뻐하고 있습니다. 교회가 왜 존재합니까? 죄와 싸우기 위해서입니다. 교회는 죄인을 치료하는 병원입니다. 죄인을 치료하려면 사람들을 다 잃는 한이 있어도 죄를 밝혀야 하고 진리를 밝혀야 합니다. 그런데 오히려 교회가 먼저 "죄 같은 걸 가지고 뭘 그리 고민하십니까? 주님이 벌써 다 용서하셨는데요" 하면서 위로하고 나서는 것입니다. 그러다 보니 세상 사람들은 교회가 왜 존재하는지 모르게 되었습니다. 아니 교인들 자신도 교회가 왜 존재하는지 모르고 있습니다. 왜 이렇게 되었습니까? 세상과 타협해 버렸기 때문입니다.

사사 시대에도 사명을 감당한 지파는 별로 없었습니다. 유다 지파 정도만 싸웠을 뿐, 단 지파는 뒤로 밀려서 세상에 발도 들여 놓지 못했습니다. 조금만 기다리면 태양처럼 강한 자 삼손이 오는데도, 그것을 기다리지 못하고 싸움을 포기해 버렸습니다.

우리가 왜 이 모순된 세상에 살고 있는지 다시 한 번 생각해 봅시다. 그리고 하나님을 향한 거룩한 열정을 회복합시다. 손해를 보는 한이 있어도 죄의 요소들을 쫓아냅시다. 지금 나의 삶 가운데 우상의 요소가 자리잡고 있지는 않습니까? 집 안 찬장에 술병이 진열되어 있지는 않습니까? "마시려는 게 아니라 병이 예뻐서 장식용으로 두는 건데요." 장식용으로도 두지 마십시오. 또 우리 집 자녀들이 술 파는 집에서 아르바이트를 하고 있지는 않습니까? "우리 애는 술 안 마시는데요. 그냥 나르기만 하는 거예요." 나르는 것도 못 하게 하십시오. 성도가 보지 말아야 할 책들과 비디오테이프가 있지는 않습니까? 오래 된 불법의 관행이 받아들여지고 있지는 않습니까? 열정을 가지고 전부 정리하십시오.

    틈을 보이지 마십시오. 한번 틈을 보이면 쫓아내기 어렵습니다. 대적이 아무리 강해도 사력을 다해서 저항하면 결국 쫓겨나게 되어 있습니다. 틈을 보여 주니까 그들이 자리를 굳히는 것입니다. 나의 의지만 분명하면 어떤 죄의 세력도 물러나게 되어 있습니다. 거룩한 열정을 회복하십시오. 우리가 이 세상에 사는 이유를 놓치지 마십시오.

3
길갈 세대의 애통

······여호와의 사자가 이스라엘 모든 자손에게 이 말씀을 이르매 백성이 소리를 높여 운지라······

사사기 2:1 - 10

부천의 어느 작은 교회 부흥회에서 설교할 때였습니다. 얼마 되지 않는 교인들 중에 어디서 본 듯한 자매의 얼굴이 보였습니다. 저는 속으로 '참 이상한 일도 다 있구나. 세상에 이렇게 닮은 사람이 있다니' 생각하면서 설교를 마쳤습니다. 그런데 예배가 끝나자 그 자매가 저를 찾아와 인사를 하는 것이었습니다. 그는 제가 '설마' 하면서 떠올렸던 바로 그 사람이었습니다. 그는 처녀 때 저와 함께 공장에 들어가 여공들에게 전도하던 아주 믿음 좋은 자매였습니다. 그런데 믿지 않는 남편과 결혼해서 오래 생활해 오는 동안 신앙의 열정이 다 식어서, 나중에는 거의 신앙이 없는 사람처럼 되고 말았습니다. '이렇게 살면 도저히 안 되는데' 생각하던 차에 누군가 전도를 했고, 그는 다시 새 신자가 되어 교회에 나가기 시작했습니다. 그 즈음 아파트 단지 안에 있는 한 지하 교회에서 부흥회를 한다는 안내문을 받았습니다. 그런데 그 안내문에 소개된 목사는 처녀 시절 자신과 함께 공장에서 전도하던 바로 그 전도사였습니다. 기쁨으로 부흥회에 참석한 그 자매는 설교를 들으면서 끊임없이 눈물을 흘렸습니다.

얼마 전, 어느 학생 신앙 운동 50년을 결산하는 대회가 열렸습니다. 제가 알기에 그 운동은 '일제 식민지 지배와 한국전쟁을 겪으면서 피폐해질 대로 피폐해진 이 민족을 다시 살리는 길은 오직 학생들이 신앙으로 무장하는 것뿐'이라는 생각 아래, 몇몇 헌신된 젊은 청년들이 중심이 되어 시작되었습니다. 처음 그 운동을 시작했던 청년들은 이제 머리가 허연 노인들이 되어 대회에 참석했습니다. 50년 후에 다시 모인 그들이 발견한 것은 무엇이었을까요? 저는 그 대회에 참석하지 않았기 때문에 잘 모르지만, 아마도 처음에 그토록 뜨거운 열정으로 주님을 섬기겠다고 다짐했던 자신들 중에 지금까지 신앙을 제대로 지키고 있는 사람은 극히 적다는 사실, 거의 대부분이 결혼하고 직장생활 하는 가운데 너무나도 빨리 현실과 타협하고 말았다는 사실을 발견했을 것입니다. 들리는 말로는 이 대회에 초대된 초창기 구성원 중 한 명이 군사정권에 너무 깊이 충성한 사람이어서 후배들이 참석을 거부하는 일도 있었다고 합니다.

성인이 된 후에 예수를 믿은 분들은 아마 이런 느낌이 어떤 것인지 잘 모를 것입니다. 청소년 시절이나 대학 시절에 예수를 믿은 사람들은 친구들과 함께 모여 기도하거나 수련회 때 말씀을 듣고 큰 은혜를 받아, 남은 삶을 온전히 주님께 드리자고 다 함께 결단했던 기억들을 가지고 있습니다. 그래서 실제로 넉넉지 못한 주머니를 털어 같이 문서를 발행하기도 하고 방을 얻어서 공동생활을 하기도 하며 가까운 외국으로 함께 선교여행을 떠나기도 합니다. 그러나 10년 20년 지나고 나서 보면 그 열정을 처음 그대로 간직하고 있는 사람이 거의 없다는 사실을 발견하게 됩니다. 어떤 친구는 이 일로, 어떤 친구는 저 일로 제각각 흩어져 버렸습니다. 또 결혼하고 취직하면서 열정이 급격히 식거나 변질된 나머지, 나중에는 자신의 신앙조차 제대로 지키지 못하는 상태가 되어 버린 친구들도 많이 보게 됩니다.

왜 이런 일이 일어납니까? 현실의 장벽이 너무 높기 때문입니다. 처음에는 열정 하나로 온 세상을 변화시킬 수 있을 것 같았습니다. 그런데 막상 현실 속에 뛰어들어 보니 그렇게 간단하지가 않습니다. 직장생활 하고 애 키우고 가정생활 하는 것이 생각만큼 쉽지가 않아요. 그래서 자기 신앙을 단단한 껍질로 싸기 시작하든지 열정을 버리든지 해서 현실과 타협을 시도하게 되는 것입니다.

이스라엘 백성들이 신앙적으로 가장 뜨거웠던 때는 길갈에서 할례를 행할 때였습니다. 여호수아의 지도를 받은 젊은이들은 요단 강을 걸어서 건넌 후 은혜로 충만해졌습니다. 그들은 적이 바로 눈앞에 있는데도 할례를 행함으로써 하나님을 향한 헌신을 다짐했습니다. 이렇게 적을 눈앞에 두고 할례를 행한다는 것은, 지금 당장 그들이 쳐들어와서 자기들을 죽여도 좋다는 뜻입니다. 자신들의 젊음과 생각과 모든 것을 이미 하나님께 다 바쳤기 때문에 죽는 것도 두렵지 않다는 뜻입니다.

그러나 가나안 땅에 들어온 후 10년이 지나고 20년이 지나면서 그 열정은 전부 사그라들고 말았습니다. '이 가나안 땅에서 우상과 음란한 세력들을 다 몰아내고 하나님의 나라를 세우겠다. 이 더러운 곳을 청소해서 거룩한 나라를 세우겠다'는 젊은 열정은 다 사라지고, 이제는 자신들의 신앙조차 지키지 못하는 지경이 되어 버렸습니다. 그 이유가 무엇입니까? 현실의 파도가 너무 드세었기 때문입니다. 뜨거운 열정 하나로 가나안 땅에 들어왔지만, 가나안 땅은 그렇게 만만한 곳이 아니었습니다. 그들은 어쩔 수 없이 현실과 타협하면서 살았고, 결국 처음의 열정과 비전을 다 잃고 말았습니다.

이런 상태에 있는 그들에게 길갈에서부터 하나님의 사자가 찾아왔습니다. 그 사자는 타협하고 양보하면서 예전의 열정과 믿음을 다 잃어버린 그들을 찾아와, 옛날에 그들의 귀에 들렸던 그 능력의 말씀을 다시 들려 주었습니다. 길갈에서 하나님 앞에 헌신을 다짐했던 이 세대는 그 은혜의 말씀 앞에 통곡하기 시작했습니다. 이때 얼마나 울었던지 사람들은 그곳의 이름을 '보김'이라고 지었습니다. '보김'은 '우는 사람들'이라는 뜻입니다.

길갈에서 온 하나님의 사자

이스라엘 백성들은 가나안 땅에 정착하면서 원래 의도와 달리 가나안 사람들을 점점 더 닮아 가기 시작했습니다. 이것은 다른 사람들이 아니라 하나님 앞에 자신들의 모든 삶을 드리겠다고 뜨겁게 맹세했던 그 세대, 목숨까지 버릴 준비가 되었던 바로 그 길갈 세대에게 나타난 현상이었습니다.

여호와의 사자는 길갈에서부터 보김에 이르러 이렇게 말합니다. "내가 너희로 애굽에서 나오게 하고 인도하여 너희 열조에게 맹세한 땅으로 이끌어 왔으며 또 내가 이르기를 '내가 너희에게 세운 언약을 영원히 어기지 아니하리니 너희는 이 땅 거민과 언약을 세우지 말며 그들의 단을 헐라' 하였거늘 너희가 내 목소리를 청종치 아니하였도다. 그리 함은 어찜이뇨?"(2:1-2)

여기에서 중요한 것은 이 사자의 정체가 무엇이냐 하는 점입니다. 이 사자는 과연 누구입니까? 선지자들의 시대에는 가끔 무명의 선지자가 나타나 하나님의 말씀을 전하는 경우가 있었습니다. 그러나 이때는 아직 선지자의 시대가 아닙니다. 그 당시 선지자라면 모세 한 사람을 꼽을 수 있었을 뿐, 사무엘이 등장할 때까지 선지자의 시대는 시작되지 않습니다. 그렇다면 이름을 밝히지 않은 이 여호와의 사자는 누구입니까? 이 사자는 여호수아 앞에 칼을 들고 나타났던 바로 그분입니다. 즉 제2위 하나님, 나중에 마리아의 몸에서 사람으로 태어나신 바로 그분입니다.

이 하나님의 사자는 길갈에서부터 보김까지 직접 찾아와 하나님의 말씀을 전했습니다. 길갈이 어떤 곳입니까? 이스라엘 백성들이 하나님의 은혜로 충만해진 나머지 죽기를 각오하고 할례를 받았던 곳입니다. 그러면 보김은 어떤 곳입니까? 보김이 구체적으로 어떤 곳인지는 확인되어 있지 않습니다. 그저 벧엘이 아닐까 짐작할 뿐입니다. 왜냐하면 요셉 지파의 타협이 벧엘에서부터 시작되었기 때문입니다. 그들은 벧엘을 쉽게 차지하기 위해 자신들에게 정보를 준 사람을 풀어 주었고, 그는 다른 곳에 벧엘과 똑같은 성을 세웠습니다. 북쪽 이스라엘의 타협은 바로 이 벧엘의 정복에서부터 시작되었습니다. 아마도 이스라엘 백성들은 이 벧엘에 모여 우상 숭배 의식 같은 것을 행하던 중이 아니었을까 추측됩니다. 주님은 항상 가장 비참한 현장으로 찾아오시기 때문입니다. 아모스서를 보면, 아모스가 벧엘까지 찾아가 하나님의 말씀을 외치는 모습이 나옵니다. 그 당시 벧엘에는 아주 큰 우상의 신전이 있었습니다. 이스라엘 백성들은 가나안 땅에 들어가자마자 가나안의 방식과 하나님의 방식을 뒤섞어 괴상한 예배를 드렸을 가능성이 큽니다.

그러나 이것은 짐작일 뿐, 성경은 구체적으로 그 지명을 밝히고 있지 않습니다. 다만 이스라엘 백성들이 하나님의 말씀을 듣고 울었으므로 그곳을 보김이라고 불렀다고만 기록하고 있을 뿐입니다. 그러나 보김이라는 이 이름도 그렇게 오래 사용되었던 것 같지는 않습니다. 이스라엘 백성들은 말씀을 들은 그때만 잠깐 눈물을 흘렸을 뿐, 예전의 그 뜨거운 열정은 회복하지 못했기 때문입니다. 그래서 보김이라는 지명은 역사에만 남은 채 사라짐으로써 오늘날에는 실제 장소를 확인할 수 없게 되었습니다.

우리는 구약 시대에는 그리스도께서 아무 일도 하시지 않은 것처럼 생각하기 쉬운데 결코 그렇지 않습니다. 그는 자기 백성들을 위해 아주 많은 활동을 하셨습니다. 이스라엘 백성들이 위험에 처할 때마다 그들과 함께하셨고, 이번에도 그들이 신앙을 지키지 못하고 변절하려 하자 참지 못하시고 길갈에서 보김까지 직접 찾아와 말씀을 전하셨습니다. 그는 결코 소극적인 분이 아니십니다.

이 하나님의 사자가 친히 그 백성들에게 외치신 말씀이 무엇입니까? 그 말씀은 그들이 어떻게 존재하게 되었으며 어떻게 이곳까지 오게 되었느냐에 대한 것이었습니다. 그는 근본적인 말씀을 다시 들려 주셨습니다.

"내가 너희로 애굽에서 나오게 하고"라는 것은 그들이 어떻게 존재하게 되었는지 그 뿌리를 밝히시는 말씀입니다. 그들이 애굽의 노예 상태에서 탈출한다는 것은 사실 불가능한 일이었습니다. 그럼에도 불구하고 그들은 하나님의 능력으로 탈출할 수 있었습니다. 한번 생각해 보십시오. 감옥에 갇혀 있는 죄수 한 명이 탈출하는 것도 보통 어려운 일이 아닙니다. 그런데 한두 명도 아닌 한 민족 전체가 어떻게 탈출할 수 있겠습니까? 그것은 오직 하나님의 능력이 있었기 때문에 가능한 일이었습니다. 하나님께서는 이처럼 이스라엘 백성들을 해방시킨 후 광야에 내팽개치지 않으시고, 그들의 조상들에게 맹세하신 땅으로 인도하셨습니다.

하나님께서 맹세하신 것이 무엇입니까? 구원은 단순히 압제에서 해방되는 일에 그치지 않는다는 것입니다. 구원에는 하나님의 엄청난 축복이 따라온다는 것입니다. 그 축복이 바로 가나안 땅이었고, 그래서 하나님께서는 그들의 조상에게 약속하고 맹세하신 대로 그들을 가나안 땅으로 인도해 오셨습니다. 하나님께서는 "내가 너희에게 세운 언약을 영원히 어기지 않겠다"고 맹세하셨습니다. 다시 말해서 죄악의 세력이 아무리 강하고 크게 보여도 하나님이 맹세하신 것은 절대로 어기지 않을 테니 두려워하지도, 타협하지도 말고 세상과 싸우라는 것입니다.

이것이 이스라엘 백성들이 원래 가지고 있던 신앙이었고, 길갈에서 다짐했던 신앙이었습니다. 그런데 지금은 어떻게 되었습니까? 그 모든 열정과 헌신을 잃은 채 거의 신앙 없는 자들처럼 되고 말았습니다. 하나님의 사자는 말씀하십니다. "'너희는 이 땅 거민과 언약을 세우지 말며 그들의 단을 헐라' 하였거늘 너희가 내 목소리를 청종치 아니하였도다. 그리 함은 어찜이뇨?" (2:2)

예를 들어 어렵게 취직하고 보니 회사 분위기가 완전히 술자리

분위기입니다. 술을 마시지 않으면 도저히 버틸 수 없는 분위기예요. 하루 마음먹고 술자리에 빠졌더니 그 다음 날 당장 과장이 눈을 부라리며 욕을 퍼붓습니다. 물론 하나님께서는 우리의 삶을 지켜 주신다고 약속하셨습니다. 하나님은 한번 맹세한 것을 절대 어기지 않으실 것입니다. 그런데 회사에서는 죄를 한 번만 거부해도, 바른 소리를 한 번만 해도 당장 보따리 싸서 집에 가라고 합니다. 물론 하나님께서는 나를 지켜 주실 것입니다. 하지만 그렇다고 해도 어떻게 사사건건 신앙적인 이유로 다른 사람들과 충돌할 수 있겠습니까? 사회생활을 100퍼센트 신앙적으로 하겠다는 것은 사회생활을 하지 않겠다는 것과 똑같은 말입니다. 물론 하나님께서는 이 세상에서 살아남게 해 주겠다고 약속하셨습니다. 그러나 매사에 신앙을 앞세우면 도대체 무슨 일을 할 수 있겠으며, 또 누가 나를 좋아하겠습니까? 남도 피곤하고 나도 힘듭니다. 그래서 어떻게 합니까? 조금씩 조금씩 타협하기 시작합니다. 그 결과, 길갈의 헌신과 열정은 흔적도 없이 사라지고 맙니다.

이 세상에서 제일 힘든 일이 예수 믿는 것입니다. 이것은 감옥에 갇힌 죄수가 탈옥하는 일만큼, 노예가 집단으로 탈출하는 일만큼 어렵습니다. 그러나 이보다 더 어려운 일은 탈옥한 사람이 이 세상에서 살아가는 것입니다. 처음에 예수를 믿는 것도 어렵지만 신앙을 가지고 이 세상에서 살아가는 것은 더 어려워요. 하나님께서는 "그것도 내가 책임지겠다. 너희와 세운 언약을 영원히 어기지 않겠다"

고 맹세하셨습니다. 그럼에도 불구하고 실제로 신앙을 가지고 살려고 해 보면 그렇게 피곤할 수가 없습니다. 신앙을 앞세우다 보니 사사건건 부딪치는 일들뿐입니다. 회사에서도 부딪치고 집에서도 부딪치고 되는 일이 하나도 없습니다. 물론 신앙을 앞세우고 산다고 굶어 죽지는 않습니다. 그러나 사는 게 너무 피곤해요. 미친 사람이 아니고서야 도저히 이렇게 살 수 없다는 생각이 자꾸 듭니다.

그런데 하나님께서 말씀하시는 것이 무엇입니까? 미친 사람이 되어 보라는 것입니다. 그분을 믿고 한번 미쳐 보라는 것입니다. 젊었을 때는 혹시 그렇게 살 수도 있을 것 같습니다. 아내가 있습니까, 아이가 있습니까? 굶어도 자기 혼자 조용히 굶으면 됩니다. 그러나 이제는 부양해야 할 식구가 있습니다. 학교 다닐 때처럼 있는 돈 다 털어서 문서 만들고 전도하러 나갈 수가 없어요. 이제는 옛날처럼 '죽으면 죽으리라'는 식으로 신앙생활을 할 수가 없습니다. 현실에서 그렇게 한다는 것은 자살행위나 다름없습니다. 회사에서 부정행위를 시킨다고 해서 사표 쓰고 나오면, 이 어려운 때 뭘 해서 먹고 살겠습니까? 그런데도 주님은 왜 그렇게 못하느냐는 것입니다. 적들을 눈앞에 두고 할례 받는 미친 짓을 왜 하지 못하느냐는 것입니다.

하나님께서는 이스라엘 백성들이 가나안 땅에 들어가서도 계속 미친 짓 하기를 바라셨습니다. 그러나 그들은 정상적이고 교양 있는 사람이 되고 싶었고, 예측 가능한 고상한 생활을 하고 싶었습니다. 그래서 그렇게 살다 보니 열정이 사라지고 말았습니다.

사자의 책망

하나님의 사자가 책망한 내용이 무엇입니까? "'너희는 이 땅 거민과 언약을 세우지 말며 그들의 단을 헐라' 하였거늘 너희는 내 목소리를 청종치 아니하였도다. 그리 함은 어찜이뇨? 그러므로 내가 또 말하기를 '내가 그들을 너희 앞에서 쫓아내지 아니하리니 그들이 너희 옆구리에 가시가 될 것이며 그들의 신들이 너희에게 올무가 되리라' 하였노라"(2:2-3).

길갈 세대가 가나안 땅에 들어가서 한 일이 무엇입니까? 하나님을 완전히 버린 것은 아니지만 가나안의 방식 또한 하나의 삶의 방식으로 인정한 것입니다. "세상 사는 길이 딱 하나만 있는 건 아니야. 우리가 하나님을 믿듯이 이 사람들도 자기 신들을 믿을 권리가 있다구. 가만히 보니까 이들의 삶에도 유익한 것들이 많네. 사람이 너무 빡빡하게 굴면 못쓰지." 이것이 길갈 세대의 태도였습니다.

이것이 무슨 뜻인지 일본을 보면 금방 알 수 있습니다. 일본에서는 귀신이 모든 것을 지배하고 있으며, 신사가 삶의 중심을 차지하고 있습니다. 우리나라에서 제사가 한 가지 삶의 방식인 것처럼, 일본에서는 귀신 숭배가 삶의 방식으로 인정되고 있습니다. 가나안 사람들을 몰아내지 못한 이스라엘 백성들은 그들의 방식도 하나의 삶의 방식이라고 인정하기 시작했습니다. 사람이 이런 식으로 살 수도 있고 저런 식으로 살 수도 있지, 어떻게 자기 방식만 주장할 수 있겠느냐는 것이지요.

그런데 이에 대해 하나님의 사자는 그들이 하나님의 목소리를 청종치 않았다고 책망하십니다. 하나님께서는 이 세상 모든 우상을 멸절시키라고 명령하지 않으셨습니다. 인도에 가서 요가하는 사람들을 못 하게 막으라든지, 중국에 가서 사원들을 다 무너뜨리라고 하지 않으셨습니다. 다만 그들에게 준 약속의 땅에서만큼은 어떤 우상도 남아 있지 못하게 하라고 하셨습니다. 그런데 이스라엘 백성들은 그 일조차 철저히 하려고 하지 않았습니다. 그 이유가 무엇입니까? 자기들끼리만 있을 때에는 하나님께 아무리 헌신하고 열정을 가져도 괜찮아 보였지만, 다른 사람들과 함께 있다 보니 아무래도 지나치다는 생각이 들기 시작한 것입니다. 신앙이 다르다는 이유 하나만으로 사람들을 다 배척한다는 것이 얼마나 무리한 발상입니까? 다른 것은 다 좋은데 신앙 하나가 맞지 않는다는 이유로 끝까지 결혼하지 않고 버티는 여자를 누가 이해해 주겠습니까?

이스라엘 백성들의 문제는 너무 쉽게 안정된 길을 붙들려 한 것이었습니다. 길갈에서 가지고 있었던 삶의 방식은 너무 독선적으로 보였습니다. 그렇게 살아서는 가나안에 적응할 수가 없었습니다. 그것은 사회생활을 포기하겠다는 것과 같았습니다. 그러나 하나님께서는 이스라엘 백성들이 그렇게 해 주기를 바라셨습니다. 다른 사람들에게 "좀 이상한 놈"이라는 손가락질을 받더라도, 남들은 쉽게 잘 넘어가는 문제를 자기는 신앙적으로 해결하기 위해 고민하고 갈등하느라 몇 배 더 힘들다 해도, 한번 그렇게 어렵게 살아 보기를 바라셨습니다.

그런데 그렇게 살아 보려고 할 때 나타나는 현상이 무엇입니까? 세상이 그렇게 만만하지 않다는 사실을 깨닫는 것입니다. 자기의 신앙으로는 세상을 도저히 이길 수도 없고 세상에서 버텨 낼 수도 없다는 것을 알게 됩니다. 믿음으로 공부하기도 힘들고 믿음으로 취직하기도 힘들고 믿음으로 결혼하기도 힘듭니다. 그래서 어떻게 합니까? 기도하기 시작합니다. 현실 속에서 자기를 향한 하나님의 뜻을 이해하기 위해 몸부림을 치기 시작합니다. 그 가운데 비싼 대가를 지불하고 믿음이 조금씩 자란 사람들이 세상을 이길 수 있는 것입니다. 처음부터 편한 길을 걸어 온 사람들은 자기가 가진 것을 그렇게 쉽게 버리지 못합니다.

하나님의 사자는 "그러므로 내가 또 말하기를 '내가 그들을 너희 앞에서 쫓아내지 아니하리니 그들이 너희 옆구리에 가시가 될 것이며 그들의 신이 너희에게 올무가 되리라' 하였노라"고 말씀하십니다. 무슨 뜻입니까? 가나안 땅에서 믿음으로 사는 일은 결코 공짜로 이루어지지 않는다는 것입니다. 이스라엘 백성들이 애굽에서 구원받은 것은 순전히 은혜였습니다. 그러나 가나안 땅에서 사는 일은 그들 자신이 스스로 감당해야 합니다. 가만히 있으면 저절로 이루어지는 게 아니에요. 만약 그들이 처음부터 힘들게 살려고 했다면 나중에는 아주 편하게 신앙생활을 할 수 있었을 것입니다. 가나안 땅을 힘들게 정복하려고 했다면 그때 이미 인생 밑바닥에 내려가는 경험을 했을 것이고, 그 경험을 통해 사람을 두려워하지 않는 법을 배웠을 것이기 때문입니다. 그랬다면 하나님의 말씀대로 가나안 땅을 둘러엎을 수 있었을 것입니다.

그러나 한번 사람을 두려워하기 시작하고 남에게 싫은 소리 듣는 것을 무서워하기 시작하면, 결국 그것이 올무가 되어 하나님의 말씀에 순종할 수 없게 됩니다. 가장 무서운 것이 사람에게 매이는 것입니다. 사람에게 잘 보이려고 하는 사람은 절대로 말씀대로 살 수 없습니다.

우리는 "이스라엘 백성들이 가나안 사람과 타협하지 않고 처음부터 투쟁 일변도로 나갔다면 그들이 삶이 어떻게 되었을까?"라는 질문을 던져 볼 필요가 있습니다. 그렇게 했다면 처음부터 형통했을까요? 아닙니다. 처음부터 투쟁했다면 그들의 초기 생활은 궁핍과 불안정으로 엉망이 되었을 것입니다. 그들은 가나안 땅에 들어와서 하나님의 모순된 명령을 받아야만 했습니다. 하나님께서는 그들이 가나안 땅에 들어서자마자 만나를 끊으셨습니다. 이제 그들은 농사를 지어서 살아야 했습니다. 농사를 지으려면 안정이 필요하고, 안정을 얻으려면 가나안 사람들과 협상해야 합니다. 그런데 하나님은 만나도 안 주시면서 가나안 사람들과 협상하지 말고 싸워 가며 농사를 지으라는 것입니다. 일단은 먹고 살 길부터 마련해 놓고 싸우든지 해야지, 어떻게 싸워 가며 농사를 지으라는 것입니까? 한 명 때리고 와서 삽질하고 또 한 명 때리고 와서 호박 따라는 것입니까?

그런데 지금 하나님의 사자는 왜 그렇게 못 했느냐고 책망하고 계십니다. 무엇이 급하다고 그렇게 빨리 정착하려고 했느냐는 것입니다. 차라리 농사를 제대로 못 지어서 어렵고 힘들게 사는 한이 있어도 하나님의 말씀에 철저할 수는 없었느냐는 것입니다. 가나안 땅에서 안정되게 사는 일이 뭐 그리 중요하다고 들어가자마자 협상하느라 하나님 나라 건설하는 일을 등한히 했느냐는 것입니다. 그들은 처음부터 가나안 사람들과 협상했기 때문에 결국 올무에 매이고 말았습니다. 일단 농사부터 지을 마음을 먹으니까 가나안 사람들이 와서 기술을 가르쳐 주고 땅을 파 줍니다. 이렇게 도움을 받았으니 추수가 끝났다고 그들을 몰아낼 수 있겠습니까?

사람의 관계는 나 혼자 마음먹는다고 정리되는 것이 아닙니다. 상대방의 마음도 중요합니다. 어떤 남녀가 서로 사귀다가 한쪽에서 관계를 정리하기로 했다고 합시다. 상대방이 단념하지 않는 이상 나 혼자 정리한다고 해서 관계가 정리되지 않습니다. 상대방 입에서 욕이 나올 정도로 질리게 만들든지 어떤 식으로든 단념을 시켜야 겨우 끊어지는 것이지, 나 혼자 수십 번씩 일기에 끊겠다고 쓴다고 해서 끊어지는 게 아니에요. 나만 수화기를 놓는다고 전화가 끊어지지 않는 것과 같습니다. 상대방도 수화기를 놓아야 합니다.

결국 이스라엘 백성들은 처음부터 태도를 분명히 하지 않고 타협했기 때문에 더더욱 가나안 사람들을 몰아내기가 어려워졌습니다.

이제 와서 갑자기 신앙을 되찾겠다고 하면 가나안 사람들이 뭐라고 하겠습니까? "어제까지는 우리 신한테 절도 하고 더러운 짓을 해도 모르는 체하더니, 아니 우리와 어울려 함께 즐기기까지 하더니 갑자기 왜 이러는 거야? 뭐 잘못 먹은 거 아니야?" 하지 않겠습니까? 이미 그들과 친해졌고, 이미 그들에게서 도움을 받았어요. 이제 와서 새삼스럽게 모질게 굴 수가 없습니다. 이스라엘 백성들은 사람의 올무에 점점 더 걸려들어서 신앙적으로 침체될 수밖에 없었습니다.

길갈 세대의 반응

가나안 땅에서 신앙의 열정을 다 잃었던 이스라엘 백성들은 하나님의 사자가 책망하시는 말씀을 듣고 크게 울었습니다. "여호와의 사자가 이스라엘 모든 자손에게 이 말씀을 이르매 백성이 소리를 높여 운지라. 그러므로 그곳을 이름하여 '보김'이라 하니라. 무리가 그곳에서 여호와께 제사를 드렸더라"(2:4-5).

이스라엘 백성들은 왜 이렇게 소리를 높여서 울었을까요? 옛날의 그 열정과 순수함이 생각났기 때문입니다. 그들에게는 '우리가 이렇게 살면 안 되는데. 하나님을 사랑하는 마음이 다시 한 번 불같이 일어나야 하는데. 다시 한 번 뜨겁게 하나님을 사랑해야 하는데' 하는 마음이 늘 자리잡고 있었습니다. 신앙의 열정을 잃어버렸다는 죄책감이 무거운 납덩이처럼 그들의 마음을 누르고 있었어요. 그런데 하나님의 사자가 오셔서 그 옛날 자신들이 듣고 은혜 받았던 말씀을 다시 들려 주시는 것입니다. 자신의 삶을 하나님께 바치겠다고 결단하게 만들었던 그 메시지를 다시 들려 주시는 것입니다. 그들은 이 말씀을 들으면서 과거의 순수했던 모습과 지금의 침체된 모습을 비교할 수 있었습니다. 그러자 뜨거운 눈물이 흘러내리기 시작했습니다. 그들은 마구 소리를 지르면서 울었습니다. 얼마나 많은 사람들이 울었던지 후손들은 그곳의 이름을 '우는 사람들'이라는 뜻으로 '보김'이라고 불렀습니다.

이것을 볼 때 그들의 마음 한 구석에는 아직까지도 하나님을 사랑하는 마음이 남아 있다는 것을 알 수 있습니다. 비록 현실과 타협했고 열정은 식었지만, 마음 한 구석에는 여전히 하나님을 사랑하는 마음이 남아 있었습니다. 역사가 오래 된 교회에서 설교할 때면 은퇴하신 백발의 장로님들이 우는 모습을 많이 보게 됩니다. 왜 웁니까? 설교 말씀을 듣다가 갑자기 옛날의 열정이 떠오른 것입니다. 중고등부 시절이나 청년부 시절에 주보를 일일이 접어 나누어 주던 일, 사람들과 어울려 성경퀴즈대회를 했던 일, 소나무 붙들고 기도했던 일들이 다 생각난 것입니다. 한때는 그처럼 뜨겁게 주님을 사랑했는데 이렇게 오랫동안 기쁨 없이 메마른 신앙생활을 했구나 생각하니 눈물이 흐르는 것이지요.

그러면 이스라엘 백성들이 이렇게 사자의 말씀을 듣고 울었다고 해서 그 옛날 길갈 시절로 돌아갈 수 있을까요? 그렇지는 않습니다.

그들은 이미 먼 길을 와 버렸습니다. 이미 세상의 때가 너무 많이 묻어 버렸어요. 식구들도 너무 늘었고, 가나안 사람들과도 너무 친해져 버렸습니다. 한 번 크게 울었다고 해서 옛날로 돌아갈 수는 없었습니다.

2장 6절 이하에는 길갈 세대에 대한 대략적인 설명이 나오고 있습니다. "백성이 여호수아의 사는 날 동안과 여호수아 뒤에 생존한 장로들, 곧 여호와께서 이스라엘을 위하여 행하신 모든 큰 일을 본 자의 사는 날 동안에 여호와를 섬겼더라"(2:7). "그 세대 사람도 다 열조에게로 돌아갔고 그 후에 일어난 다른 세대는 여호와를 알지 못하며 여호와께서 이스라엘을 위하여 행하신 일도 알지 못하였더라"(2:10).

말씀을 들은 길갈 세대 사람들은 적어도 더 이상 타락하지는 않았습니다. 그들은 남은 날 동안 하나님을 섬겼습니다. 이번의 각성으로 이스라엘 백성 전체가 비교적 크게 정신을 차렸던 것 같습니다. 그러나 그렇다고 해서 길갈 시절의 그 순수한 열정과 헌신으로 돌아간 것은 아니었습니다. 그들이 살아 있는 동안 신앙을 지켰을 뿐, 길갈의 열정과 헌신은 회복하지 못했습니다.

이 세상의 현실은 결코 만만하지가 않습니다. 한두 번 수련회에서 은혜 받고 성령 충만해진 열정으로 뒤집힐 만큼 만만하지가 않아요. 오히려 길갈의 헌신이 부끄러워질 정도로 이 세상은 교활하고 지혜로우며 강한 상대입니다. 순수한 열정 하나로 가나안을 정복할 수 있으리라 생각했던 이스라엘 백성들은 두터운 현실의 벽을 뛰어넘지 못하고 신앙까지 팔아먹을 지경에 이르고 말았습니다. "옛날에는 우리가 미쳤었나 봐. 무슨 정신으로 적군들 앞에서 할례를 받았을까? 그때 가나안 사람들이 쳐들어왔더라면 떼죽음을 당했을 거 아니야? 생각만 해도 등줄기에 식은땀이 흐르네."

이럴 때 나타나는 것이 냉소주의입니다. 신앙은 있지만, 그 신앙은 더 이상 역사하지 않습니다. 이런 사람은 절대로 모험을 하지 않습니다. 안전제일주의입니다. 손해 보는 짓을 절대로 하지 않습니다. 말로는 하나님을 믿는다고 하지만, 실제로는 자기 머리로 다 계산합니다. 성령 없이는 살아도 계산기 없이는 못 살아요. 이것은 깊이 병든 신앙입니다. 어쩌면 치료가 불가능할지도 모릅니다.

냉소적인 신앙을 가진 사람의 특징은 한때 뜨거운 신앙이 있었다는 것입니다. 처음에는 교회에서 김치 담근다고 하거나 청소한다고 할 때 순진하게 가서 열심히 봉사했습니다. 그런데 오래 믿은 사람들이 한 명도 나타나지 않는 것을 보면서부터 빗자루나 김치는 아예 손에 댈 생각도 하지 않습니다. 또 매일 새벽마다 열심히 기도했는데 자녀가 대학에 떨어지면 그때부터 아예 기도할 생각을 하지 않습니다. 한때는 하나님을 믿었어요. 적군 앞에서 할례도 받고 자기의 모든 것을 바쳤습니다. 그런데 현실에 부딪쳐 보니 벽이 너무 높은 거예요. 그 다음부터는 신앙을 보따리에 싸 놓고 사용할 생각을 하지 않습니다.

하나님께서 이스라엘 백성들을 책망하시는 것이 무엇입니까? 왜 가나안 땅에서 쉽게 살려 했느냐는 것입니다. 농사도 짓고 전쟁도 치러야 하는 이 이중의 과제를 풀 생각은 하지 않고 왜 쉽게 타협해 버렸느냐는 것입니다. 이스라엘 백성들은 일단 먹고 살기 위해 가나안 사람들과 화해하고 그들의 도움을 받아 농사부터 지었습니다. 이렇게 친해지고 나니 나중에는 몰아낼 수가 없었습니다.

하나님은 우리에게 모순된 것을 원하십니다. 공부도 열심히 하면서 신앙생활도 열심히 하기를 원하십니다. 장사도 열심히 하면서 교회 봉사도 열심히 하기를 원하십니다. 이것은 무리한 요구입니다. 다른 사람들은 공부만 하고 장사만 해도 시간이 부족하다는데, 일주일에 몇 번씩 교회에 나가면서 어떻게 세상 일도 잘할 수 있습니까? 그래서 일단 공부부터 해서 교수가 되든지 고시에 붙고 나서, 일단 장사부터 해서 돈을 벌고 나서 신앙생활을 다시 시작하겠다고 생각합니다. 그러나 공부든 돈 버는 일이든 끝이 없는 법입니다. 위로 올라가면 올라갈수록 교회에 다니기가 더 어려워져요. 처음에는 시간이 없어서 못 나갔는데 나중에는 교인들과 수준이 맞지 않아서 못 나갑니다. 유학 갔다 와서 보니까 목사 영어 발음이 형편없고 교인들 대화 수준이 유치해서 못 나가요.

하나님께서는 처음부터 성공하려 들지 말라고 하십니다. 세상에서 실패할 각오를 하라는 것입니다. '도라이' 노릇 할 각오를 하라는 거예요. 처음부터 세상이 나에게 기대를 걸지 못하게 하라는 것입니다. 아예 '구제불능'으로 낙인찍혀 버리라는 것입니다. 그러면 하나님의 능력으로 다시 재기하는 그때, 하나님의 뜻대로 살기가 훨씬 쉬워집니다.

처음에 고생하기 싫어하는 사람은 한평생 영적으로 병든 상태를 벗어나기 어렵습니다. 약간 세워 놓으면 또 쓰러지고 세워 놓으면 또 쓰러지기를 죽을 때까지 반복합니다. "젊었을 때 고생은 사서도 한다"는 속담도 있지 않습니까? 처음부터 눈 질끈 감고 신앙대로 고집스럽게 해 보십시오. 사람들에게 잘 보이려고 하거나 인정받으려고 하지 마십시오. 그렇게 생고생을 하는 가운데 세상을 보는 눈이 열리고 하나님의 뜻을 분별하는 능력이 생깁니다. 그런 사람이 세상을 뒤집어엎습니다.

이스라엘 백성들은 보김에서 울었지만 길갈로 돌아가지는 않았습니다. 그냥 보김에서 우는 것으로 끝났어요. 물론 물리적으로 길갈까지 갈 필요는 없었습니다. 그러나 마음으로는 돌아갈 수 있었습니다. 가나안 땅에서 얻은 모든 것을 포기할 마음만 있었다면 길갈의 신앙을 회복할 수 있었습니다. 잘못 걸어 왔으면 다시 되돌아가면 됩니다. 말 그대로 과거로 되돌아가라는 뜻이 아닙니다. 세상이 준 지위나 재물을 포기하고 다시 하나님 앞에 빈손으로 서라는 것입니다. 그렇게 할 수만 있다면 하나님의 은혜는 회복된다는 것입니다.

사사기 2장은 여호수아가 죽었다는 사실을 강조하고 있습니다.

"여호와의 종 눈의 아들 여호수아가 110세에 죽으매 무리가 그의 기업의 경내 에브라임 산지 가아스 산 북 딤낫 헤레스에 장사하였고"(2:8).

가나안 정복은 쉬운 일이 아니었습니다. 그런데 여호수아까지 죽은 지금, 이스라엘 백성들이 어떻게 가나안에 동화되지 않고 이들을 몰아낼 수 있겠습니까? 그러나 하나님께서는 여호수아 없이도 신앙을 지킬 수 있게 하셨습니다. 여호수아의 죽음은 이제 한 사람에게 의존하던 신앙을 버리고 제 발로 일어서라는 뜻입니다. 이제 각자 자신의 신앙을 지켜야 하며 각자 자신의 싸움을 싸워야 합니다. 어떻게 그렇게 할 수 있습니까? 사사들을 통해 그렇게 할 수 있습니다.

사사들은 결코 영웅이 아니었습니다. 그들은 평범한 평신도 지도자들이었습니다. 하나님께서는 여호수아가 죽고 난 후에 악한 세상을 이길 수 있는 방법으로 교회를 주셨습니다. 우리는 교회 안에서 옛날의 열정을 그대로 간직할 수 있습니다. 말씀과 기도가 살아 있다면 세상에서 아무리 실패하고 절망했다 해도 살아날 수 있습니다. 영웅은 사라지고 없어도 교회를 통해 신실하게 믿음을 지켜 온 자들은 더 성숙한 모습으로 남아 있을 수 있습니다. 그들은 어려운 일을 당할 때마다 모여서 같이 기도하고 눈물 흘리고 위로받습니다. 그리고 날마다 그 신앙이 새롭게 자라납니다. 그들은 결정적인 순간에 세상을 이겨 냅니다. 여호수아 없이도 이겨 냅니다.

사사기가 보여 주는 것이 무엇입니까? 이 평범한 사람들을 통해 하나님이 얼마나 큰 일을 행하셨는가 하는 것입니다. 여호수아가 끝내지 못하고 남긴 일들을 평범한 목회자와 교인들이 얼마나 위대하게 이루어 냈는가 하는 것입니다. 사사기는 실패의 역사가 아닙니다. 희망의 책입니다. 사사기의 주인공은 평범한 사람들입니다. 장애인, 여성, 집에서 쫓겨난 부랑자, 이들이 신앙의 공동체와 함께 싸워서 적을 몰아낸 역사가 바로 사사기입니다.

물론 여호수아의 화려한 승리에 비하면 사사들이 한 일은 보잘것이 없었습니다. 그러나 하나님께서는 교회 안에서 그 백성들이 식지 않고 녹지 않게 하셨으며 오히려 더 뜨겁게 달아오르게 하셨습니다. 교회의 신비가 여기 있습니다. 똑똑한 사람은 아무도 없습니다. 그러나 말씀 듣고 기도하고 찬양하는 가운데 자꾸 새로워진 사람들이 급기야 적에게 결정타를 날립니다. 왼손잡이가 장대한 모압 왕의 배를 칼로 찌르고, 평범한 주부가 적군 용사의 머리에 말뚝을 박습니다. 이것이 교회가 갖는 힘입니다. 교회 안에는 영웅이 없습니다. 다 평범한 사람들뿐입니다. 그러나 하나님께서는 날로 그들을 새롭게 하셔서 가나안을 이기게 하셨습니다.

보김으로 찾아온 여호와의 사자는 이스라엘 백성들의 신앙을 평가하고 책망하셨습니다. 그들은 말씀을 듣고 울었습니다. 그러나 그들은 한 번 우는 것으로 그칠 것이 아니라 길갈로 돌아갔어야 했습니다. 가진 것을 다 버리고 하나님 앞에서 빈손으로 다시 결단했어야 했습니다.

젊은 시절에 너무 쉽게 잘살려고 하는 사람은 한평생 올무에 매여 살 것입니다. 주님은 사람에게 인정받는 것이 뭐 그리 중요하다고 쉽게 타협하느냐고 책망하십니다. 남들이 보기에 좀 고집스러워 보이고 답답해 보여도 신앙적으로 철저히 살 수는 없느냐고 하십니다. 농사 좀 제대로 못 지으면 어떠냐는 것입니다. 좀 굶으면 어떠냐는 것입니다. "내가 너희를 지켜 주겠다고 맹세하지 않았느냐"는 것입니다.

영국에 가서 집회할 때 그곳 목사님이 박사과정에 있는 사람들에게 이렇게 말했습니다. "여러분, 1년 늦게 학위 받더라도 이번 집회에는 다 참석하십시오. 이번 말씀은 꼭 들어야 합니다." 그러나 그렇게 어렵게 유학 가서 1년 늦게 학위 받을 각오를 하고 말씀을 들으려 하는 사람이 얼마나 되겠습니까?

한때 말씀 듣고 헌신하고 결단하는 것은 아주 귀한 일입니다. 그런데 문제는 시간이 지나면서 너무 빨리 타협해 버린다는 데 있습니다. 첫째 아이 낳으면 타협, 둘째 아이 낳으면 변질, 셋째 아이 낳으면 절망, 이런 식으로 열정이 급속히 식어 버립니다. 세상은 만만하지 않습니다. 월급 한 번 받으려면 온갖 더러운 소리를 다 들어야 합니다. 돈은 절대로 거저 들어오지 않아요. 그럼에도 불구하고 하나님께서는 믿음으로 한번 해 보라고 하십니다. 바닥에서 길 각오를 하고서라도 그렇게 해 보라고 하십니다. 그런 사람만이 가나안 땅을 하나님 나라로 바꾸는 믿음의 싸움을 싸울 수 있습니다.

이 말씀이 하나님을 향한 열정을 다시 한 번 불붙이는 기회가 되기를 바랍니다. 한 번 울고 그만두지 마십시오. 길갈로 돌아가십시오. 내 인생에서 가장 비참했던 때, 하나님께서 나를 만나 주셨던 그때로 돌아가서 다시 시작하십시오. 그리하여 다른 사람들에게 조금 싫은 소리를 듣게 된다 해도, 사는 것이 조금 더 힘들어진다 해도 믿음으로 살게 되기를 주님의 이름으로 축원합니다.

4
어둠의 시대를 밝힌 사사들

> ……여호와께서 그들을 위하여 사사를 세우실 때에는 그 사사와 **함께하셨고** 그 사사의 사는 날 동안에는 여호와께서 그들을 대적의 손에서 구원하셨으니……
>
> 사사기 2:11-23

 아마 여러분 중에는 수련회나 캠프에 가서 캠프파이어를 해 본 분들이 있을 것입니다. 해는 이미 져서 사방이 어둠에 덮여 있는데, 운동장 중앙에 쌓아 놓은 장작더미를 중심으로 사람들이 하나 둘 모여들기 시작합니다. 그 장작더미에 불을 지피면 갑자기 온 세상이 환해집니다. 사람들은 그 불을 중심으로 둥그렇게 둘러앉아 노래를 부르기도 하고 춤을 추기도 합니다. 아마 낮에 그런 일을 하면 재미가 없겠지요. 밤이기 때문에 그 불이 더 아름답게 보이고 밤이기 때문에 더 낭만을 즐길 수 있는 것입니다. 불이 사그라지면 그 위에 기름을 붓습니다. 그러면 다시 한 번 불꽃이 일어나면서 장작이 새롭게 타 들어가기 시작합니다.

나라가 어두울 때는 보이는 모든 것이 너무나 답답합니다. 관리라는 사람들은 썩을 대로 썩어 있고, 사람들은 저마다 제 욕심을 차리느라 혈안이 되어 있습니다. 말로는 진리와 정의를 외치지만, 정작 진리와 정의를 실천하는 사람은 아무도 없습니다. 그런데 그런 혼란의 와중에 바른 정신을 가진 사람이 하나 등장했다고 합시다. 그는 사고방식만 바른 것이 아니라, 자기가 옳다고 믿는 바를 위해 모든 것을 바치며 전적으로 헌신하는 사람입니다. 그때 사람들은 그에게서 일시적으로 환한 빛을 봅니다. 어둠 속에 빛나는 그의 정신과 희생이 얼마나 아름다워 보이는지 모릅니다. 그래서 사람들은 그 불빛 아래 모여들기 시작합니다. 그러나 이상하게도 사람이라는 존재는 그런 불빛을 오래 비추지 못하게 마련입니다. 내부적인 모순과 갈등으로, 또는 핵심 인물의 부패와 타락으로 얼마 가지 않아 그 불빛은 빛을 잃고 맙니다. 그러면 세상은 또 상당 기간 동안 어둠 속에 빠져들게 됩니다.

우리나라에 문민정부가 들어서서 개혁의 기치를 높이 들었을 때, 대통령에 대한 국민의 지지율은 90퍼센트를 넘어섰습니다. 이것은 국민들이 얼마나 오랫동안 정의에 목말라했으며 바른 정신을 가진 지도자를 갈망했는지를 잘 보여 주는 수치였습니다. 그러나 문민정부의 불꽃은 너무 빨리 사그라졌고, 결국 아무도 거들떠보지 않는 재가 되고 말았습니다. 이것이 세상 불꽃과 하나님의 불꽃 사이의 차이점입니다. 세상 불꽃은 한번 사그라지면 그만입니다. 그러나 하나님의 불꽃은 그 안에 불씨가 남아 있기 때문에 기름만 부으면 언제든지 활활 다시 타오릅니다.

이 점을 잘 보여 주고 있는 성경이 바로 사사기입니다. 이스라엘 백성들이 진군한 가나안 땅은 철저히 어두운 곳이었습니다. 빛이 잘 들지 않아서 어두운 곳이 아니라 인간의 죄악과 욕망이 양심을 뒤덮어서 어두운 곳이었습니다. 이스라엘 백성들은 환한 횃불을 들고 쳐들어갔지만, 그 땅의 무지와 미신이 너무 심한데다가 이스라엘 백성들이 적응을 위해 그 땅 사람들과 타협하는 바람에 불꽃은 그만 사그라지고 온 땅은 다시 어둠에 사로잡히고 말았습니다.

그런데 그 후 무려 400년에 걸쳐 그 어둠을 밝힌 불꽃들이 있었습니다. 그 불꽃들은 평범한 평신도 지도자들인 사사들이었습니다. 그들이 하나님의 말씀에 붙들릴 때마다, 그리고 그 말씀에 자신의 모든 것을 헌신할 때마다 이스라엘 백성들에게는 다시 하나님의 기름이 부어졌고, 그들은 자신들을 억압하던 악의 세력을 물리치고 그 백성으로서의 존귀함을 회복할 수 있었습니다.

이스라엘 백성이 바알과 아스다롯을 섬기다

이스라엘 백성들은 가나안 땅에 들어간 지 얼마 되지 않아서 가나안 사람들의 신인 바알과 아스다롯을 섬기기 시작했습니다. "이스라엘 자손이 여호와의 목전에 악을 행하며 바알들을 섬기며 애굽 땅에서 그들을 인도하여 내신 그 열조의 하나님 여호와를 버리고 다른 신, 곧 그 사방에 있는 백성들의 신들을 좇아 그들에게 절하여 여호와를 진노하시게 하였으되 곧 그들이 여호와를 버리고 바알과 아스다롯을 섬겼으므로"(2:11-13).

우리는 이런 행동을 잘 이해할 수가 없습니다. 그들에게는 여호와라는 신이 있었고, 그 신이 그들을 애굽에서 인도하여 이곳 가나안 땅까지 오게 하셨습니다. 그리고 그는 가나안 땅의 우상들을 철저하게 파괴하라고 명령하셨습니다. 그런데 어떻게 벌써부터 하나님이 가장 싫어하시는 바알과 아스다롯을 섬길 수 있습니까?

이스라엘 백성들은 단순히 종교적인 호기심 때문에 우상을 섬긴 것이 아닙니다. "우리는 너무 오랫동안 여호와만 섬겼어. 어릴 때부터 여호와라는 신한테만 세뇌되어 오다 보니, 이젠 좀 다른 신에 대해서도 알아 보고 싶어" 하는 단순한 호기심으로 우상을 섬긴 것이 아니에요. 그들이 우상을 섬긴 것은 그것이 생활과 직결되는 문제였기 때문이었습니다.

이스라엘 백성들은 가나안 땅에 정착하면서, 조상 대대로 해 오던 목축업을 버리고 농사라는 새 직업을 가져야 했습니다. 물론 조상들도 전혀 농사를 짓지 않았던 것은 아닙니다. 그럼에도 불구하고 그들의 본업은 어디까지나 목축업이었습니다. 목축업은 날씨와 그렇게 직접 관계되는 일은 아닙니다. 비가 오지 않아서 풀이 없으면 풀이 있는 곳으로 이동하면 그만입니다. 그러나 농사는 그렇게 지을 수가 없습니다. 아무 때나 씨를 뿌린다고 해서 곡식이 나는 것도 아니고, 아무 데나 밭을 갈아엎는다고 해서 열매가 열리는 것도 아니에요. 씨를 뿌릴 때가 있고 거둘 때가 있습니다. 그때를 놓치면 한 해 농사를 완전히 망치는 것입니다. 이스라엘 백성들은 가나안에 들어갔을 때, 농사에 대해 아는 바도 전혀 없고 경험도 전혀 없는 상태에서 농사를 지어야만 했습니다. 그러다 보니 가나안 사람들에게 농사짓는 법을 배우지 않을 수가 없었습니다.

농사는 모든 것을 날짜에 따라 해야 합니다. 우리는 양력으로 된 달력을 쓰지만 농사짓는 사람들은 음력으로 된 달력을 보아야 농사를 지을 수 있습니다. 경칩이니 입춘이니 하는 절기들이 표시된 달력을 보면서 때를 잘 맞추어야 합니다. 그래서 우리나라에서도 그런 날짜들을 잊지 않도록 미신과 연결시켜서 지키게 했습니다. 예를 들어 밤낮의 길이가 같은 동지는 농사짓는 사람에게 아주 중요한 절기입니다. 이때부터는 새로운 농사를 위한 준비를 시작해야 합니다. 그런데 말로만 준비하라고 하면 잊고 지나가기 쉬우니까 팥죽을 끓여서 귀신을 쫓아내야 한다는 식의 의미를 부여함으로써, 그 날을 잊지 않고 기억하게 한 것입니다.

이스라엘 백성들은 조상 대대로 목축을 했습니다. 그러나 이제 환경이 바뀌면서 농사를 짓게 되다 보니 조상들의 지혜와 신앙과 경험이 별 쓸모가 없어졌습니다. 마치 요즘의 컴퓨터 세대에게 할아버지와 할머니의 지식이 쓸모 없어진 것과 같습니다. 이제는 할아버지 할머니에게 배우는 것이 아니라 학원에 가서 배웁니다. 요즘 아이들은 할아버지 할머니의 지식만 버리는 것이 아니라 "할아버지, 빨리 시골로 가! 냄새 나!" 하면서 할아버지 할머니까지 같이 버리고 있습니다. "목욕물 버리다가 아기까지 버린다"고 이스라엘 백성들 역시 조상들의 지혜와 경험을 버리면서, 조상들의 하나님까지 내던져 버렸습니다.

이처럼 이들이 가나안 땅에서 바알과 아스다롯 신을 섬긴 것은 단순한 종교적인 호기심 때문만이 아니었습니다. 가나안의 신들과 관계를 맺지 않고서는 도저히 농사를 지을 수 없기 때문이었습니다. 농사를 지으려면 가나안 사람들의 달력을 사용해야 했습니다. 그런데 그 달력은 전부 그들의 신과 관계가 있었습니다. 예를 들어 바알은 해의 신으로서 양력과 관계가 있었습니다. 또 아스다롯은 달의 신으로서 음력과 관계가 있었습니다. 가나안 땅은 기후가 특별해서 양력과 음력을 다 지켜야 했던 것 같습니다. 그래서 바알과 아스다롯을 다 섬겼던 것입니다.

이처럼 바알과 아스다롯을 섬기는 일은 이스라엘 백성들에게 현실적인 문제였습니다. 농사를 지으려면 가나안 사람들에게 배워야만 했고, 그들의 날짜를 따라야만 했기 때문입니다. 그들은 가나안 사람들의 달력을 배우면서 그들의 신과 풍습까지 그대로 받아들였습니다.

하나님께서는 이스라엘 백성들이 가나안 사람들을 전부 내쫓고 그들의 문화를 철저히 파괴하기 원하셨습니다. 하지만 그러면 농사는 어떻게 지으라는 말입니까? 하나님께서는 처음부터 농사 잘 지을 생각을 하지 말라는 것입니다. 시행착오를 겪어 가면서 그들 나름대로의 농사법을 만들어 보라는 것입니다. 바알과 아스다롯의 달력 대신 그리스도인의 달력을 만들어 보라는 것입니다. 처음 몇 년 동안은 아예 농사 망칠 각오를 하고, 하나님 백성의 농사법을 개발해 보라는 것입니다. 그러나 사람 마음이 어디 그렇습니까? 쉽게 잘 살 수 있는 길이 있는데 굳이 어렵게 살고 싶은 사람이 누가 있겠습니까?

결국 이스라엘 백성들이 여호와를 버리고 바알과 아스다롯을 따라가게 된 것은 가나안 땅에 정착하는 과정에서, 특히 유목민이 농사를 배우는 과정에서 비롯된 일이었고, 더 근본적으로는 그들의 이기심에서 비롯된 일이었습니다. 그들이 하나님의 백성으로 가나안 땅에서 조금만 힘들게 살 마음을 먹었더라면, 농사는 잘 짓지 못했어도 신앙은 지킬 수 있었을 것입니다. 하나님께서 이스라엘 백성들에게서 바라신 것은 농사에 빨리 적응하는 것이 아니었습니다. 좀 늦더라도 하나님 백성의 농사법을 만들어 내는 것이었습니다. 이 세상에서 그리스도인의 문화를 만들어 내며 그리스도인의 삶의 방식을 새롭게 개발해 내는 것이었습니다.

사실 이스라엘의 절기는 원래 모두 농사와 관계가 있었습니다. 맥

추절이나 오순절이나 장막절은 전부 추수와 관계된 절기였습니다. 하나님께서는 그들이 광야에 있었을 때부터, 즉 농사와 전혀 관계가 없었을 때부터 이미 농사와 관련된 절기를 주셨습니다. 그러나 이스라엘 백성들은 바닥에서부터 올라가기보다는 가나안의 방식을 모방하는 편이 훨씬 더 쉽게 잘살 수 있는 길이라는 사실을 알았습니다. 그래서 결국 가나안의 절기와 농사법뿐 아니라 그들의 신앙까지 모방하게 된 것입니다.

한번 생각해 보십시오. 좋은 대학 나와 좋은 직장 들어가서 좋은 배우자와 제때 결혼해 좋은 집에 사는 게 낫지, 하나님의 뜻을 찾는답시고 취직도 못 하고 결혼도 못 한 채 몇 년이 지나도록 성경이나 보고 눈물이나 흘리면서 인생 밑바닥부터 시작하는 게 낫겠습니까? 그런 사람은 인생 낙오자나 현실 도태자 취급밖에 받지 못합니다. 안 믿는 사람들뿐 아니라 믿는 사람들도 이해를 못 해요. 아니, 자기 자신도 이해가 안 되어서 매일같이 "하나님, 제가 왜 이렇게 살아야 하나요? 이유를 말씀해 주세요"라고 기도합니다.

그러나 하나님께서는 우리가 이 세상에서 너무 빨리 잘되려고 하지 않기를 원하십니다. 이 세상의 처세술 안에는 독이 들어 있습니다. 자기도 모르는 사이에 하나님에게서 멀어지게 만들고 공동체에서 멀어지게 만드는 독이 들어 있습니다. 물론 세상의 문화라고 해서 다 틀린 것은 아닙니다. 그러나 하나님께서는 하나님의 백성으로서 좀 고민을 해 보라는 것입니다. 좀 낮아지기도 하고 실패하기도

하면서 하나님 백성의 문화와 삶의 방식을 새롭게 만들어 보라는 것입니다. 왜 다 된 밥만 먹으려 드냐는 거예요. 다 된 밥만 먹던 사람은 밥해 주는 사람이 없어지면 굶어 죽습니다.

신앙만 가지고 있다고 해서 승리하는 것이 아닙니다. 예수를 믿는다면서 결혼 전에 궁합 맞춰 보고 결혼하자마자 그 집의 죽은 조상들에게 신고하는 것은 하나님 백성의 결혼 방식이 아닙니다. 차라리 욕을 먹는 한이 있어도, 주위 사람들이 구시렁거리는 소리를 듣는 한이 있어도 하나님의 방법대로 살기 위해 고민도 해 보고 몸부림도 쳐 봐야 합니다. 하나님이 기뻐하시는 사람은 주위 사람들에게 욕을 얻어먹는다 해도 하나님의 방법대로 살기 위해 인생 밑바닥에서부터 출발하는 사람입니다.

이스라엘 안에 있는 죄의 본성

하나님께서는 여호수아로 하여금 가나안 족속들을 다 내쫓는 대신 주력부대만 치게 하심으로써 가나안 원주민의 상당수를 남겨 두셨습니다. 하나님은 그 이유를 '이스라엘 백성들의 마음을 시험해 보기 위해서'라고 하십니다. "여호와께서 아스라엘에게 진노하여 이르시되 '이 백성이 내가 그 열조와 세운 언약을 어기고 나의 목소리를 청종치 아니하였은즉 나도 여호수아가 죽을 때에 남겨 둔 열국을 다시는 그들의 앞에서 하나도 쫓아내지 아니하리니 이는 이스라엘이 그 열조의 지킨 것같이 나 여호와의 도를 지켜 행하나 아니하나 그들로 시험하려 함이라' 하시니라. 그 열국을 머물러 두사 속히 쫓아내지 아니하시며 여호수아의 손에 붙이지 아니하셨음이 이를 인함이었더라"(2:20-23).

'시험해 본다'는 것이 무슨 뜻입니까? 이것은 '안에 들어 있는 것을 꺼내 본다'는 뜻입니다. 사람의 겉모습만 보면 그 생각이나 됨됨이나 실력을 알 길이 없습니다. 그래서 사람은 한번 겪어 봐야 하고 테스트를 해 봐야 합니다. 그래야 그 사람 안에 무엇이 들어 있는지, 그의 인격과 실력이 어떤지를 알 수 있습니다.

하나님은 누구에게든지 가장 좋은 것을 그냥 주시는 법이 없습니다. 사람은 아무리 좋은 것이라도 그냥 주면 '아마 남아서 주는 거겠지. 사실은 못 쓰는 거라서 주는 걸 거야' 하고 의심합니다. 하나님께서는 이스라엘 백성들이 강요당한 상태에서 어쩔 수 없이 율법을 지키며 신앙생활 하는 것을 원치 않으셨기 때문에 그들을 시험하셨습니다.

그렇다면 가나안 사람들은 어떻게 이스라엘 백성들에게 시험거리가 된다는 말일까요? 우선 가나안 사람들은 이스라엘 백성들보다 세련된 사람들이었습니다. 그들은 풍족했고 여유가 있었습니다. 얼굴에 기름기가 흘렀어요. 그 당시 목축하는 사람과 농사짓는 사람의 차이는 오늘날 시골 사람과 도시 사람의 차이보다 더 큰 것이었습니다. 그러나 문제가 무엇입니까? 그들의 정신은 썩었고 삶은 부패

했다는 것입니다. 마치 최고급 비누로 세수하고 최고급 옷을 차려입고 좋은 집에 살면서 좋은 차를 굴리면서도 삶의 의미를 못 찾는 것과 같습니다. 자기가 왜 살아야 하는지 몰라요. 그래서 비싼 양주만 자꾸 퍼마십니다.

이스라엘 백성들은 가나안 사람들에게서 이 모순을 보았어야 했습니다. '아! 물질적으로 잘사는 것이 결코 행복한 것이 아니구나. 내가 잠시라도 이런 생활을 동경했다는 게 참 말이 안 되는 일이구나' 하는 것을 깨닫고 하나님의 은혜로 달려가야 했습니다. 우리도 이런 것을 경험할 때가 있지 않습니까? 전에는 멋진 집이 있고 차가 있으면 행복할 것 같았습니다. 그런데 막상 그런 사람 집에 가 보니 사람 사는 집 같지가 않고 냉기가 느껴집니다. 그럴 때 차라리 여러 형제가 한 이불 덮고 자는 편이 훨씬 더 행복하다는 생각이 듭니다. 또 그렇게 일류 대학에 들어가려고 애를 쓰다가 막상 들어가고 나서 실상을 경험해 보면 '내가 이런 데 들어오려고 그렇게 머리 싸매고 난리를 쳤다니' 하는 생각이 들지요.

이스라엘 백성들은 물질적으로는 풍요하지만 정신적으로는 타락한 모습, 삶의 의미를 찾을 수 없어 몸부림치는 가나안 사람들의 모습을 보고 도망쳤어야 했습니다. 그들 속에 있는 그 허무함, 삶의 무의미함, 지겨움을 보고 놀라서 다시 하나님을 아는 가난한 삶으로 도망쳐야 옳았습니다. 그러나 그들은 가나안 사람들의 부요함에 취해서 그들의 정신적인 타락을 보지 못했습니다.

예를 들어 어떤 남자가 술집에 갔다고 합시다. 술집 여자 중에 남자에게 잘해 주지 않는 여자는 없습니다. 온갖 아양을 떨면서 너무나 잘해 줍니다. 술집에 가면 다 '사장님'이에요. 그렇게 아양 떨지 않고 부동 자세로 술만 따라 주는 술집에는 아무도 안 갑니다. 그러니까 "저는 사장님밖에 없어요. 손님이라고 다 같은 손님이 아니랍니다" 해 가면서 자꾸 술에 독을 타는 것입니다. 사실은 관심도 없고 뒤돌아서면 욕을 퍼부으면서도, 눈앞에서는 눈물을 뚝뚝 흘려 가며 사랑하는 척합니다. 그래야 자꾸 술을 마시러 올 것 아닙니까? 이것은 무서운 유혹이요 시험입니다. 그럴 때 정신을 차리고 '이것은 사랑이 아니라 독이구나' 하면서 자리를 박차고 일어나야 합니다. 잠시나마 이런 거짓 사랑에 안주하려고 했던 자기 자신에게 치를 떨면서 집으로 돌아가야 합니다. 그렇게 하지 않으면 그 집안은 끝장입니다.

이스라엘 백성들은 가나안 사람들이 부러웠습니다. 40년씩이나 광야로 떠돌아다니며 사는 게 어디 사는 겁니까? 물론 모세가 전해 주는 말씀은 좋습니다. 그래도 오로지 만나만 삶아 먹고 끓여 먹어 가면서 똑같은 옷, 똑같은 신발만 신고 사는 게 사람 사는 거라고 할 수 있습니까? 그런데 그렇게 살다가 가나안 땅에 들어가 보니 눈이 휘둥그레질 정도로 없는 게 없었습니다. 먹을 것도 많고 입을 것도 많고 볼 것도 많았습니다. 모든 면에서 여유가 있고 행복해 보였어요. 그러나 그들의 삶에는 힘이 없었습니다. 그 안에는 순결하다든지 거룩하다고 할 만한 것들이 전혀 없었습니다. 그때 빨리 정신을 차렸어야 합니다. 사람답게 산다는 게 그런 것이 아님을 알았어야 합니다. 겁을 집어먹고 얼른 하나님께로 달려갔어야 합니다.

사실 이것은 사람에게 가장 힘든 일입니다. 비만한 사람들은 음식의 양을 줄여서 살을 빼야 한다는 것과 기름진 것을 먹으면 안 된다는 것을 압니다. 그런데 한번 살이 찌기 시작하면 살이 살을 부르는 법입니다. 막상 배가 고프면 이것저것 다 잊어버리고 전투하듯이 다 먹어치웁니다. 그렇게 다 먹고 난 후에야 가쁜 숨을 몰아쉬며 후회하지요. 유명한 배우인 말론 브란도는 최근 몸무게가 200킬로그램에 육박한다고 합니다. 음식을 먹지 못하도록 냉장고 문을 열쇠로 채워 놓으면 문을 부수고서라도 그 안에 있는 것을 꺼내 먹고야 만다는 것입니다. 비만은 이제 병입니다. 병을 치료하듯이 비만과 싸우지 않으면 살은 절대로 빠지지 않습니다.

담배도 마찬가지입니다. 담배 피우는 사람들 중에 담배가 몸에 해롭다는 것을 모르는 사람은 없습니다. 흡연 때문에 폐암에 걸려 죽는 사람이 많다는 것을 아주 잘 압니다. 그럼에도 불구하고 담배를 끊는다는 것이 얼마나 어려운 일인지 모릅니다. 담배를 피우고 싶은데 담배가 없으면 쓰레기통을 뒤져서라도 피워야 직성이 풀립니다. 심지어 후두암 때문에 목에 구멍을 뚫었으면서도 그 구멍으로 담배를 피우는 사람도 있습니다. 이처럼 일단 정욕이 발동하면 그 명령을 도저히 거역할 수가 없습니다.

머리로 아는 것만으로는 절대 죄를 끊을 수 없습니다. 우리 안에 있는 죄의 본성은 뼛속까지 스며들어 있습니다. 이스라엘 백성들도 머리로는 가나안 사람들을 닮아 가면 안 된다는 것을 알았어요. 그러나 실제로는 그들을 물리친다는 것이 불가능했습니다. 그래서 결국 어떻게 되었습니까? 깊은 죄의 노예가 되고 말았습니다. 이것은 당연한 결과입니다.

우리는 학벌이나 외모 같은 겉모습만 보고 사람을 판단해서는 안 됩니다. 저는 좋은 대학을 나왔고 인물도 멋있게 생긴 사람들의 생각이 철저하게 썩어 있고 허무한 경우를 많이 보았습니다. 아니, 저 자신도 그리스도를 바로 알기 전까지는 그렇게 썩어 있었습니다. 사람에게 중요한 것은 영혼의 상태입니다. 영혼이 건강하냐 병들었느냐가 어떤 직장에 얼마를 받고 다니느냐보다 훨씬 중요합니다. 영혼이 병들었음에도 불구하고 세상에서 잘사는 사람은 다른 사람들에게 무서운 유혹이자 시험거리가 됩니다.

좋은 가구를 갖춘 좋은 집에서 좋은 옷을 입고 병든 사랑을 하는 텔레비전 드라마가 지나치게 많이 방영되고 있는 것을 보면, 텔레비전이 영혼의 병을 전염시키고 있다는 생각이 듭니다. 배우 중에 못생긴 사람이 있습니까? 그들은 1,000명이나 10,000명 중에 뽑힌 사람들입니다. 그런데 그런 사람들이 보여 주는 것이 고작 병든 사랑인 것입니다. 사랑하면 안 될 사람을 사랑하는 것이 마치 아름다운 일이라도 되는 양 담배 피우고 양주 마시면서 고민하는 장면을 볼 때 그리스도인들의 등에는 식은땀이 흘러야 합니다. '이건 재앙이야. 모든 게 완전히 썩었네. 잠시라도 여기 머물면 안 되겠다' 하면서 뒷걸음질치며 도망가지 않으면, 자기도 모르게 그 영혼의 병에 전염되게 되어 있습니다.

마음의 상태가 중요합니다. 단순히 죄가 나쁘다는 것을 아는 것만으로는 절대 죄를 버리지 못합니다. 죄가 싫어야 하고, 죄의 비굴하고 더럽고 추악한 이면에 치가 떨려야 합니다. 그것을 위해 예수님이 십자가 위에서 죽으신 것입니다. 그가 죽으심으로써 우리에게 성령이 오셨습니다. 성령이 오시지 않는 한 인간은 죄의 속성을 볼 수 없습니다. 그저 사람들의 외모만 보고 그들을 부러워하면서 좇아가려고 합니다. 그러나 성령이 오시면 그들의 이면이 보이기 시작합니다. 그 잘생긴 얼굴과 훌륭한 학벌과 좋은 집 이면에 있는 타락과 무의미함에 혐오감이 생깁니다.

성경은 "애통하는 자는 복이 있나니"(마 5:4 상)라고 말씀하십니다. 여기서 애통한다는 것이 무슨 뜻입니까? 자신의 죄성에 너무나 실망하고 절망한 나머지 분노와 혐오감을 느낀다는 뜻입니다. 죄에 대해 구역질이 날 정도의 혐오감이 생기지 않는 한 죄를 따라가게 되어 있습니다. 자기 안의 죄성에 넌덜머리가 나는 사람은 복 있는 사람입니다. 그런 사람은 죄를 박차고 하나님의 은혜로 나아가게 되어 있습니다.

성령이 오시지 않으면 누가 조금 일찍 타락하고 늦게 타락하느냐의 차이만 있을 뿐, 타락하지 않을 사람이 없습니다. 그러나 하나님이 우리 안에 성령을 주시면 근본적인 변화가 생기기 시작합니다. 일단 죄를 지으면 마음이 불편해집니다. 우리 안에 계신 성령이 근심하시기 때문입니다. 그는 자기 안에 있는 죄를 미워하며 입으로 토해 내지 않는 한 평안을 찾을 수가 없습니다.

가장 무서운 말씀이 2장 17절에 나오고 있습니다. "그들이 그 사사도 청종치 아니하고 돌이켜 다른 신을 음란하듯 좇아 그들에게 절하고." 여기에서 '음란하듯 좇는다'는 것은 이스라엘 백성들의 변질이 영적인 간음이라는 뜻일 뿐 아니라, 실제로 그들의 우상 숭배 의식 속에 간음이 포함되어 있었다는 뜻입니다. 이것은 이스라엘 백성들을 멸망시키는 암이었습니다. 가나안 사람들은 바알에게 힘을 주어야 추수가 잘 된다고 믿어서 추수 감사제 때 성행위를 많이 했습니다. 바알 사당에는 여사제가 있었는데 이들은 모두 종교적 창녀들이었습니다. 결국 이런 바알의 사상과 현실적으로 타협해서 좀 편하게 살려고 했던 것이 이스라엘 백성들에게 올무가 되어, 하나님의 은혜를 단절시키는 원인이 되었습니다.

이처럼 다른 신을 음란하듯 좇은 이스라엘 백성들에게 나타난 결과가 무엇입니까? "여호와께서 이스라엘에게 진노하사 노략하는 자의 손에 붙여 그들로 노략을 당케 하시며 또 사방 모든 대적의 손에 파시매 그들이 다시는 대적을 당치 못하였으며 그들이 어디를 가든지 여호와의 손이 그들에게 재앙을 내리시매 곧 여호와께서 말씀하신 것과 같고 여호와께서 그들에게 맹세하신 것과 같아서 그들의 괴로움이 심하였더라"(2:14-15).

이것은 어쩔 수 없는 결과입니다. 가나안 사람들의 죄에 구역질을 하면서 혐오감을 느끼지 못했을 때, 그들은 결국 이들의 저주받은 삶을 닮아 갈 수밖에 없었습니다. 그리고 그 결과는 은혜의 단절이었습니다. 두 가지를 다 가질 수는 없습니다. 세상과 하나님의 은혜 중에 하나를 택해야 합니다. 이스라엘 백성들은 세상을 미워하지 않았기 때문에 하나님을 미워하게 되었습니다.

"여호와께서 이스라엘에게 진노하사"라는 것은 감정적으로 그들을 미워하고 화를 내셨다는 뜻이 아닙니다. 그들의 불신앙을 가슴아파하시고 또 그 불신앙으로 인해 그들을 도울 수 없게 되었다는 뜻입니다. 여호와의 팔이 짧아졌기 때문이 아닙니다. 하나님께서 그들의 삶에 들어와 역사하시지 못하도록 죄가 막았기 때문입니다. 이스라엘 백성 자신이 하나님의 은혜를 미워했습니다. 그들이 이 세상에서 승리할 수 있는 힘은 오직 하나님의 은혜에 있었습니다. 그러나 그들이 죄를 사랑했기 때문에 하나님은 그 은혜와 축복을 주실 수가 없었습니다.

결국 하나님은 그들을 다른 부족들에게 파셨습니다. 여기에서 "파시매"라는 것은 아예 내놓으셨다는 뜻입니다. 즉 그 부족들이 이스라엘 백성들에게 무슨 짓을 하든지 상관하지 않으셨다는 뜻입니다. 지금까지 주위의 약탈자들이 침략하지 못했던 것은 이스라엘 백성이 강했기 때문이 아닙니다. 하나님이 지켜 주셨기 때문에 접근하지 못한 것입니다. 그러나 그들이 죄에 빠져 버리자 하나님은 그들을 위해 아무 일도 하실 수 없었고 다만 그들을 내다 놓는 수밖에 없었습니다. 그 결과가 무엇입니까? 가는 곳마다 재앙이 떠나지 않는 것이었습니다.

저는 그리스도인들이 처음에는 속된 표현으로 '도라이짓'을 하는 것이 필요하다고 생각합니다. 아예 미친 척하고 신앙적으로 살아 보는 것입니다. 물론 자기 기질대로 하는 행동과는 분명히 구별해야 합니다. 자기 기질대로 행동해서 욕먹어 놓고 "신앙 때문에 핍박받는다"고 말하면 안 되지요. 신앙적으로 살려고 할 때 계산상으로는 분명히 손해입니다. 신앙적으로 살면 분명히 가난해지고 분명히 어려워집니다. 그래도 한번 해 보는 것입니다. 그렇게 몸부림치다 보면 불빛이 하나 둘 보이기 시작합니다. 그리스도인으로서 사는 삶의 방식이 어떤 것인지 눈에 들어오기 시작합니다. 하나님의 축복도 받으면서 이 세상에서 주신 것도 빼앗기지 않는 풍성한 삶의 불빛이 하나 둘 보이기 시작합니다.

하나님께서는 우리가 강요당한 상태에서 신앙생활 하는 것을 기뻐하시지 않습니다. 제대로 된 신앙은 세상의 더러운 본성을 깨달아 아무리 세상에 좋은 것이 있어도 다 뿌리친 채 하나님께 달려오는 것입니다. 처음에는 이 세상에서 잘사는 사람이 부럽지요. 넓은 집에 온갖 것을 갖추어 놓고 사는 모습이 그렇게 부러울 수가 없습니다. 그런데 막상 그 집에 가서 자세히 보면 그게 아닙니다. 무언가 썰렁합니다. 기쁨이 없고 만족감이 없습니다. 핵심이 빠져 있는 것 같아요. 겉으로는 나무랄 데가 없는데, 속에 있는 영혼이 썩어 있습니다. 그럴 때 '이게 아니구나. 다시 가난한 삶으로 돌아가자. 다시 가서 하나님만 붙들자' 하는 것이 복받는 비결입니다.

하나님께서는 우리의 마음 상태에 아주 민감하십니다. 하나님은 우리의 작은 결단을 아주 기뻐하시며 축복해 주십니다. 저는 어렸을 때 교회에서 순교하게 해 달라는 기도를 배웠습니다. 그러나 주님이 원하시는 것은 그런 큰 결단이 아닙니다. 아주 작은 욕심을 포기하는 것, 인정하지 않았던 작은 것을 인정하는 것, 세상에서 기꺼이 바보가 될 수 있는 용기를 기뻐하십니다.

이 세상에 있는 것들은 겉모습만 보면 안 됩니다. 사람들은 겉으로만 웃으면 좋아합니다. 그러나 우리는 그 웃는 모습 뒤에 무서운 증오감과 거짓과 교만이 숨어 있는 것을 간파해야 합니다. 입으로는 사랑한다고 하지만 그 속에는 탐욕이 있는 것을 꿰뚫어 보고 부들부들 떨어야 합니다. 세상에서 자신감을 가지고 있는 사람은 하나님의 은혜를 놓치게 되어 있습니다. 사람은 두 주인을 섬길 수 없습니다. 하나를 사랑하면 하나를 미워하게 되어 있습니다. 하나님의 은혜 없이는 아무것도 못 하는 그 사람만이 은혜 안에 계속 머물러 있을 수 있습니다. 돈이나 집이나 결혼을 위해 하나님께 등을 돌리면 안 됩니다.

설사 너무 미련해진 나머지 중간에 돌이키지 못하고 갈 데까지 다 가서 모든 것이 엉망이 되고 말았다 해도, 그때라도 하나님께 부르짖기만 하면 은혜는 회복이 됩니다. 하나님의 은혜는 그 백성의 부르짖는 소리에 회복되게 되어 있습니다. 그러므로 은혜 받고 하나님께 돌아오는 일에 '이미 늦었다' 는 것은 없습니다. 언제 돌아서느냐가 각기 다를 뿐 한 번도 유혹받지 않고 처음부터 은혜를 사모하는 사람은 아무도 없습니다.

모든 좋은 것은 하나님께 있다는 것을 잊지 마십시오. 하나님은 가장 귀한 은혜를 우리에게 주고자 하십니다. 그러나 그냥 주면 그 은혜가 얼마나 귀한지 모르기 때문에 가나안의 헛된 영광을 남겨 두십니다. 처음에는 그것이 하나님의 것보다 더 좋아 보입니다. 그러나 그 속을 들여다보면 허무함과 절망밖에 없습니다. 그것을 깨달았다면 즉시 하나님께 돌아와야 합니다.

어떤 사람이 복된 사람입니까? 손만 뻗으면 잘살 수도 있고 유명해질 수도 있고 높아질 수도 있지만 그것을 가지면 하나님으로부터 멀어진다는 것을 알기 때문에, 하나님의 은혜가 비할 수 없이 좋고 귀하기 때문에 그것들을 갖지 않는 사람입니다. 굳이 가지려 들면 가질 수도 있는 이 세상의 축복에서 돌이켜 하나님께 오는 사람입니다. 하나님께서는 그런 사람을 모든 좋은 것으로 채워 주실 것입니다.

어둠의 시대를 밝힌 사사들

여호수아가 가나안 땅을 침공했을 때 가나안 땅에는 환한 빛이 비추었습니다. 왜냐하면 그가 잡아죽인 왕들은 모두 가장 악한 왕들이었기 때문입니다. 가나안 땅에는 모처럼 정의의 칼날이 번뜩였습니다. 그러나 여호수아가 죽고 난 후 이런 개혁의 칼날은 사라지고 말았습니다. 가나안 땅에 적응해야 했던 이스라엘 백성들이 죽여야 할 자들을 살려 주었을 뿐 아니라 오히려 그들의 도움을 받았기 때문입니다. 현실적인 이유로 인해 가나안 땅의 정의는 다시 실종되어 버리고 말았습니다.

'세상이 어둡다'는 것은 어떤 것입니까? 정의가 제대로 시행되지 않는 것입니다. 정의가 악과 타협해서 그들을 살려 주고 도움을 받는 것입니다. 이스라엘 백성들은 농사 때문에 개혁해야 할 자들을 오히려 다 살려 주고 그들과 손을 잡았습니다. 그 결과가 무엇입니까? 가나안 땅이 다시 어두워진 것입니다.

그러나 부분적으로 이 어둠을 밝힌 사람들이 있었습니다. 그들은 바로 무명의 평신도 지도자라고 할 수 있는 사사들이었습니다. 그들은 자기에게 주어진 말씀을 붙들었습니다. 그들은 농사나 장사나 물질적인 풍요를 붙들지 않고 말씀에 헌신했습니다. 그리고 그 말씀으로 이스라엘 백성들이 얼마나 존귀한 자들인지, 그리고 그들에게 얼마나 큰 축복이 약속되어 있으며 얼마나 큰 권능이 주어져 있는

지 깨우쳤고, 믿음으로 살겠다고 결단하기만 하면 하나님의 큰 은혜가 회복된다는 것을 가르쳤습니다. "여호와께서 사사를 세우사 노략하는 자의 손에서 그들을 건져 내게 하셨으나 그들이 그 사사도 청종치 아니하고 돌이켜 다른 신들을 음란하듯 좇아 그들에게 절하고 여호와의 명령을 순종하던 그 열조의 행한 길을 속히 치우쳐 떠나서 그와 같이 행치 아니하였더라. 여호와께서 그들을 위하여 사사를 세우실 때에는 그 사사와 함께하셨고 그 사사의 사는 날 동안에는 여호와께서 그들을 대적의 손에서 구원하셨으니 이는 그들이 대적에게 압박과 괴롭게 함을 받아 슬피 부르짖음으로 여호와께서 뜻을 돌이키셨음이어늘"(2:16-18).

사사들이 귀한 이유가 무엇입니까? 그 시대 사람들은 모두 편하게 살고 있었습니다. 그들은 문제를 제기하지 않았습니다. 다 닦아 놓은 길을 걷고 있었고 다 된 밥을 먹고 있었습니다. 그러나 사사들은 그렇지 않았습니다. 그들은 믿음을 가지고 몸부림쳤습니다. "왜 말씀이 말씀 되지 못하는가", "출애굽 때의 역사가 왜 지금은 나타나지 않는가" 하면서, 말씀을 붙들고 고민하고 몸부림쳤습니다.

사사들은 결코 위대한 장군이 아니었습니다. 그들은 아무 힘도 없는 자들이었습니다. 그러나 그들은 믿음 하나로 백성들의 마음 속에 있는 믿음에 불을 붙였습니다. 물론 그들은 그 말씀 증거의 대가로 엄청난 전쟁을 치러야만 했습니다. 사탄은 그들을 죽이기 위해 모든 세력을 다 끌어모았습니다. 그러나 사사들은 이 싸움을 두려워하지 않았습니다. 나팔을 불어서 백성들이 모이면 함께 싸웠습니다. 같이 싸울 사람이 없으면 혼자서라도 싸웠습니다. 그들은 어떤 경우에도 절대 말씀을 양보하지 않았습니다. 그들이 살아 있는 동안 사탄은 하나님의 백성들을 건드리지 못했습니다.

백성들은 처음에 사사들을 믿어 주지 않았고 그들의 말을 잘 청종하지 않았습니다. 그러나 믿음의 불씨만큼은 그들의 마음 속에 살아 있었습니다. 사사들이 끝까지 믿음으로 나아가자 그 불씨들이 하나 둘씩 살아나기 시작했고, 마침내 엄청난 성령의 역사로 나타나게 되었습니다. 사사들은 작은 불꽃에 불과했지만 아침을 다시 불러오는 결과를 낳았습니다. 그들은 다 사그라진 이스라엘 백성들의 믿음에 기름을 부어 진리가 다시 힘차게 불붙어 오르게 했습니다.

결국 어둠은 바로 이 사사들을 위해 존재하는 셈이 되었습니다. 어둠이 없었더라면, 가나안 땅이 이토록 어둡지 않았더라면, 사사들의 믿음은 기억되지도 않았을 것입니다. 어둠의 시대는 바로 이런 사사 같은 사람들, 믿음의 사람들, 말씀에 헌신한 사람들을 위해 준비된 시대입니다. 그들의 믿음을 더 드러내고 빛나게 하기 위해 준비된 시대입니다. 그들은 어둠을 두려워하지 않았습니다. 그들의 마음 속에 놀라운 말씀의 빛이 있었기 때문입니다.

우리가 이 세상에 사는 이유가 무엇입니까? 어두울 때 빛을 밝히기 위해서입니다. 혼자 잘먹고 잘살려고 사는 게 아니에요. 혼자 잘먹고 잘사는 것은 가나안 사람들의 길을 따라가는 삶입니다. 우리는 이 어둠 가운데 믿음을 밝히기 위해 삽니다. 내가 세상에서 아무리 똑똑하고 성공했다 해도, 나보다 더 똑똑한 사람, 더 성공한 사람이 있게 마련입니다. 똑똑한 것이나 성공한 것으로는 어둠을 밝힐 수 없습니다. 오직 하나님의 말씀을 믿고 따르는 사람들이야말로 영원히 꺼지지 않는 불꽃이 되어 어둠을 밝힐 수 있습니다.

제가 사사기를 교회론적인 입장에서 보는 이유가 여기에 있습니다. 사사들은 성령의 사람들이었고 말씀의 사람들이었습니다. 그들은 성령과 말씀의 능력으로 백성들의 잠자는 영혼을 흔들어 깨웠고, 백성들은 자신들의 비참한 상태를 깨닫고 애통하며 다시 영광스러운 하나님의 백성의 모습을 회복하기 위해 죄와 싸우기로 결단했습니다. 이것이 부흥입니다. 부흥이란 하나님 백성들의 마음 속에 은혜가 쏟아지는 것입니다. 한순간에 하나님의 놀라운 진리가 깨달아지면서 "우리가 어쩌다가 이 지경이 되었는가!" 애통하며 원래의 존귀함을 회복시켜 달라고 하나님께 몸부림치며 나아가게 되는 것입니다.

우리는 여기에서 교회와 세상의 차이점을 볼 수 있습니다. 이 세상도 일시적으로 불을 밝힐 때가 있습니다. 주로 정권이 바뀔 때 그렇습니다. 새 정권은 오랫동안 불의와 탄압 아래 신음하던 자들에게 약간의 만족감을 주기 위해 부정 부패 일소 같은 개혁을 단행합니다. 그러나 궁극적으로 이 빛은 오래 가지 못합니다. 왜냐하면 그 속에 죄를 사랑하는 마음이 있기 때문입니다. 정치적인 개혁이 항상 구호로 끝나는 것은 조금도 이상한 일이 아닙니다.

그러나 교회는 그렇지 않습니다. 교회는 하나님의 말씀이 바로 증거되기만 하면 반드시 살아나게 되어 있습니다. 교회에는 성령의 기름 부음이 있습니다. 물론 이 회복은 처음에 아주 작게 시작됩니다. 그러나 일단 사람들의 마음 속에 하나님의 말씀이 비치기만 하면 자신의 바른 모습을 되찾기 위해 애통하게 되고, 이렇게 애통하기만 하면 하나님의 은혜는 쏟아지게 되어 있습니다.

사사들이 활동했던 시대는 어둠의 시대였습니다. 그러나 사람들은 사사들의 작은 불꽃 속에서 하나님 나라의 축복을 맛보았고, 이 세상이 아무것도 아니라는 것을 깨달았습니다. 그들은 아무리 풍요로운 가나안 땅이라도 죄가 있는 이 세상은 하나님의 나라가 아니라는 것을 알게 되면서 성령의 능력을 더더욱 사모하고 갈망하게 되었습니다.

오늘 교회를 덮고 있는 것은 바로 이 사실에 대한 무지입니다. 그리스도인들은 하나님께서 자신들에게 얼마나 엄청난 능력과 축복을 약속하셨는지, 자신들이 얼마나 존귀한 자들인지 모르고 있습니다. 그들이 교회에 오는 목적은 그저 작은 위로를 얻기 위해서입니다. 그들은 단지 이 세상에서 더 열심히 살기 위해 교회에 와서 설교를 듣습니다. 그들은 교회의 영광이 무엇인지, 하나님의 백성들에게 약속된 축복이 무엇인지 모르고 있습니다.

세상이 교회 안으로 너무 깊숙이 파고 들어왔습니다. 교회와 세상이 구별되지가 않습니다. 사람들은 복음을 가난이나 질병으로부터 자유로워지는 것으로 생각하고 있으며, 교회를 제멋대로 행동해도 되는 곳으로 생각하고 있습니다. 그러나 교회는 제멋대로 행동해도 되는 곳이 아닙니다. 교회는 죄와 싸우는 곳이며 하나님의 백성들을 다시 살려 내는 곳입니다. 그 어느 곳보다 치열한 전쟁이 일어나는 곳이에요. 복음이 무엇입니까? 죄를 철저히 파내서 수술하는 것입니다. 복음을 사람을 다시 살려 내는 능력입니다. 복음은 아주 위험한 것입니다.

오늘 우리에게 필요한 것은 안정된 삶이 아닙니다. 빨리 취직하는 것이 아닙니다. 빨리 결혼하는 것이 아닙니다. 오늘 우리에게 필요한 것은 더 환한 진리의 말씀입니다. 우리가 얼마나 존귀한 자인지, 얼마나 엄청난 능력이 우리에게 약속되어 있는지 깨닫는 것입니다. 직장을 잃으면 좀 어떻습니까? 공부를 못하면 좀 어떻습니까? 자기 집이 없으면 좀 어떻습니까? 결혼이 늦어지면 좀 어떻습니까? 그 대신 하나님의 아름다움과 무한한 의와 진리를 사랑한다면 세상에서 가장 아름다운 삶을 살 수 있습니다.

세상이 어두울수록 진리의 등불을 밝힐 사람을 찾게 되어 있습니다. 세상에 죄악이 가득 차면 찰수록 믿음의 사람이 지닌 정신과 헌신을 갈망하게 되어 있습니다. 사사들은 바로 그런 사람들이었습니다. 그들은 가난한 자였고 여성이었으며 장애인이었고 집에서 축출된 서자였지만 하나님의 말씀을 그대로 믿었고 그 말씀에 헌신함으로써 이스라엘 백성들의 잠든 믿음을 깨울 수 있었습니다. 이들처럼 세상이 아무리 어두워도 담대하게 주님을 믿을 수 있는 용기가 우리에게 있기를 바랍니다.

5
고통은 외부로부터

······여호와께서 이스라엘에게 진노하사 그들을 메소보다미아 왕 구산 리사다임의 손에 파셨으므로······

사사기 3:1-11

영화를 보면 특수한 목적으로 훈련받은 군인들이 나중에 범죄 집단과 끈이 닿아 자기 기술을 범죄 수단으로 사용하는 줄거리가 가끔 나옵니다. 특히 월남전 이후에 이런 영화들이 많이 나온 것을 보면, 월남전이 미국인들에게 얼마나 큰 후유증을 남겼는지 알 수 있습니다. 군대에는 특수한 목적을 달성하기 위해 폭발이나 요인 암살, 침투 등의 훈련을 받는 부대나 대원들이 있습니다. 이 부대나 대원들은 반드시 그 목적을 위해서만 기술을 사용해야 합니다. 그 목적이 달성되었거나 쓸모 없어졌을 경우, 부대는 해체되고 대원들은 다시 평범한 사람으로 돌아가야 합니다. 그렇게 하지 않고 자기한테 폭발 기술이 있고 암살 기술이 있다고 해서 범죄 집단과 손을 잡고 일하게 된다면, 그 사람의 존재 자체가 사회에 큰 위협이 되지 않을 수 없습니다.

하나님께서 이스라엘 백성들을 가나안 땅에 옮겨 놓으신 것은 특수한 목적을 수행하기 위해서였습니다. 그 목적은 바로 '거룩한 전쟁'을 치르는 것이었습니다. 하나님께서는 가나안 땅에 있는 모든 악의 세력을 몰아내기 원하셨습니다. 그래서 가나안 땅을 침공해서 악한 왕들과 가나안 사람들을 다 몰아내고 새로운 질서와 윤리를 가진 하나님의 나라를 세우는 임무를 이스라엘 백성들에게 맡기셨습니다.

이들은 처음에는 여호수아의 지휘 아래 자신들의 임무를 잘 수행하는 듯했습니다. 그러나 시간이 지남에 따라 차츰 임무를 잊어버리게 되었습니다. 그래서 힘들게 가나안 사람들을 몰아내는 대신 오히려 친구가 되어 어울려 사는 쪽을 택하고 말았습니다. 물론 이스라엘 백성들의 입장에서는 가나안 사람들과 싸우지 않아도 되니 일시적으로 편했을지 모릅니다. 그러나 그들을 가나안 땅에 보내신 하나님의 목적은 무의미해지고 말았습니다. 예를 들어 악한 자들을 토벌하기 위해 파견된 군대가 오히려 악한 자들과 한통속이 되어 어울린 것과 같습니다. 이것은 자신들이 파견된 원래의 목적을 배신하는 것입니다.

하나님께서는 이렇게 목적을 잃은 이스라엘 백성들을 가만히 내버려 두지 않으셨습니다. 타협을 통해 내부적으로 평안을 누리고 있는 이스라엘 백성들에게 생각지도 못한 외부의 적을 보내심으로써 더 심한 고통을 받게 하셨습니다. 메소보다미아의 구산 리사다임 왕은 가나안 사람들보다 배나 악한 자였습니다.

결국 이스라엘 백성들이 깨달은 것이 무엇입니까? 타협하는 쪽보다 싸우는 쪽이 더 편하다는 것입니다. 그래서 다시 싸우기 위해 일어섰을 때, 놀랍게도 그들에게는 40년의 평화가 주어졌습니다. 자신들은 죄와 싸울 때 비로소 그 존재의 의미가 있다는 것을 깨달았습니다. 좀 편하게 지내려고 가나안 사람들과 타협을 했을 때는 몇 배의 고생을 해야 했습니다. 작은 일에서는 득을 봤을지 몰라도 큰 일에서는 엄청난 손해를 보았습니다. 이스라엘은 싸웠을 때 비로소 자신의 권리를 되찾을 수 있었으며 평화를 얻을 수 있었습니다.

전쟁을 알지 못하는 세대

하나님께서 이스라엘 백성들을 애굽에서 불러 내신 것은 가나안 땅의 악을 멸하기 위해서였습니다. 그러나 그들은 강력한 지도자 여호수아가 살아 있는 동안 가나안 사람들을 전부 몰아내지 못했습니다. 그들은 농사도 함께 지어야 했기 때문에 전쟁은 자꾸 지연되었습니다. 결국 세월이 흘러서 가나안 전쟁을 치렀던 세대는 대부분 죽고, 전쟁을 모르는 세대가 이스라엘의 대다수를 차지하게 되었습니다.

3장은 "여호와께서 가나안 전쟁을 알지 못한 이스라엘을 시험하려 하시며 이스라엘 자손의 세대 중에 아직 전쟁을 알지 못하는 자에게 그것을 가르쳐 알게 하려 하사 남겨 두신 열국은"(3:1-2)이라는 말씀으로 시작되고 있습니다. 여기에서 "전쟁을 알지 못하는 자"는 '나중에 태어나 전쟁을 경험하지 못한 세대'라는 뜻도 있지만, 더 중요한 뜻은 '이 가나안 전쟁의 성격을 이해하지 못하는 세대'라는 것입니다. 여호수아의 지휘 아래 가나안 사람들과 싸웠던 세대는 자기들이 무엇 때문에 가나안 땅에 왔으며 무엇 때문에 가나안 사람들과 싸워야 하는지 분명히 알고 있었습니다. 그들은 단지 먹고 살기 위한 땅을 차지하려고 싸운 것이 아니었습니다. 양식을 빼앗으려고 싸운 것도 아니었습니다. 그것은 죄와의 싸움이었고 하나님의 거룩한 땅에서 악의 세력을 몰아내기 위한 싸움이었습니다.

이스라엘 백성들이 가나안 사람들과 싸울 수밖에 없었던 것은 그들이 모두 악한 자들이었기 때문입니다. 이것은 단순한 혁명이나 쿠데타가 아니었습니다. 정권을 가진 자들이 부정 부패를 저질러서 국민들의 원성이 극심해지면 군부가 쿠데타를 일으켜 정권을 차지하는 일이 가끔 있습니다. 주로 후진국에서 일어나는 쿠데타의 양상이 그렇지요. 그러나 쿠데타를 일으킨 세력이 권력을 유지하려면 기존 세력과 손을 잡지 않을 수 없습니다. 결과적으로 일시적인 제도 개혁은 가능할지 모르지만 근본적인 정신 구조는 바뀌지 않습니다.

하나님께서 이스라엘 백성들에게 시키신 일은 이런 쿠데타 정도가 아니라 가나안을 아예 근본적으로 뒤집어엎는 것이었습니다. 제도를 개혁하는 데 그치는 것이 아니라 악한 자들을 완전히 청소하는 것이었습니다. 어떤 사람들은 여호수아의 전쟁을 쿠데타라고 부르는데 쿠데타가 아닙니다. 완전히 청소해 버리는 것입니다.

최근에 민족 분쟁이 일어난 지역에서 '인종 청소'라는 말이 들리고 있습니다. 보스니아 내전이나 라이베리아 내전의 경우, 민족 간의 원한이 너무 깊은 나머지 상대 민족을 한 명도 남김없이 싹 쓸어 버리는 것을 '인종 청소'라고 합니다. 그들은 상대방 민족의 여자들을 겁탈하고 남자들을 닥치는 대로 죽입니다. '인종 청소'나 '성전'(聖戰)이라는 말이 이렇게 민족주의적으로 사용될 때 얼마나 무서운 악이 되는지 우리는 지금 체험하고 있습니다. 민족주의적인 인종 청소는 자기 민족 외에 다른 존재를 절대 인정하지 않습니다. 그의 인격이나 성별이나 사회 기여도와는 아무 상관 없이 민족만 다르면 무조건 죽여야 직성이 풀립니다. 나치 독일이 유대인들에게 자행했던 일도 바로 이러한 인종 청소였습니다. 그들은 유대인들의 씨를 말리려고 600만 명이나 되는 사람들을 가스실에 끌고 가서 죽였습니다.

가나안 전쟁의 성격을 이렇게 민족주의적인 것으로 바라보면 굉장히 큰 오해를 하게 됩니다. 하나님께서 가나안 원주민들을 청소하라는 것은 민족적이고 인종적인 면에서 청소하라는 뜻이 아니라 도덕적이고 윤리적인 면에서 청소하라는 뜻입니다. 이들은 하나님뿐 아니라 사람이 보기에도 도저히 가만 둘 수 없을 정도로 악한 자들이었습니다. 그래서 하나님께서 이스라엘 백성들을 보내어 이 악한 자들을 몰아내게 하신 것입니다.

오늘날 어떤 민족도 다른 민족을 청소하려 들어서는 안 됩니다. 아무리 악한 자가 있더라도 법으로 해결해야지, 종교재판이나 인민재판으로 해결하려 들어서는 안 됩니다. 우리는 몇 년 전에 지존파라는 악한 사람들이 사회에 물의를 일으킨 사건을 알고 있습니다. 그들은 담력을 키운다고 길 가는 여자를 연습용으로 죽였으며 전혀 알지도 못하는 사람을 납치해서 비닐을 씌워 죽였고 인육까지 먹었습니다. 그 정도의 사람들이라면 한 명도 남겨 두어서는 안 됩니다. 일망타진해서 모두 엄벌에 처해야 합니다. 그러나 고대 사회에 경찰이 어디 있습니까? 힘센 사람이 곧 왕이고 정의이지 법이나 경찰이 어디 있습니까? 가나안에 있던 수많은 왕들은 법으로 나라를 다스리는 자들이 아니었습니다. 다 마피아 두목 같은 자들이었습니다. 그러니까 하나님께서 일종의 경찰국가로 이스라엘 백성들을 가나안 땅에 파견하신 것입니다.

그런데 세월이 흐르면서 나타난 현상이 무엇입니까? 이스라엘 백성들이 가나안 땅의 죄에 점차 익숙해진 것입니다. 그들은 굳이 가나안 사람과 싸워야 할 이유를 모르게 되었습니다. 그들의 타락을 보여 주는 대표적인 예가 베냐민 지파로 야기된 이스라엘 내전입니다. 우리나라처럼 이스라엘 백성들도 굉장히 심한 민족 상잔의 전쟁을 치른 적이 있었습니다. 그 발단은 레위인의 첩 살해 사건이었습니다. 우리는 이 사건이 19장 이후에 기록되어 있기 때문에 후대에 일어난 일로 생각하기 쉽지만, 사실은 그렇지 않습니다.

레위인에게 첩이 있었는데, 하루는 이 첩이 도망을 쳤습니다. 레위인이 첩의 집에 찾아가 도로 데려오는 길에 날이 저물자, 일부러 이스라엘 사람들의 성을 찾아 유숙하게 되었습니다. 그런데 그 베냐민 지파 사람들 중에는 동성연애자인 불량배들이 있었습니다. 그들은 처음에는 그 레위인을 겁탈하려고 하다가 그 대신 첩을 내어주자 밤새 강간하여 죽게 했습니다. 이 사실을 안 이스라엘 백성들은 베냐민 지파에게 그 불량배들을 내놓으라고 했습니다. 그러나 베냐민 지파는 이를 거절했고, 결국 그 지파 전체가 멸종할 정도의 극심한 내전이 벌어졌습니다.

이 사건이 의미하는 바가 무엇입니까? 이스라엘 백성들이 가나안 사람들을 너무 닮아 간 나머지 이런 일을 저지르고서도 전혀 죄의식을 느끼지 못할 지경이 되었다는 것입니다. 이렇게 도덕관과 윤리의식이 흐려지다 보니 가나안 전쟁을 계속해야 할 이유 또한 잃는 것이 당연했습니다.

오늘날 우리 그리스도인들이 세상에서 사는 것은 바로 이 '거룩한 전쟁'을 치르기 위해서입니다. 이것은 우리와 신앙이 다른 사람들을 박해하거나 그들에게 불이익을 주라는 말이 절대 아닙니다. 그러나 지금 현대인들의 머리 속에 있는 생각은 그 옛날 가나안 사람들의 모습과 하나도 다를 바가 없다는 사실만큼은 알 필요가 있습니다. 영화나 소설을 보면 이것을 쉽게 알 수 있습니다. 주인공이 사람들을 그렇게 많이 죽일 수가 없어요. 아예 제목 자체가 '터미네이터'(Terminator)인 영화도 있습니다. 이처럼 주인공이 무차별로 사람을 죽일 때 관객들이 희열을 느끼는 이유가 무엇입니까? 우리 안에 사람을 죽이고 싶어하는 동물적인 본성이 있기 때문입니다. 사실 갈렙이 죽인 아낙의 세 아들 세새와 아히만과 달매는 살인기계였고 터미네이터였습니다. 영화에서 성적으로 추악하고 더러운 장면이 나올수록 더 호기심이 동하는 것 또한 우리 안에 그와 같은 본성이 있기 때문입니다.

야만적인 사회와 문명화된 사회의 차이가 무엇입니까? 동물적인 본성을 가졌다는 측면에서는 차이가 전혀 없습니다. 다만 본성을 해결하는 방식이 다를 뿐입니다. 야만적인 사회에서는 힘으로 곧장 본성을 해결해 버립니다. 사사기에도 베냐민 지파 남자들의 아내를 구하기 위해 추수하는 여자 200명을 납치해 가는 일화가 나옵니다. 그런데 문명화된 사회에서는 힘 대신 문화적인 방법으로 본성의 요구를 해결합니다. 이를테면 영화나 연극, 소설, 오락 같은 평화적인 방법으로 해결하는 것입니다. 그러나 사람의 본성 자체는 다를 바가 전혀 없습니다.

하나님께서 이 세상에 우리 그리스도인을 살게 하신 것은 사람

속에 있는 그 동물적인 본성을 정죄하며 그 본성과 싸우게 하시기 위해서입니다. 정신이 사람의 가치를 결정한다는 것, 그러므로 정신적으로라도 그런 욕망을 가져서는 안 된다는 것을 보여 주시기 위해서입니다.

지금 세상은 여호수아 때와 많이 달라졌습니다. 지존파 같은 악당들을 잡아내는 일은 그리스도인이 해야 할 일이 아니라 경찰이 해야 할 일입니다. 우리에게는 지존파 같은 악당들과 싸울 무기도 없고 무술 실력도 없습니다. 오늘날 우리가 싸워야 할 대상은 이 세상의 가치관입니다. 사람들은 실제 행동만 하지 않으면 생각은 아무렇게나 해도 전혀 죄가 되지 않는다고 착각하고 있습니다. 아무리 다른 사람에게 살의를 느껴도 실천으로 옮기지만 않으면 죄가 아니라는 것입니다. 또 사람들은 자기 욕심을 채우기 위해서라면 다른 사람은 불행해져도 상관 없다고 생각합니다. 그래서 불륜을 저지르면서도 다른 여자야 눈물을 흘리든 말든 자기 감정에만 충실하려고 듭니다. 우리가 이 세상에 존재하는 것은 그런 사고방식과 싸우기 위해서입니다. 그런 가치관이 얼마나 더럽고 추한 것인지 보여 주기 위해서입니다.

그러나 실제로는 어떻습니까? 우리 역시 이런 정신적인 폭력과 성적 타락에 익숙해져 있지 않습니까? 우리 역시 실제 행동으로만 옮기지 않으면 머리로 공상하는 것이나 영화 보는 것은 죄가 되지 않는다고 생각하지 않습니까? 오늘날 우리의 정신세계는 문이 다

떨어져 나간 성(城)과 같습니다. 누구든지 쳐들어와서 차지하기만 하면 주인이 될 수 있습니다. 그리스도인 부모들은 자녀들이 폭력적인 게임을 하지 못하도록 영적인 싸움을 치르고 있습니까? 그리스도인 청소년들은 좋지 못한 노래나 이야기들로부터 자신을 지키기 위해 노력하고 있습니까? 그리스도인 청년이나 성인들은 영혼을 병들게 하는 불건전한 영화나 텔레비전 드라마로부터 자기 자신과 가족을 지키기 위해 투쟁하고 있습니까?

사실 우리는 이렇게 하고 있지 못합니다. 우리는 행동으로 옮기지만 않으면 눈으로 무엇을 보든 머리로 무엇을 생각하든 죄가 아니라고 생각하는 세대입니다. 이런 세대가 바로 '전쟁을 알지 못하는 세대'입니다. 우리 모두 소돔의 아들이요 고모라의 딸이라고 해야 될 정도로 이 세상의 타락한 생각들이 아무 여과 없이 우리 머리 속에 마음대로 들락날락하고 있습니다.

가나안 정복 세대는 자신들이 일종의 경찰로서 타락한 이 세상 문화와 싸워야 할 특수한 임무를 띠고 가나안 땅에 보냄받았다는 것을 알았습니다. 그리고 이런 악의 세력과 싸우는 것이 결코 쉬운 일은 아니지만, 그럼에도 불구하고 싸울 때 하나님이 함께하시고 이기게 하신다는 것을 경험했습니다.

오늘 성경은 이런 영적인 전쟁을 치르기 위해 자신의 정신적인 순결과 존귀함을 되찾으라고 말씀합니다. 그렇게 하지 않으면 도대체 이 전쟁을 왜 치러야 하는지, 왜 고통스럽게 영화나 텔레비전조차 마음대로 못 보아야 하는지, 왜 이성교제조차 마음대로 못 해야 하는지 이해하지 못할 것입니다. 오늘 주님은 우리의 정신에 문을 다시 달라고 하십니다. 아무거나 생각하지 말라고 하십니다. 손이나 발로 죄짓지 않아도, 머리로만 생각하는 것도 똑같이 죄라고 하십니다. 사실 우리는 출애굽 세대가 아니라 가나안 세대입니다. 그래서 내 영혼의 가치와 순결을 되찾는 일과 이 세상의 추하고 탐욕스러운 가치관과 싸우는 일을 동시에 해야 합니다.

4절에는 하나님께서 가나안 족속들을 남겨 두신 이유가 나옵니다. "남겨 두신 이 열국으로 이스라엘을 시험하사 여호와께서 모세로 그들의 열조에게 명하신 명령들을 청종하나 알고자 하셨더라." 무슨 말입니까? 이스라엘 백성들에게 율법만 주면 그 소중함을 알지 못합니다. 오히려 하나님이 자신들의 자유를 무시하며 억압하신다고 생각할 것입니다. 그러나 주위에 남아 있는 블레셋 사람들이나 시돈 사람들이 하는 짓들을 보면서 무엇을 깨닫게 됩니까? 바로 그들과 똑같은 무서운 죄의 성향이 자기들 안에도 있다는 것을 깨닫게 됩니다. 자기들도 그대로 내버려 두면 그들처럼 타락할 수밖에 없다는 위기의식을 느끼게 되는 것입니다.

처음에는 "사랑은 아름다운 거야"라는 마귀의 말이 솔깃하게 들립니다. 인간은 사랑할 권리가 있으며 젊은 시절은 좀 방탕하게 보내야 제맛을 알 수 있다는 속삭임이 그럴듯하게 들립니다. 그런데 그때 마침 사랑해서는 안 될 사람들끼리 사랑하다가 여관에서 약

먹고 자살한 시체를 보게 되었다고 합시다. 그때 드는 생각은 '아, 바르지 못한 사랑의 결과는 이런 것이구나. 처음에는 아름답고 낭만적으로 보이는 사랑도 종국에는 저런 비참한 죽음으로 끝나고 마는구나' 하는 것입니다. 그러면서 자기 속에도 동일한 욕망이 있었다는 사실과 자칫 잘못했으면 그런 유혹에 빠질 수도 있었다는 사실에 치를 떨면서 유혹을 떨쳐 내게 될 수 있습니다. 또 깡패들이 펄펄 날아다니면서 주먹질하는 모습을 동경하던 청소년이 있다고 합시다. 그는 어느 날 깡패들이 경찰에게 쫓겨다니다가 결국 총에 맞아 죽는 모습을 보게 되었을 때, '아, 깡패의 최후는 바로 저런 것이구나' 하는 것을 깨닫고 자기도 그런 깡패가 되고 싶어했다는 사실에 치를 떨면서 하나님의 법으로 나아오게 될 수 있습니다.

이처럼 하나님이 남겨 두신 열국은 이스라엘 백성들로 하여금 자기 안에 있는 죄의 본성을 보게 하는 교과서 역할을 했습니다. 우리가 매일 신문 사회면에서 보는 것과 같은 추잡한 사건들이 가나안의 열국들 사이에서는 예사로 벌어지고 있었습니다.

이스라엘 백성의 타협

만약 여러분의 집 주위에 지존파 같은 악한 자들이 살고 있다면 어떻게 하겠습니까? 물론 경찰에 신고해야겠지요. 그런데 만약 경찰이 없다면 어떻게 하겠습니까? 아마도 그들과 타협해서 잘 지내 보려고 할 것입니다. 협정을 맺어서라도 피해를 막을 수만 있다면 얼마나 다행스러운 일이겠습니까? 그러나 이스라엘 백성들이 가나안 족속들과 맺은 협정은 큰 불행의 시작이 되었습니다.

5절과 6절은 이렇게 말씀하고 있습니다. "이스라엘 자손은 마침내 가나안 사람과 헷 사람과 아모리 사람과 브리스 사람과 히위 사람과 여부스 사람 사이에 거하여 그들의 딸들을 취하여 아내를 삼으며 자기 딸들을 그들의 아들에게 주며 또 그들의 신들을 섬겼더라." 옛날의 결혼은 요즘처럼 사랑하는 사람을 만나서 결합하는 일이 아니었습니다. 그 당시의 결혼은 아주 중요한 거래 수단이었고, 특히 부족 간의 전쟁을 예방하는 평화의 방편이었습니다. 갈등하고 있는 두 부족이 평화를 유지하려면 서로의 자식들을 결혼시키는 것보다 더 확실한 방법이 없었습니다. 아무리 상대방이 미워도 내 딸이 거기 며느리로 가 있고 그쪽 추장의 딸이 여기 며느리로 와 있으면 아무래도 전쟁을 삼가게 마련입니다. 이처럼 여성은 전쟁을 예방하는 일종의 담보이자 보험 역할을 했습니다.

또한 고대의 전쟁들은 모두 신들의 전쟁이었습니다. 신이 노여워하기 때문에 전쟁을 치르는 것이고, 신이 싸우라고 하기 때문에 싸우는 것입니다. 그렇기 때문에 서로 상대편의 제사에 가서 그 신에게 함께 제사를 드리기만 하면 더 이상 싸울 이유가 없었습니다.

이스라엘 백성들은 물과 기름처럼 도저히 하나가 될 수 없는 악한 사람들과 함께 살고 있었습니다. 하나님께서는 그들을 청소하기 위해 이스라엘 백성들을 보내셨지만 그들은 그렇게 하지 않았습니다. 그렇게 하려면 항상 싸워야 했고, 따라서 늘 불안정하게 살아야 했기 때문입니다. 1년 2년이 아니라 10년 20년씩 불안정하게 살아야 해요. 사람이 어떻게 그렇게 오랫동안 불안정한 상태를 유지할 수 있습니까? 그래서 그들은 타협했습니다. 결혼도 하고 제사에도 참석해서 절해 주면서 서로를 인정했습니다. 이렇게 하니까 서로 싸울 이유가 없어졌습니다.

하나님께서 가나안 족속들을 남겨 두신 데에는 이스라엘 백성들에게 영원히 싸우라는 의미가 담겨 있었습니다. 가나안에서 사는 내내 싸우라는 거예요. 사자도 사냥을 해 봐야 짐승을 잡을 수 있는 법입니다. 우리 안에서만 자란 사자는 야수성이 없어서 늑대가 울부짖는 소리만 들려도 도망을 칩니다. 사자라고 해서 쉽게 사냥할 수 있는 것이 아닙니다. 사자도 온갖 힘을 다 써야 노루나 산양을 잡을 수 있는 것이지, 전혀 연습하지 않으면 사냥을 할 수 없습니다. 그런데 이스라엘 백성들은 결혼 관계를 맺거나 상대방의 제사에 참석해서 그 신들에게 절을 함으로써 그들과의 갈등을 없애 버렸습니다. 하나님께서는 갈등하라고 보내셨는데 자기들은 갈등을 아예 없애 버린 것입니다. 이것은 비상벨이 자꾸 울린다고 해서 꺼 버린 것과 같습니다. 비상벨은 귀찮아도 켜 두어야 합니다. 그래야 도둑을 잡을 수가 있습니다. 그런데 비상벨이 자꾸 울리니까 귀찮다고 꺼 버리면 도둑이 마음놓고 물건을 훔쳐 가지 않겠습니까?

하나님께서 우리를 이 세상에 두신 것은 이 세상과 싸우게 하기 위해서입니다. 물리적으로 싸우라는 것이 아닙니다. 정신적으로 싸우라는 것입니다. 그리스도인들에게는 전투 의욕이 있어야 합니다. 절대로 편하게 살려고 해서는 안 됩니다. 죄를 보면 본능적으로 싸울 준비를 해야 합니다. 누군가 유혹하려 들면 아무리 친한 사람이라고 해도 전투 자세를 취해야 해요. 빈 사무실에서 남자사원이 은근한 목소리로 "미스 김" 하고 부르면서 접근할 때 "어떤 놈이야?" 하면서 싸울 준비를 해야 해요. 그러니 이것이 얼마나 피곤하고 재미없는 인생입니까? 남자가 은근하게 접근해 오는데 무기부터 찾고 구두부터 집어드는 여자한테 누가 말이나 붙이려고 하겠습니까? 그러니까 어느 순간부터 전투 자세를 풀어버리는 것입니다. 그러면 그때부터는 마음놓고 마귀가 우리의 생각 안에 둥지를 틀게 됩니다.

이스라엘 백성들은 가까운 적과 화친했습니다. 그러자 생각지도 않은 외부에서 고통이 찾아왔습니다. "이스라엘 자손이 여호와 목전에 악을 행하여 자기들의 하나님 여호와를 잊어버리고 바알들과 아세라들을 섬긴지라. 여호와께서 이스라엘에게 진노하사 그들을 메소보다미아 왕 구산 리사다임의 손에 파셨으므로 이스라엘 자손이 구산 리사다임을 8년을 섬겼더니"(3:7-8).

여기에서 중요한 것은 "여호와 목전에 악을 행하여"라는 표현입니다. 여기에서 "목전"은 '하나님의 얼굴'을 의미합니다. 다시 말해서 하나님께서 이스라엘 백성들의 모든 것을 다 보고 계신다는 뜻입니다. 하나님께서는 아무 말씀도 하지 않으셨지만 그 백성들이 무엇을 하는지 다 보고 계셨고 무슨 생각을 하는지 다 살피고 계셨습니다. 그들이 여호와 목전에 악을 행했다는 것은 이처럼 하나님은 이스라엘 백성들을 버리지 않으셨는데, 그들은 하나님을 버렸다는 뜻입니다.

이미 말했듯이 쌍방 간의 관계는 양쪽이 모두 합의를 해야 끝이 나는 법입니다. 예를 들어 부부 관계는 한 사람이 자기 마음대로 청산한다고 해서 청산되는 것이 아닙니다. 그런데 자기 혼자 부부 관계가 끝났다면서 다른 여자를 만나러 다니는 것은 그 아내의 목전에서 악을 행하는 것입니다. 그 관계는 아직 끝나지 않았습니다. 양쪽이 합의를 해야 비로소 끝나는 거예요. 자기 혼자 일기장에 "끝!"이라고 쓰고 바람피우면서 돌아다니면, 그 일거수 일투족이 다 아내의 귀에 들어가게 되어 있습니다. 이스라엘 백성들은 자기들이 하나님을 중요하게 생각하고 있지도 않고 이미 이방 신들을 섬기고 있었기 때문에 하나님도 자기들을 잊고 포기하셨을 것이라고 생각했습니다. 그러나 하나님은 그들을 전혀 포기하지 않으셨으며, 그들의 일거수 일투족을 다 지켜보고 계셨습니다.

결국 성경이 말씀하는 바가 무엇입니까? 하나님의 백성은 하나님이 정하신 목적 외에 다른 목적에 사용될 수 없다는 것입니다. 마치 특수부대와 같습니다. 특수부대는 특수한 목적을 위해서만 사용되어야 하며, 그 목적이 사라지면 해체되어야 합니다. 이스라엘 백성들은 가나안 땅의 죄와 싸우기 위해 존재했습니다. 그러므로 힘이 부쳐도 계속 싸워야 합니다. 타협하면 안 됩니다. 생활이 불안정해지는 한이 있어도, 농사를 망치는 한이 있어도 싸워야 합니다. 영적인 전쟁을 치르는 동안 그들은 존재할 이유가 있었습니다. 그러나 그들이 스스로 싸움을 포기하고 주저앉아 버리자 하나님이 어떻게 하셨습니까? 그들을 그대로 포기하는 대신 가나안 사람들보다 배나 악한 자에게 파심으로써 스스로 안주해서 행복해지려는 것이 얼마나 큰 고통인지 깨닫게 하셨습니다.

8절의 "구산 리사다임"은 별명으로서 '배나 악한 자'라는 뜻입니다. 메소보다미아 왕은 가나안 사람들보다 배나 악한 자였습니다. 이스라엘 백성들은 가나안 사람들의 등쌀에 시달리다 못해 그들과 협상하고 타협했습니다. 그러나 결국 곰을 피하려다가 사자를 만난 꼴이 되고 말았습니다. 구산 리사다임은 배나 악한 자였습니다. 그들은 편하게 살려고 하다가 진짜 임자를 만난 격이 되었습니다.

하나님의 백성은 편하게 살려고 하면 안 됩니다. 편하게 예수 믿으려면 아예 안 믿는 편이 낫습니다. 하나님의 백성은 아무도 싸우라고 하지 않아도 자기 스스로 싸움터를 찾아 나서야 합니다. 곰을 찾아서 싸워야 해요. 그렇게 하지 않으면 길에서 사자가 기다리게 되어 있습니다. 배나 더 지독한 놈한테 걸려들게 되어 있어요. 약게 믿으려 들다가 나중에 엄청난 재앙을 만나는 경우가 많습니다. 그래서 정말 현명한 그리스도인은 작은 싸움이라도 자기가 찾아서 합니다. 그래야 하나님이 지켜 주신다는 것을 알기 때문입니다.

하나님은 이스라엘 백성들을 파셨습니다. 그러나 무한정 포기하신 것은 아니었습니다. 일정한 시간의 한계가 정해져 있었습니다. 하나님은 그 기간이 다 찰 때까지 배나 지독한 메소보다미아 왕이 이스라엘 백성들을 마음대로 괴롭히도록 내버려 두셨습니다.

이스라엘의 부르짖음과 옷니엘의 구원

성경은 이스라엘 백성들이 고통으로 인해 하나님께 부르짖었다고 말씀하고 있습니다. "이스라엘 자손이 여호와께 부르짖으매 여호와께서 그들을 위하여 한 구원자를 세워 구원하게 하시니 그는 곧 갈렙의 아우 그나스의 아들 옷니엘이라"(3:9).

이스라엘 백성들은 왜 하나님께 부르짖었습니까? 그들은 지금까지 자기들이 그토록 수고한 결과가 무위로 돌아가는 것을 보면서 하나님의 손길을 간접적으로나마 깨달았던 것 같습니다. 그들은 그 동안 이 땅에서 살아남기 위해 자기들 나름대로 애를 많이 썼습니다. 마음이 썩 내키지는 않았지만 딸들도 서로 주고 받았고 그들의 제사에 가서 절도 했습니다. 그런데 그 결과가 무엇입니까? 전혀 엉뚱한 곳에 구멍이 뚫려 버렸습니다. 생각지도 못한 메소보다미아 왕이 쳐들어와서 그들의 행복을 다 빼앗아 갔습니다.

자기 나름대로는 열심히 살아 보려고 애를 썼는데 결과가 비참하게 나타나면 눈물이 나오게 되어 있습니다. 그렇게 속이 상할 수가 없어요. 게을러서 망했다면 그렇게까지 슬프지는 않을 것입니다. 그러나 먹을 것 안 먹고 입을 것 안 입으면서 열심히 일했는데도 부도가 나면 그렇게 원통할 수가 없습니다.

하나님께서 이스라엘 백성들에게 원하신 것은 엄청난 것이 아니었습니다. 다만 자신들이 얼마나 연약하고 간사하며 유혹에 빠지기 쉬운 존재인지 깨닫고 하나님께 돌아올 마음을 가지기만을 바라셨습니다. 자신이 지금껏 살아온 모습을 깨닫고 부르짖으면서 하나님 앞에 나아갈 때 은혜는 이미 회복되기 시작합니다. 하나님은 순교를 원하시는 것이 아닙니다. 하나님이 원하시는 것은 아주 작은 것입니다. 내가 믿음으로 살지 못했던 것, 타협하고 또 타협했던 것을 안타까워하면서 "하나님, 제가 왜 이럴까요?"라고 기도하기만 해도 하나님의 은혜는 회복되기 시작합니다.

하나님께서 우리를 이 세상에 두신 것은 우리 힘으로 살라는 뜻이 아닙니다. 하나님이 함께하시지 않으면 우리는 아무것도 못 합니다. 장사도 못 하고 공부도 못 하고 결혼도 못 하고 애도 못 키웁니다. 그것을 뻔히 알면서도 어느새 잊어버리고 내 힘으로 살려고 하다가 또 죄를 짓고 실패한 자신의 모습을 발견하게 되면 그렇게 원통하고 억울할 수가 없습니다. 가장 가슴아플 때가 언제입니까? 자기도 모르는 사이에 마음이 미련해지고 교만해져서 하나님이 싫어하시는 일만 잔뜩 해 버렸을 때입니다. 그러다가 결국 구산 리사다임을 만나게 되면 '또 속았구나! 도대체 나는 왜 이럴까?' 하는 안타까운 깨달음과 함께 애통한 마음이 솟구칩니다. 하나님께서는 그 상한 마음 그대로 가지고 나아오기를 원하십니다.

저는 최근에 여러 교회에 설교하러 다니면서 IMF의 위력을 많이 느끼고 있습니다. 그리스도인들의 마음이 얼마나 가난해졌는지 모릅니다. 말씀을 듣는 태도부터가 달라요. 바짝 긴장해서 한 말씀도 놓치지 않으려고 합니다. 교회가 꽉 찼는데도 끊임없이 몰려옵니다. 사람들은 지금까지 세상이 행복을 줄 줄 알고 세상 일에 최선을 다했습니다. 직장에 거의 목숨을 바치다시피 열심히 일을 했어요. 그런데 그 결과가 무엇입니까? 정리해고입니다. 그럴 때 구산 리사다임을 아무리 욕해 봐야 소용 없습니다. 하나님께 부르짖어야 합니다. 부르짖기만 하면 은혜의 강물이 다시 흐르게 되어 있습니다.

그러나 주의할 점이 있습니다. 아무리 애통해한다 해도 말씀으로 돌아오지 않는다면 진정한 신앙이라고 할 수 없기 때문입니다. 그런 애통함은 어려움이 사라지는 것과 동시에 사라져 버립니다. 그것은 신세 한탄이나 다를 바가 없습니다. 우리는 애통한 마음이 들 때 말씀으로 나아가야 합니다. 그래야 그 애통함이 신앙으로 발전할 수 있습니다.

이스라엘 백성들이 애통해했을 때 하나님께서 어떻게 하셨습니까? 외부에서 구원자를 보내지 않으셨습니다. 메소보다미아보다 더 강한 다른 나라를 보내 돕게 하지 않으셨습니다. 그들 안에서 구원자를 일으키셨습니다. "이스라엘 자손이 여호와께 부르짖으매 여호와께서 그들을 위하여 한 구원자를 세워 구원하게 하시니 그는 곧 갈렙의 아우 그나스의 아들 옷니엘이라"(3:9).

하나님께서는 이스라엘 백성들에게 이미 구원의 능력을 주셨습니다. 단지 그들이 하나님의 말씀에 순종하지 않음으로써 그 능력을 잃어버린 것뿐입니다. 하나님께서는 이스라엘을 구원하기 위해 다른 특별한 일을 하지 않으셨습니다. 그 백성 중 하나인 옷니엘에게 성령을 부으심으로써 이스라엘 백성들로 하여금 자신들이 어떤 사람들이며 하나님의 은혜가 어떤 것인지, 그들에게 주어진 약속이 무엇인지를 깨닫게 하신 것이 전부입니다. 그랬더니 구산 리사다임이 쫓겨갔습니다. "여호와의 신이 그에게 임하셨으므로 그가 이스라엘 사사가 되어 나가서 싸울 때에 여호와께서 메소보다미아 왕 구산 리사다임을 그의 손에 붙이시매 옷니엘의 손이 구산 리사다임을 이기니라"(3:10).

옷니엘은 한때 대단히 용감한 사람이었습니다. 그는 젊었을 때 기럇 세벨을 쳐서 빼앗음으로써 갈렙의 딸 악사와 결혼한 용사였습니다. 그러나 그 후에는 아마도 아주 평범하게 살았던 것 같습니다. 그는 다른 이스라엘 백성들처럼 구산 리사다임의 압제를 받으면서 묵묵히 지냈던 것으로 보입니다. 그러나 하나님께서 성령을 부으시자 더 이상 평범한 사람으로 머물 수가 없었습니다. 옷니엘은 완전히 다른 사람이 되었습니다. 그는 사자로 돌변해서 낙심해서 주저앉아 있는 이스라엘 백성들을 엄청난 확신으로 설득했으며 마침내 그들을 일으켜 세웠습니다.

세상에는 사람을 변하게 하는 것이 두 가지 있습니다. 하나는 술입니다. 술은 사람을 완전히 딴판으로 만들어 놓습니다. 평소에는 내성적이어서 노래도 못 부르고 말도 잘 못 하면서 술만 마시면 고래고래 소리를 질러 가며 온갖 이야기를 다 하는 사람들을 우리는 흔히 볼 수 있습니다. 그러나 술 말고 사람을 변하게 하는 것이 또 하나 있습니다. 그것은 성령입니다. 성령은 평범한 사람을 완전히 다른 사람으로 만들어 놓으십니다. 옷니엘은 평범한 보통 사람이었습니다. 그런데 성령이 임하시자 사자로 돌변했습니다. 성령은 사람을 확 바꾸어 놓으십니다. 그래서 평소에는 소심하고 얌전해서 말도 제대로 못 하고 웃을 때도 손으로 입을 가리며 웃는 양 같은 사람이 설교단 앞에만 서면 사자가 되어 울부짖고 소리지르는 일이 가능한 것입니다.

하나님은 왜 옷니엘을 택하셨을까요? 현역 중에도 똑똑하고 능력 있는 사람이 많은데, 왜 굳이 은퇴한 예비역을 불러서 이 중요한 사명을 맡기신 것일까요? 옷니엘은 초기 가나안 전쟁에 참여했던 사람으로서 이 거룩한 싸움의 의미를 누구보다 잘 알고 있었기 때문입니다. 초기 가나안 전쟁에 참여했던 사람들은 이 전쟁이 사람에게 속한 것이 아니라는 것을 알았습니다. 그들은 아무리 악의 세력이 크다 해도 그들의 동기가 바르고 하나님을 의지하기만 한다면 반드시 이긴다는 것을 알았던 사람들입니다. 그 당시 옷니엘은 거의 80세가 다 되었던 것으로 보입니다. 당시 이스라엘에는 젊고 패기 있는 사람들도 많았습니다. 그런데도 하나님께서 굳이 다 늙은 노인에게 성령을 부어서 전쟁을 치르게 하신 것은, 하나님의 전쟁에서는 이기고 지는 것보다 정신이 중요하다고 보셨기 때문입니다.

오늘날 사람들은 새로운 방식으로 예배를 드릴수록 참신하다고 생각합니다. 그래서 가능한 한 새로운 악기나 예배 방식을 도입하려고 합니다. 그러나 하나님께서는 이미 구닥다리가 되어 은퇴한 옷니엘 같은 사람을 통해 큰 구원의 역사를 이루셨습니다. 왜 그렇게 하셨습니까? 중요한 것은 형식이 아니라 정신이기 때문입니다.

그렇다면 성령의 능력으로 설득하는 것과 자기 이념이나 신념으로 설득하는 것 사이에는 어떤 차이가 있을까요? 예를 들어 자기 신념으로 사람들을 설득해서 전쟁터에 나가게 할 수도 있지 않습니까? 일종의 심리전법처럼 말이지요. 〈삼국지〉를 보면 조조가 적벽대전에서 도망가던 중 목이 말라 고생하는 군사들에게 "저 산만 넘으면 과일밭이 있다"고 자극을 줌으로써 산을 넘게 하는 이야기가 나옵니다. 이런 설득은 어느 정도 극복이 가능한 일에는 먹혀들 수 있습니다. 산을 넘을 수도 있고 못 넘을 수도 있는 상황에서는 자극을 주고 정신 통일을 시키면 넘게 할 수가 있어요. 그러나 산이 너무 엄청나게 높으면 아예 넘을 엄두조차 못 내게 되는 법입니다. 지금처럼 나라 경제 전체가 무너지고 있는 상황은 단순한 신념으로 극복할 수 없는 상황입니다. 오히려 신념은 자꾸 자기최면을 걸어서 일을 더 벌이게 만드는 경향이 있습니다. '하면 된다'는 신념으로 한 가지 일을 성취하고 나면, 같은 방식으로 또 다른 일을 벌이게 되기 십상입니다. 그래서 나중에는 도저히 감당할 수 없는 상황에 부닥치게 됩니다.

이스라엘 백성들이 메소보다미아와 싸워서 이기는 것은 불가능한 일이었습니다. 단순히 정신력으로 해결될 일이 아니었어요. 게다가 그들은 이미 가나안 족속과도 타협할 정도로 약해진 상태였습니다. 그런데 옷니엘이 성령의 능력으로 하나님의 약속을 붙들고 일어서자, 이스라엘 백성들이 그의 말을 듣고 하나님께 순종하자, 상황이 달라지기 시작했습니다. 그들은 자기들의 힘이 아닌 다른 힘이 돕고 있다는 것을 알 수 있었습니다. 믿음은 역사하는 힘이 있습니다. 머리로 계산하면 도저히 해결이 불가능한 일이라 하더라도 바른 동기로 하나님의 뜻에 순종해서 움직이기만 하면 상상할 수 없을 만큼 엄청난 결과가 나타납니다.

이스라엘 백성들에게 나타난 결과는 무엇입니까? "그 땅이 태평한 지 40년에 그나스의 아들 옷니엘이 죽었더라"(3:11). 이스라엘 백성들이 그토록 편하게 살고자 했을 때에는 단 하루도 편할 날이 없었습니다. 타협하고 양보하고 딸들을 주고 받으며 가나안 제사에 참석했을 때는 평화를 누리지 못했어요. 그런데 옷니엘의 말을 듣고 싸웠더니 놀랍게도 40년의 평화가 주어졌습니다.

우리 그리스도인들은 영적인 전쟁을 위해 존재하는 사람들입니다. 우리는 싸우기 위해 이 세상에 존재합니다. 그렇기 때문에 영적인 전쟁을 치를 때에만 삶의 존재 가치를 찾을 수 있습니다. 지존파 같은 악당들을 직접 찾아 내서 심판하라는 말이 아닙니다. 우리의 싸움은 이 세상의 악한 가치관과의 싸움입니다. 우리는 우리의 머리에 대문을 달아야 합니다. 떠오른다고 해서 아무 생각이나 다 하면 안 됩니다. 생각할 것과 생각하면 안 될 것을 구분해야 합니다. 감정도 느껴지는 대로 다 느끼면 안 됩니다. 마음이 가라앉는다고 해서 한없이 가라앉게 내버려 두면 안 돼요. 오늘 우리에게 중요한 싸움은 생각을 깨끗이 하는 것입니다. 망령되고 허망한 생각들과 끊임없는 공상들을 하나님 앞에서 정리하는 것이고, 마음 속에 있는 음란하고 더러운 감정들을 쫓아내는 것입니다. 그렇게 할 때 이기지 못할 싸움이 없습니다. 마음 속에 가나안이 들락날락거리도록 타협했기 때문에 못 이기는 것입니다. 영적인 투쟁이 싫어서 타협하면 배나 더 지독한 구산 리사다임이 찾아오게 되어 있습니다.

우리의 싸움은 정신의 싸움이고 가치관의 싸움입니다. 우리 안에 있는 동물적인 본성을 그냥 두지 마십시오. 그 본성은 신문 사회면을 장식하고 있는 범죄자들의 본성과 똑같은 것입니다. 우리의 욕망을 내버려 두면 결국 그런 결과를 낳게 되어 있습니다. 그래서 우리는 하나님의 법을 사랑하지 않을 수가 없고, 경건의 굴레로 스스로를 잡아매지 않을 수가 없는 것입니다. 그 굴레를 풀어 놓으면 패망

할 수밖에 없습니다.

지금은 하나님께 부르짖을 때입니다. 이제껏 우리는 세상이 우리를 행복하게 해 줄 줄 알고 열심히 뛰었습니다. 그러나 그 결과가 무엇입니까? 전에는 이유 없이 고통당하는 성도들을 보면서 "왜 저 사람은 저렇게 힘들고 답답하게 살까?" 하며 비웃었습니다. 그러나 이제 내 차례가 된 것입니다. 이럴 때 우리는 부르짖어야 합니다. 하나님께서 그토록 나에게 말씀하셨음에도 불구하고 또 세상에 속은 것에 대해 애통해해야 합니다. "하나님, 또 실패했습니다. 또 넘어졌습니다. 저는 이럴 수밖에 없습니다. 도와 주십시오!" 하고 부르짖을 때, 성령의 역사가 나타날 것입니다.

그리스도인들의 문제 해결 능력은 어디에서 나옵니까? 성령의 부으심에서 나옵니다. 성령이 부어지면 사람이 달라집니다. 평소에는 이기심 때문에 결단할 수 없었던 것을 결단하게 되며, 평소에는 끊을 수 없던 죄의 습관을 잘라 버리게 됩니다. 평소에는 양 같던 사람이 사자로 돌변합니다.

하나님의 백성들은 편하게 살려고 하면 노예가 될 수밖에 없습니다. 그리고 한평생 편하게 살 생각을 하지 마시기 바랍니다. 오히려 영적인 싸움을 싸울 때 40년의 평화가 찾아온다는 것을 잊지 마십시오.

6
장애인 사사 에훗

……이스라엘 자손이 여호와께 부르짖으매 여호와께서 그들을 위하여 한 구원자를 세우셨으니 그는 곧 베냐민 사람 게라의 아들 왼손잡이 에훗이라……

사사기 3:12-30

얼마 전 이탈리아에서 가수 대상을 받은 여자 가수는 맹인이었습니다. 그는 미스 이탈리아로 뽑히기도 했는데, 사람들은 대회가 끝날 때까지 그가 맹인인 줄 몰랐다고 합니다. 무대 위에서 어떻게 움직여야 하며 어떤 자세를 취해야 자연스러운가에 대해, 남자 친구가 무대 밑에서 작은 무전기로 계속 일러 준 덕분이었습니다.

사람들은 올림픽 경기에서 금메달을 따는 선수에게 박수와 갈채를 보냅니다. 올림픽 금메달리스트라면 적어도 그 분야에서는 세계 최고라는 뜻이기 때문입니다. 그에 비해 장애인 올림픽에는 관심을 보이는 사람이 많지 않습니다. 그러나 어떤 의미에서는 신체적인 장애를 딛고 일어나 성한 사람 못지않게 달리기도 하고 수영도 하며 운동도 하는 장애인들의 경기야말로 누가 최고냐를 가리는 건강한 사람들의 경기보다 훨씬 더 값진 열매의 장(場)일 수 있습니다. 마찬가지로 한 번 실패한 경력이 있음에도 불구하고 믿음으로 일어나 다시 한 번 재기하는 사람이 있다면, 그의 삶이야말로 세상에서 최고의 자리에 오른 사람들의 삶보다 훨씬 더 소중한 열매라고 할 수 있을 것입니다.

고대의 전쟁은 사람을 대량 학살하는 전쟁이 아니었습니다. 고대 경제의 뿌리는 노예들의 노동력에 있었으므로, 죽이기보다는 잡아다 파는 편이 훨씬 유리했기 때문입니다. 그래서 고대의 전쟁은 대량 학살보다는 일종의 무력 과시에 가까웠습니다. 그럼에도 불구하고 노예로서 상품 가치가 현저하게 떨어졌던 장애인들은 그 혜택을 받지 못했습니다. 군인들은 포로 중에서 장애인들을 골라내 먼저 죽였습니다.

사사기 3장 12절부터 30절까지에는 이스라엘 백성들이 무려 18년 동안이나 모압 왕의 지배를 받다가, 어느 한순간 하나님의 놀라운 구원을 통해 악한 자들을 몰아내고 평화를 찾는 이야기가 나옵니다. 그런데 하나님께서 이 놀라운 구원을 베푸는 일에 사용하신 사람은 한쪽 손을 전혀 쓰지 못하는 장애인이었습니다.

이스라엘 백성의 신앙 주기

구약성경은 이스라엘 백성이 다른 민족에게 고통을 받은 것이 우연이나 그 밖의 이유 때문이 아니라, 하나님 앞에 범죄했기 때문이라고 기록하고 있습니다. "이스라엘 자손이 또 여호와의 목전에 악을 행하니라. 이스라엘 자손이 여호와의 목전에 악을 행하므로 여호와께서 모압 왕 에글론을 강성케 하사 그들을 대적하게 하시매 에글론이 암몬과 아말렉 자손을 모아 가지고 와서 이스라엘을 쳐서 종려나무 성읍을 점령한지라. 이에 이스라엘 자손이 모압 왕 에글론을 18년을 섬기니라"(3:12-14).

사사기에는 일정한 공식이 하나 나타납니다. 그것은 이스라엘 백성들의 영적 주기입니다. 우리에게도 신앙 주기라는 것이 있습니다. 예를 들어 어떤 분은 몇 달 간격으로 영적인 상태가 올라갔다 내려갔다 할 수 있습니다. 사사기는 짧게는 몇십 년부터 길게는 100여 년 정도의 간격으로 이스라엘의 신앙이 최고 정점에서부터 바닥까지 내려갔다가 하나님의 도우심으로 다시 회복되는 신앙 주기의 반복을 보여 주고 있습니다.

이스라엘 백성들은 처음에는 하나님의 놀라운 능력을 맛보고 그의 말씀대로 삽니다. 그들의 신앙 상태는 최고 수준으로서, 이때는 주위의 모든 나라들이 이스라엘을 두려워합니다. 그러나 생활이 편해지고 가나안 사람들과 어울리는 가운데 현실의 열기가 신앙의 열기를 밀어내게 되면서, 차츰 우상을 숭배하고 가나안 사람들이 사는 삶의 방식을 따라가기 시작합니다. 그러면 하나님께서 그대로 내버려 두지 않고 다른 민족의 압제 아래 두어 고통을 겪게 하십니다. 처음에 백성들은 자기 힘으로 그 어려움을 해결해 보려고 애를 씁니다. 그러다가 도저히 버틸 수 없는 지경에 이르면 하나님께 부르짖기 시작합니다. 그때 하나님께서는 사사를 일으켜 놀라운 구원을 베푸시고, 그 후 몇십 년 간 다시 평화의 시대가 찾아옵니다. 이것이 이스라엘 백성들의 신앙 주기였습니다.

제가 지금까지 가장 흔히 보아 온 신앙 주기는 냉소적 신앙 주기입니다. 청년 시절에는 열심히 믿습니다. 기도도 하고 선교여행도 떠납니다. 그러다가 결혼해서 직장생활을 시작하거나 교회에서 상처받는 일이 생기면 신앙이 급격히 냉랭해집니다. 여전히 믿기는 하지만 열정이나 뜨거움을 찾아볼 길 없는 신앙이 되어 버리는 것입니다. 그 가운데 자기도 모르는 사이에 세상과 타협해 살면서 많은 죄를 짓게 되고, 도덕적 수준은 바닥까지 떨어져 버립니다. 그러던 어느 날 하나님께서 그가 가진 모든 것을 싹 가져가십니다. 집과 직장과 그 동안 모은 돈까지 남김없이 가져가 버리십니다. 그러면 그때부터 울부짖기 시작합니다. 처음에는 분해서 웁니다. 그러다가 점차 회개의 눈물로 바뀌어 갑니다. 그때 말씀을 붙들고 다시 일어나 달력을 보면, 벌써 50대 초반이 훌쩍 넘어가고 있습니다.

저는 이렇게 늦게 하나님께 돌아오는 것도 참 귀한 일이라고 생각합니다. 그러나 기왕이면 이것을 새로운 주기로 바꾸고 싶습니다. 그러려면 젊었을 때 하나님의 말씀으로 융단폭격을 받아야 합니다. 하나님의 말씀 때문에 거의 폐인이 될 정도로 고생하는 경험을 젊었을 때 미리 해야 하는 것입니다. 그러다 보면 자기 혼자의 힘으로는 아무것도 할 수 없다는 사실을 일찌감치 인정하게 됩니다. 그때부터 하나님께서 허락하시는 길로 한 걸음 한 걸음 움직이기 시작합니다. 그는 이미 성령과 보조를 맞추는 연습이 되어 있기 때문에 빨리 걸을 욕심을 내지 않을 뿐 아니라 하나님이 주시는 것이 아니면 아무리 좋은 것이라 해도 가지려 하지 않습니다. 그래서 처음에는 그의 걸음이 굉장히 더뎌 보입니다. 그러나 나중에 보면 독수리가 날개 치며 올라가는 것처럼 영광스러운 삶을 살고 있습니다.

세상과 타협해서 편하게 살다가 실컷 고난을 겪고서야 뒤늦게 하나님께 돌아올 것이 아니라, 젊었을 때 미리 고난을 끌고 와서 말씀으로 몸부림치며 인생 바닥까지 내려가 보는 것이 좋지 않겠습니까? 그렇게 성령과 동행하는 법을 배워서 독수리처럼 올라가는 삶을 사는 주기로 바꾸는 것이 좋지 않겠습니까? 인생 후반부에 하나님의 폭격을 받아 바닥까지 내려갔다가 돌아오는 것도 귀한 일이지만, 그보다는 젊었을 때 미리 폭격을 맞는 것이 좋지 않겠습니까?

사사기에 나타나는 것은 개인의 신앙 주기가 아니라 이스라엘 백성 공동체의 신앙 주기입니다. 공동체의 신앙 주기는 대략 몇십 년에서부터 100여 년에 걸쳐 최고 정점에서 밑바닥 사이를 왕래하는 것 같습니다.

그런데 주의할 점은 여기에서 '이스라엘'은 이스라엘 나라 전체를 의미하지 않는다는 것입니다. '이스라엘의 첫번째 사사는 옷니엘, 두번째 사사는 에훗'이라는 말도 성립되지 않습니다. 옷니엘은 이스라엘 나라 전체의 사사가 아니었기 때문입니다. 그는 유다 지파의 사사였습니다. 사사기 3장에 나오는 에훗 역시 베냐민 지파의 사사였지, 이스라엘 나라 전체를 구원하거나 다스린 사사가 아니었습니다. 이스라엘은 부족 연방제처럼 각 지파별로 독립되어 있었으며, 큰 적이 나타났을 때에만 서로 협력하곤 했습니다. 사울이 왕으로 세워지기 전까지 이스라엘은 하나의 나라라고 할 수 없었습니다. 이 점에서 볼 때에도 사사 시대의 이스라엘은 오늘날의 교회와 가장 비슷한 모습을 보여 준다고 할 수 있습니다.

교회사를 보면 대략 100년 간격으로 부흥과 침체의 시기가 반복되는 것 같습니다. 영국 교회 사람들은 100년 주기로 부흥이 찾아온다고 말하고 있습니다. 처음에 복음이 증거되면 사람들은 그 말씀의 능력에 사로잡혀서 그 말씀 그대로 삽니다. 그러나 생활이 편해지고 여유가 생기면 신앙의 간절함이 사라지면서 신앙생활이 일종의 여가 선용이나 사교 모임 수준으로 변질되기 시작합니다. 그러면 삶 가운데 세상적인 방식이 마구 파고 들어오게 되어 있습니다. 말씀을 결사적으로 붙들고 싸워도 말씀대로 살기가 힘든데, 거기에 여유까지 부리면 당연히 세상적으로 살게 될 수밖에 없지요. 그러면 껍데기만 신앙인이지, 속에는 하나님을 전혀 모르는 사람이 들어앉게 되는 것입니다. 그러나 하나님께서는 자기 백성들이 이런 식으로 세상으로 흘러가도록 내버려 두지 않으십니다. 경제적으로 어렵게 하시든지 정치적으로 혼란스럽게 하시든지 어떤 식으로든 생활을 어렵게 만드십니다. 그러면 그 백성들이 다시 하나님의 은혜를 간절히 구하게 되면서 또 한 번 부흥의 기회가 찾아오는 것입니다. 요즘은 이처럼 부흥을 갈망하고 있는 시기입니다.

옛날에는 교회만 다니면 구원받는 줄 알았습니다. 그러나 이제는 교회 안에 속했다는 것만으로는 도저히 안심할 수 없는 시대가 되었습니다. 물에 빠진 사람은 큰 배든 작은 배든 올라타기만 하면 살 수 있다고 생각합니다. 그러나 그 배 전체가 가라앉고 있다면 단지 배에 탔다는 것만으로는 안심할 수가 없습니다. 그러므로 중요한 것은 그 배가 과연 안전한가를 확인하는 일입니다. 지금 우리는 배 전체가 물에 가라앉고 있는 시대에 살고 있습니다. 기독교 자체가 무너져 내리고 있는 시대에 살고 있는 것입니다.

베냐민 지파는 가나안 땅 중에서도 중심지를 분양받은 지파였습니다. 그들은 예루살렘과 그 주변 땅을 받았습니다. 그러나 그들은 예루살렘에 있는 여부스 족속을 몰아내지 못했습니다. 이미 여호수아가 그 왕을 죽였고 유다가 그 성을 불질렀음에도 불구하고 적들을 완전히 몰아내지 못했습니다. 아마도 편하게 살 생각으로 싸우려 들지 않았기 때문이었던 것 같습니다. 그들은 자기들 뜻대로 여부스 족속과는 잘 지냈을 수도 있습니다. 그러나 하나님께서는 요단 동편의 모압 왕을 불러들여 그들을 괴롭히게 하셨습니다. 더구나 모압 왕은 암몬과 아말렉 사람들까지 함께 끌고 들어왔습니다. 특히 아말렉은 이스라엘과 철천지원수지간입니다. 그들은 이스라엘이라면 자다가도 벌떡 일어날 정도로 이들을 미워했습니다. 그들은 이스라엘을 괴롭히는 일에 헌신한 민족이었습니다.

모압 왕 에글론은 군사들을 몰고 쳐들어와서 종려나무 성읍을 점령했습니다. 여기서 "종려나무 성읍"은 여리고를 가리킵니다. 여리고는 이스라엘 백성들이 가나안 땅을 영원히 심판한다는 의미로 처음 멸망시킨 곳이었습니다. 그러나 여호수아가 멸망시킨 지 불과 얼마 되지 않아서 다시 악한 세력이 여기에 사령부를 두고 이스라엘을 지배하게 된 것입니다. 원래 모압이 원한 땅은 요단 동편 길르앗이었습니다. 그런데 길르앗 대신 요단 건너편의 여리고를 점령한 것을 보면, 혹시 아말렉 사람들이 그들을 부추겼는지도 모르겠습니다.

이미 말했듯이 고대의 전쟁은 죽이고 죽는 전쟁이라기보다는 일종의 힘겨루기였기 때문에, 이길 승산이 없을 때에는 일찌감치 항복하고 조공을 바치면 됩니다. 그래서 이스라엘도 모압 왕 에글론에게 항복한 후 18년 간 조공을 바쳤습니다. 이것은 이스라엘 백성 전체가 노예가 되었다는 뜻입니다. 그들은 겨우 먹고 살면서 목숨만 부지했습니다. 하나님께서는 그들을 자유롭게 하시려고 애굽에서 해방시키셨는데 해방된 지 불과 몇 세대 지나지 않아 다시 노예가 되어 버린 것입니다. 그들은 무려 18년 간이나 이런 상태에 있었으면서도 이 사실을 깨닫지 못했습니다.

그리스도인이 밥만 먹고 사는 데 만족한다면 노예와 하나도 다를 바가 없습니다. 하나님께서는 훨씬 더 가치 있는 일을 위해 우리를 부르셨습니다. 그러므로 실컷 돈을 모았는데 집세가 갑자기 올랐다든지 누가 한꺼번에 떼어먹고 도망쳐 버리는 등의 일들이 일어났다면 빨리 깨달아야 합니다. '지금까지 실컷 돈 벌어서 한 짓이 무엇인가. 하나님께서 과연 이렇게 살라고 나를 부르셨는가. 내가 그 동안 욕심에 사로잡혔구나! 내 영혼이 어두워졌구나!' 하는 것을 빨리 깨달아야 합니다.

의외의 구원자

하나님께서 이스라엘 백성을 위해 준비하신 구원자는 보통 사람으로서는 상상도 할 수 없는 인물이었습니다. "이스라엘 자손이 여호와께 부르짖으매 여호와께서 그들을 위하여 한 구원자를 세우셨으니 그는 곧 베냐민 사람 게라의 아들 왼손잡이 에훗이라. 이스라엘 자손이 그를 의탁하여 모압 왕 에글론에게 공물을 바칠 때에"(3:15).

무엇보다 먼저 성경은 이스라엘 백성이 18년 동안 조공을 바친 후에야 비로소 하나님께 부르짖었다고 말씀하고 있습니다. 하나님께서는 이스라엘 백성들이 부르짖으면서 나아오기를 기다리셨습니다. 무려 18년 동안이나 그들의 입에서 울부짖는 소리가 나오기를 기다리셨습니다. 그러나 그들은 부르짖지 않았습니다. 그 이유가 무엇입니까? 자존심 때문입니다. 자기 힘으로 어려움을 해결하려고 했기 때문입니다.

하나님의 백성은 자기 힘으로 살 수 없는 사람들입니다. 하나님께서 아예 처음부터 그렇게 만들어 놓으셨습니다. 우리에게 어려움이 생기는 것은 이것을 깨닫고 하나님께 부르짖게 하기 위해서입니다. 그런데도 이스라엘 백성들은 무려 18년 동안이나 자기 힘과 능력으로 이 문제를 해결해 보겠다는 생각 때문에 하나님께 나아오지 않았습니다. 하나님께 기도하며 매달리는 것이 마치 비겁한 일이나 되는 양 그들은 마지막 순간까지 자존심을 지켰습니다. 그러다가 도저히 견딜 수 없는 상황이 되자 비로소 하나님께 부르짖었습니다. 하나님 앞에서 이렇게 부르짖는 것이 아주 중요합니다. 그들의 부르짖음은 지금까지 버텨 온 것이 완전한 허세요 고집이었으며, 하나님의 도움 없이는 망할 수밖에 없다는 사실에 대한 공개적인 고백이었습니다. 하나님은 바로 이 순간을 기다려 오셨습니다.

그런데 하나님께서 부르짖는 그들을 구원하려고 준비하신 사람이 누구였습니까? 오른손을 쓰지 못하는 장애인이었습니다. "왼손잡이"는 의역입니다. 이 히브리어의 원래 의미는 '오른손이 묶여 있는'입니다. 즉 오른손을 쓸 수 없는 장애인이라는 뜻인 것입니다. 베냐민 지파에는 원래 왼손잡이가 많았습니다. 이 왼손잡이들은 오른손보다 왼손을 더 잘 쓰는 사람들이었습니다. 그러나 에훗은 그들과 달리 아예 오른손을 쓰지 못하는 장애인이었습니다. 그의 오른손은 힘없이 매달려 있었거나 아니면 조막손처럼 생겨서 누가 보아도 금방 장애인임을 알 수 있을 정도였던 것 같습니다. 그러니까 에글론도 아무 의심 없이 혼자서 에훗을 만날 생각을 했을 것입니다.

베냐민 사람들은 에훗을 시켜 에글론에게 공물을 바쳤습니다. 아마 정상적인 사람들은 자존심 때문에 이런 치욕스러운 일을 맡으려고 하지 않았던 것으로 보입니다. 그래서 자칫 잘못하면 매국노 소리를 들을 수도 있는 이 일을 장애인이 맡게 된 것입니다.

3장에는 하나님의 성령이 에훗에게 임했다는 말이 나오지 않지만, 실제로는 틀림없이 특별한 기름 부음이 있었을 것입니다. 이 날도 에훗은 평소와 다름없이 공물을 준비해서 에글론에게 바치러 갔습니다. 그런데 이번에는 양날을 세운 짧은 칼 하나를 우편 다리 옷 안에 차고 갔습니다. "에훗이 장이 한 규빗 되는 좌우에 날 선 칼을 만들어 우편 다리 옷 속에 차고 공물을 모압 왕 에글론에게 바쳤는데 에글론은 심히 비둔한 자이었더라"(3:18-19).

"비둔한 자"란 뚱뚱하게 살이 찐 사람이라는 뜻도 되지만 엄청난 거구였다는 뜻도 됩니다. 요즘은 비둔한 사람을 거의 환자 취급 하지만, 고대에 비둔한 사람은 용사였습니다. 아마 에글론은 아주 거구에 힘이 센 사람이었던 것 같습니다. 에훗은 그에게 먼저 조공을 바쳤습니다. 이 조공은 에글론과 그 부하들의 마음을 기쁘게 했을 것입니다.

사건은 그 다음에 일어났습니다. "에훗이 공물 바치기를 마친 후에 공물을 메고 온 자들을 보내고 자기는 길갈 근처 돌 뜨는 곳에서부터 돌아와서 가로되 '왕이여, 내가 은밀한 일을 왕에게 고하려 하나이다.' 왕이 명하여 '종용케 하라!' 하매 모셔 선 자들이 다 물러간지라"(3:18-19).

"길갈 근처 돌 뜨는 곳"은 돌을 캐는 채석장을 가리키는 말인 동시에 돌로 새긴 우상을 가리키는 말이기도 합니다. 제 생각에는 아마도 전문적으로 돌 우상을 만들던 곳이 아니었나 합니다. 즉 이스라엘 전역에 세워진 바알의 우상들을 만들어 공급하던 곳이었다는 것이지요. 이스라엘 백성들이 사는 땅 곳곳에는 이런 곳에서 만들어진 바알의 돌 우상들이 서 있었습니다. 무슨 뜻입니까? 하나님의 백성들이 말도 못 하는 이 우상들에게 정복당했다는 뜻입니다. 우상들은 눈에 보이지 않는 영혼의 창살이었습니다. 한때는 이스라엘 백성들이 하나님 앞에서 전적인 헌신을 다짐했던 길갈 부근이 이제는 이런 우상들을 깎아 공급하는 곳이 되고 말았습니다. 그리스도인의 집에 술병이나 음란한 책이나 잡지가 아직도 남아 있다면, 그것은 눈에 보이지 않는 영혼의 창살입니다. 우리 생각에는 별것 아닌 것 같아도 바로 그런 것들에 매여서 하나님의 능력을 체험하지 못하는 것입니다.

에훗은 바로 그 돌 공장이 있는 곳으로 가는 척하다가 혼자 에글론에게 다시 돌아와 은밀하게 할 말이 있다고 했습니다. 에훗을 전적으로 믿은 에글론은 주위 사람들을 전부 물리쳤습니다. 아마 에훗이 장애인인데다가 비무장 상태였기 때문에 전혀 의심하지 않았던 것 같습니다. 또 혹시나 에훗이 무언가 비밀스러운 정보를 가져온 것은 아닐까 하는 기대도 있었을 것입니다. 예를 들어 이스라엘 내부의 수상스러운 동태라든지 다른 특별한 정보를 주려 한다고 생각했을 수 있습니다. 장애인은 기존 사회에서 무시당하고 소외되어 있던 자들인 만큼 얼마든지 자기 동족을 배신할 수 있는 여지가 있었습니다. 게다가 에글론의 군대는 연합군이었기 때문에 자기들끼리도 완전히 믿지 않았을 것입니다. 그래서 에글론은 에훗이 자신에게만 무슨 특별한 혜택을 주기 위해 일 대 일로 만나려 한다고 생각했는지도 모르겠습니다. 아무튼 조금 전에 받은 공물이 그의 경계심을 상당히 풀어 놓은 것만큼은 사실이었을 것입니다.

20절부터 22절은 그때 에훗이 어떤 일을 했는지 아주 상세하게 기록하고 있습니다. "에훗이 왕의 앞으로 나아가니 왕은 서늘한 다락방에 홀로 앉아 있는 중이라. 에훗이 가로되 '내가 하나님의 명을 받들어 왕에게 고할 일이 있나이다' 하매 왕이 그 좌석에서 일어나니 에훗이 왼손으로 우편 다리에서 칼을 빼어 왕의 몸을 찌르매 칼자루도 날을 따라 들어가서 그 끝이 등 뒤까지 나갔고 그가 칼을 그 몸에서 빼어 내지 아니하였으므로 기름이 칼에 엉기었더라."

성경이 이 상황을 이렇게 상세히 기록하고 있는 이유는 무엇일까요? 제 생각에는 아마 에훗이 장애인이었기 때문인 것 같습니다. 그냥 '에훗이 에글론을 죽였다'고 하면 믿지 않을 수도 있으니까 그 근거를 남기기 위해 상세히 기록해 놓았으리라는 것이지요. 더 나아가 앞으로 올 믿음의 백성들에게, 아무리 장애인이고 불리한 입장에 있는 사람이라도 성령이 임하시면 능히 원수를 이길 수 있다는 것을 보여 주기 위해 이렇게 상세한 기록을 남겼을 것입니다.

에훗은 에글론의 부하들이 다 물러간 후, 자기가 에글론에게 줄 것은 하나님의 말씀이라고 담대하게 말했습니다. 마치 베드로와 요한이 돈을 기대하는 성전 미문의 앉은뱅이에게 "은과 금은 내게 없거니와 내게 있는 것으로 네게 주노니 곧 나사렛 예수 그리스도의 이름으로 걸으라"(행 3:6)고 한 것과 비슷합니다. 에훗은 '이 자가 어떤 비밀정보나 선물을 내놓을까' 기대하고 있는 에글론에게 "내가 네게 줄 것은 하나님의 말씀이다!"라고 말한 것입니다.

에글론은 이 말을 듣고 자리에서 벌떡 일어납니다. 이것을 하나님의 말씀에 경의를 표하기 위한 행동으로 보는 주석가들이 많은데, 너무 순진한 해석입니다. 에글론이 자리에서 일어선 것은 하나님의 말씀에 경의를 표하기 위해서가 아니라 에훗이 자기 기대와 딴판으로 돌변한 데 놀란 탓입니다. 이 왼손잡이가 갑자기 담대해지면서 "내가 네게 줄 것은 하나님의 말씀이다!"라고 말하니까 놀라서 벌떡 일어난 거예요.

에훗은 그 순간을 놓치지 않고 곧바로 왼손으로 오른쪽 다리에 매놓은 칼을 잡아빼 에글론의 배를 찔렀습니다. 얼마나 세게 찔렀던지 두 번 찌를 필요도 없을 정도였습니다.

성경은 칼자루가 칼날을 따라 들어가 칼날이 등 뒤까지 나왔다고 말씀하고 있습니다. 여기에 해석상의 문제가 있습니다. 우리 번역에는 "그 끝이 등 뒤까지 나갔고"라고 되어 있지만, 히브리 성경에는 '그것이 뒤에서 나왔고'라고 되어 있습니다. '그것'이란 무엇일까요? 성경에는 '뒤'라는 말이 여기 딱 한 번 나오는데, 그 뜻을 두고 논쟁이 많습니다. 어떤 학자는 '뒤'란 '등 뒤'가 아니라 '항문'을 가리킨다고 말합니다. 그러니까 항문에서 나온 '그것'은 배설물이 되는 셈입니다. 즉 너무 놀란 나머지 배설해 버렸다고 보는 것입니다. 저는 이 입장에 동의합니다. 이것은 나중에 신하들이 함부로 문을 열지 못한 일과도 관련이 있습니다.

아무튼 성경은 에훗이 성령의 능력으로 얼마나 세게 찔렀던지 두 번 찌를 필요도 없었다고 말씀하고 있습니다. 한 번 찌르는 것으로 모든 일이 끝나 버렸고, 에글론의 몸에는 오랫동안 에훗의 칼이 박혀 있었습니다. 어쩌면 그의 시체는 에훗의 칼이 박힌 채 장사되었을지도 모릅니다. 엄청난 체구를 지닌 용사가 한 팔을 못 쓰는 장애인에게, 그것도 단 한 번에 찔려서 그 칼이 박힌 채 죽었다는 것은 단순한 죽음 이상의 치욕이 아닐 수 없습니다.

하나님은 이렇게 하십니다. 스스로 높아져서 감히 하나님의 백성을 탄압하는 자에게 최대의 치욕을 안기십니다. 연약한 에훗을 들어서 뚱뚱한 에글론을 찌르게 하십니다. 두 번도 아닙니다. 단 한 번의 칼에 찔려 똥을 싸면서 치욕스럽게 죽게 만드십니다. 아무리 천하의 에글론이라 해도 똥 싸고 죽은 왕으로 역사에 영원히 남게 하십니다.

에훗은 에글론을 죽인 후 다락방 문을 잠갔습니다. "에훗이 나간 후에 왕의 신하들이 와서 다락문이 잠겼음을 보고 가로되 '왕이 필연 다락방에서 발을 가리우신다' 하고"(3:24).

"발을 가리우신다"는 것은 왕에게 사용하는 완곡 표현입니다. 대개 두 가지 경우에 발을 가린다고 하는데, 하나는 대변을 보는 경우이고 다른 하나는 낮잠을 자는 경우입니다. 그런 때는 왕을 방해하지 않기 위해 문을 잠그거나 다른 사람들이 가까이 가지 못하도록 막았습니다. 그런데 여기에서 특히 신하들이 대변 보는 경우로 생각한 이유는 에글론의 몸에서 나온 '그것'과 관계가 있는 것으로 보입니다. 다시 말해 에훗의 칼에 찔리면서 놀라기도 하고 힘이 들어가기도 하는 바람에 대변이 나왔는데, 신하들이 그 냄새를 맡고 왕이 발을 가리우고 있나 보다 생각해서 문을 열지 못한 채 밖에서 계속 기다린 것입니다.

여기에서 우리가 생각하게 되는 것이 무엇입니까? 하나님께서 하시는 일은 하나부터 열까지 그렇게 맞아떨어질 수가 없다는 것입니다. 공군에서는 비행기 공중 충돌이 기적에 속한다고 말합니다. 하나부터 열까지 모든 조건이 맞아떨어지지 않는 한 비행기 충돌은 일어날 수가 없기 때문입니다. 기적에 가까울 정도로 좋지 못한 일들이 우연히 다 맞아떨어져야만 비행기들끼리 충돌할 수 있습니다. 그런데 에훗이 에글론을 죽이는 일을 보면 하나부터 열까지 그렇게 잘 맞아떨어질 수가 없습니다. 아마 에훗이 말할 때 에글론이 계속 앉아 있었다면 그렇게 힘껏 찌를 수 없었을 것입니다. 또 묘하게도 처음에는 주위 사람들이 아무 이의 없이 자리를 비켜 줌으로써 에훗의 일을 수월하게 만들어 주었고, 나중에는 냄새가 도망칠 시간을 벌어 주었습니다.

단지 힘만 세다고 해서 이기는 것이 아닙니다. 하나님이 함께하셔야 합니다. 하나님이 함께하시면 사람의 머리로는 도저히 불가능한 일들이 마치 하나의 일처럼 다 맞아떨어져서 상상할 수 없는 엄청난 결과를 낳게 되어 있습니다.

다시 일어서는 이스라엘

하나님께서는 이스라엘 백성들을 위해 모든 일을 다 해 주시지 않았습니다. 다만 에훗을 통해 에글론을 제거하심으로써 이스라엘 백성들 스스로 일어서게 하셨습니다. "그들의 기다리는 동안에 에훗이 피하여 돌 뜨는 곳을 지나 스이라로 도망하니라. 그가 이르러서는 에브라임 산지에서 나팔을 불매 이스라엘 자손이 산지에서 그를 따라 내려오니 에훗이 앞서 가며 무리에게 이르되 '나를 따르라. 여호와께서 너희 대적 모압 사람을 너희의 손에 붙이셨느니라' 하매 무리가 에훗을 따라 내려가서 모압 맞은편 요단 강 나루를 잡아지켜 한 사람도 건너지 못하게 하였고 그때에 모압 사람 10,000명 가량을 죽였으니 다 역사(力士)요 용사라. 한 사람도 피하지 못하였더라"(3:26-29).

하나님께서는 에훗을 통해 주저앉아 있는 이스라엘 백성들을 그 자리에서 일으켜 세우셨습니다. 한번 생각해 보십시오. 무려 18년 동안이나 지배를 받았다면 패배주의에 푹 빠져 있을 수밖에 없습니다. "우리는 안 돼. 우리는 여부스 족속도 몰아내지 못했던 사람들이야. 다 빼앗아 놓은 예루살렘도 차지하지 못했다구. 그런데 어떻게 에글론을 몰아낼 수 있겠어? 그저 죽지 않고 이렇게 살아 있는 것만도 다행이지." 그런데 장애인이라고 해서 에글론에게 공물을 바치는 가장 치욕스러운 일을 맡겼던 에훗이 에글론을 단 한 번에 찔러 죽이는 것을 보았을 때, "하나님이 우리를 긍휼히 여기시는구나. 장애인이 이 놀라운 일을 하는 것을 보니 우리도 할 수 있겠다" 하는 용기가 생기기 시작했고 마침내 주저앉아 있던 자리를 털고 일어설 수 있게 되었습니다.

"은과 금은 내게 없거니와 내게 있는 것으로 내게 주노니 나사렛 예수의 이름으로 걸으라!" 바로 이것입니다. 하나님의 백성들은 어떤 자리에서든지 일어설 수 있습니다. "나는 실패자야. 나는 아무것도 못 해" 하면서 부모를 원망하고 남편을 원망하고 자기의 학벌을 원망하면서 주저앉아 있으면 안 됩니다. 내 인생을 대신 살아 줄 사람은 아무도 없습니다. 그러나 이 세상이나 자신의 무능력함을 보지 않고 하나님만 바라본다면 얼마든지 다시 일어설 수 있습니다. 이스라엘 백성들은 에훗의 말을 듣고 일어섰을 때 상상할 수 없는 일을 해냈습니다. 모압 장수들은 마치 그물 안에 든 물고기 같았습니다. 이스라엘 백성들이 요단 강 나루턱을 지키고 있으니까 단 한 명도 도망가지 못하고 용사 10,000명이 죽임을 당했습니다.

결국 이스라엘 백성들이 깨달은 것이 무엇입니까? 주저앉아 있는 것보다 싸우는 것이 훨씬 더 쉬운 길이라는 것입니다. 그들이 타협했을 때 남은 것은 노예생활뿐이었습니다. 목숨은 붙어 있었지만 그들의 삶에는 아무 의미가 없었습니다. 그러나 싸우기로 작정하자, 무려 10,000명의 모압 용사를 죽일 수 있었고 80년 간 평화를 누릴 수 있었습니다.

오늘 이 말씀이 우리에게 던져 주는 문젯거리가 있습니다. 옷 안에 칼을 감추고 들어가 전혀 준비되어 있지 않은 상대방을 찔러 죽이는 것은 일종의 테러 행위입니다. 그런데 아무리 자기 백성의 힘이 약하다고 해도 하나님께서 과연 이런 테러 행위를 시키실 수 있습니까? 나라의 독립을 위해 이런 식으로 테러 행위를 하는 것은 과연 정당화될 수 있는 일일까요?

평화시에는 어떤 경우에도 테러가 용납되지 않습니다. 예를 들어 자기들의 존재를 알리기 위해 무고한 시민이나 아이들을 납치해서 인질극을 벌인다든지, 민간인들이 출입하는 공공건물에 폭탄 테러를 가하는 것은 반인륜적인 범죄행위입니다. 그러나 지금 이스라엘과 모압은 전쟁 상태나 마찬가지입니다. 전시에는 상대방을 교란하기 위한 거짓 정보의 유출이나 암살이 중요한 전략으로 사용될 수 있습니다.

평화시에 이런 일이 일어났을 때 어떻게 대응해야 하는가에 대해서는 최근 페루 정부가 좋은 예를 보여 준 바 있습니다. 정부는 인질범의 요구를 들어 주는 척하면서 시간을 끌다가 그들이 방심하고 있을 때 기습해서 인질범을 죽이고 인질들을 구출했습니다. 만약 정부가 인질범과 돈으로 협상했다면 좋지 못한 전례가 남았을 것입니다.

살다 보면 가끔은 돈으로 문제를 해결하고 싶을 때가 있습니다. 상대방이 끈질기게 괴롭히며 돈을 요구할 때 그 요구만 들어 주면 쉽게 해결될 것처럼 보일 때가 있어요. 그러나 그리스도인이 돈으로 문제를 해결하는 것은 좋은 일이 아닙니다. 그러면 아주 나쁜 전례를 남기게 됩니다. 그런 일이 있을 때에는 기도해야 합니다. 돈이 있어도 무조건 기도해야 합니다. 그렇지 않으면 나중에도 계속 돈으로 문제를 해결하려 들게 되고, 그러다 보면 결국 돈이 없으면 어떤 문제도 해결하지 못하는 사람이 되고 맙니다. 그렇기 때문에 설사 돈이 있다 해도 없다고 생각하고 기도로 하나님께 매달려야 합니다.

그래야 그 다음에 또 문제가 생겨도 기도로 해결하겠다는 생각을 하게 됩니다.

하나님의 교회는 성령의 능력으로 삽니다. 그러나 성령의 능력은 눈에 보이지 않기 때문에, 이스라엘 백성들은 세상적인 것으로 자기를 무장할 생각을 가지고 세상을 끌어들였습니다. 그러나 그 결과는 노예생활이었습니다. 그들은 신앙의 생명력을 잃었을 뿐 아니라 실컷 농사지어 에글론 좋은 일만 해 주는 꼴이 되고 말았습니다. 우리도 마찬가지입니다. 뼛골 빠지게 노력했는데도 남는 것이 없을 때, 하나님께서 내가 하고 있는 일을 기뻐하지 않으신다는 것을 깨닫고 지금까지 살아온 방식을 근본적으로 뒤집어엎어야 합니다. 내가 사업하던 원칙, 내가 공부하던 방식을 다시 한 번 생각해 보고 하나님 앞에 나아가 부르짖으며 기도해야 합니다. 그렇지 않으면 아무리 오랜 시간 공부하고 일해 봐야 남 좋은 일 해 주는 결과밖에 나오지 않습니다.

하나님께서는 우리가 부르짖기를 기다리고 계십니다. 그런데 우리는 마치 자존심으로 뭉쳐진 사람들처럼 부르짖지 않습니다. 이스라엘 백성들은 하나님 앞에 부르짖었을 때 일어설 수 있었습니다. 자기 자신을 원망하고 남을 원망하며 계속 주저앉아 있으면 아무도 도와 주지 않습니다.

하나님께서는 그토록 자신만만하던 에글론을 한 손밖에 못 쓰는 에훗에게 비참하게 죽게 하심으로써 하나님의 능력은 사람의 생각과 다른 데 있다는 것을 보여 주셨습니다. 하나님께서 사용하신 사람은 외국인에게 공물 바치는 일을 맡았던 볼품 없는 장애인이었습니다. 그러나 그런 에훗에게 성령이 임하시자, 이스라엘을 정신적, 물질적 노예 상태에서 해방시키는 놀라운 일을 이루어 냈습니다.

에훗은 고대의 시각에서 보면 노예의 가치조차 없던 장애인이었습니다. 그래서 그에게는 외국인에게 공물을 바치는 비참한 임무가 맡겨졌습니다. 그러나 그가 자기에게 주어진 치욕스러운 임무를 끝까지 잘 감당했을 때, 결국은 가장 영광스러운 임무를 맡게 되었습니다. 하나님은 그의 부끄러운 왼손을 놀랍게 사용하셨습니다.

하나님이 사용하시는 사람은 침체되어 집에 누워 있는 사람이 아닙니다. 성한 몸을 가지고서도 자존심이나 내세우면서 집에서 뒹굴고 있는 사람이 아닙니다. '내가 그래도 학벌은 좋은데', '내가 그래도 장남인데', '내가 그래도 머리는 좋은데' 하면서 방구석에 드러누워 있는 사람이 아니에요. 하나님께서는 아무도 하려 들지 않는 비참하고 치욕스러운 일을 묵묵히 감당한 에훗에게 가장 영광스러운 임무를 맡기셨습니다.

아마 에훗은 이 일을 해낸 사람이 자기가 아니라 하나님이심을 알았을 것입니다. 그렇지 않다면 모든 일이 이렇게 정확하게 맞아떨어질 수가 없습니다. 하나님이 함께하시지 않았다면 모압 사람들이 이렇게 다 함께 실수를 했을 리가 없습니다. 심지어 냄새까지 자기를 돕지 않았습니까?

 도저히 일어날 것 같지 않은 우연들이 모여서 큰 승리를 이루기도 하고 큰 실패를 불러오기도 합니다. 운동경기에서 승리한 사람들이 "도저히 일어날 수 없는 일들이 일어나서 이겼다"고 말할 때가 가끔 있습니다. 객관적으로 평가할 때는 이길 가능성이 전혀 없었는데, 여러 요소들이 맞아떨어지는 바람에 이겼다는 것이지요. 또 실패한 사람들도 "절대 실패할 리가 없었는데 마치 실패를 위해 준비된 것처럼 좋지 않은 일들이 한꺼번에 일어나는 바람에 실패했다"고 말할 때가 있습니다. 하나님의 능력으로 모든 일이 하나부터 열까지 맞아떨어지는 바람에 교만했던 에글론은 가장 약한 자의 손에 죽어야 했습니다. 배에는 칼이 꽂힌 채로, 몸은 더러운 오물에 뒤덮인 채로 죽어야 했습니다. 하나님께서는 약한 자를 들어 강한 자 치기를 기뻐하셨습니다.

 또한 하나님께서는 이스라엘 백성 스스로 일어서게 하셨습니다. 우리도 스스로 일어서야 합니다. 패배의식에 빠져서 주저앉아 있으면 안 됩니다. 취직 시험 한두 번 치러 보고 결과가 좋지 않다고 해서 드러눕지 마십시오. '어디에서 무슨 기적이 일어나 주지 않을까' 하는 기대는 일찌감치 버리십시오. 기적은 스스로 움직이는 사람이 만들어 내는 것입니다. 다른 사람을 원망하고 가만히 주저앉아 있는 사람에게는 절대 찾아오지 않습니다. 이스라엘 백성들이 에훗을 따라 움직였을 때 모압 사람들이 무너지기 시작했다는 것, 요단 나루

턱만 지키는 일으로도 10,000명의 용사들을 잡을 수 있었다는 것을 기억하십시오. 그들은 그 후 무려 80년 동안이나 평안을 누릴 수 있었습니다.

타협하는 자는 노예가 될 것입니다. 그러나 무리인 줄 알면서도 싸우는 사람은 오래오래 평안을 누릴 것입니다. 에훗도 공물 바치는 일이 좋아서 그 일을 했던 것은 아니었을 것입니다. 그러나 그는 중요한 것은 자기의 자존심이 아니라는 사실을 알았습니다. 그는 지금은 낮아져 있을 때이며 언젠가는 하나님의 때가 오리라는 믿음을 가지고, 다른 사람들이 아무리 비웃고 업신여겨도 묵묵히 자기 일을 감당했습니다. 그리고 마침내 기회가 오자 조금도 망설이지 않고 에글론의 배를 찔렀습니다. 얼마나 세게 찔렀던지 자루가 칼날을 따라 들어갈 정도였습니다. 그리고 그 순간부터 모든 상황이 변하기 시작했습니다.

하나님의 큰 구원은 가만히 있는 자에게 주어지지 않습니다. 비록 정신적인 장애를 가지고 있고 과거에 실패한 경험이 있다고 하더라도, 또 지금 자신에게 맡겨진 일이 아무리 치욕스럽다 하더라도 말없이 감당하는 그 사람에게 주어집니다. 이스라엘 백성들은 18년 동안이나 노예생활을 했지만 에훗이 한 일을 보고 일어섰을 때 큰 구원의 역사를 경험할 수 있었습니다.

사랑하는 성도 여러분, 일어서십시오. 자신의 실패와 부족함을 탓하며 침체되어 누워 있지 말고 일어서십시오. 성령이 오시면 하나님의 역사가 시작됩니다. 나의 부족한 부분, 좋지 않은 학벌, 신체적인 장애, 정신적인 열등감, 사회적인 불구자로 살아 온 과거까지 모두 그분이 사용하실 것입니다.

7
농부 출신 사사 삼갈

> 에훗의 후에 아낫의 아들 삼갈이 사사로 있어 소 모는 막대기로 블레셋 사람 600명을 죽였고 그도 이스라엘을 구원하였더라.
>
> 사사기 3:31

최근에 일본이 일방적으로 어업 협정을 파기함으로써 일본과 우리나라는 외교적인 긴장 상태를 맞이하고 있습니다. 우리와 일본 사이에는 오래 된 민족 감정이 있습니다. 두 나라 사이에는 일제 시대 당시 강제 징용 문제나 정신대 문제를 비롯해서 현재 독도 문제에 이르기까지 아직 풀리지 않은 문제들이 많이 쌓여 있습니다. 우리나라 측에서는 밀어붙이기 식으로 독도에 배의 접안 시설을 만들고 있긴 하지만, 우리의 국력이나 군사력은 일본과 비교할 수 없는 수준입니다. 만약 일본이 군국주의적인 방향으로 나아가 그 월등한 국력과 군사력으로 우리나라를 지배하려 든다면, 우리는 아주 큰 어려움을 겪게 될 것입니다.

이처럼 우리는 과거에 일본의 식민지가 되기도 했고 지금도 일본에 비해 국력이 약하지만, 한때는 우리나라의 한 수군 장수가 여러 차례에 걸쳐 그들을 크게 패퇴시킨 적이 있었습니다. 그는 이순신 장군입니다. 이순신 장군은 형편없는 수준의 장비와 군사력으로 왜구의 침략을 완전히 봉쇄해서 여러 차례 큰 승리를 거두었습니다. 이 일이 의미하는 바가 무엇입니까? 일본과 우리의 싸움은 군사력이나 장비의 대결 이전에 정신력의 싸움이라는 것입니다. 우리가 정신만 똑바로 차리고 마음만 하나로 합친다면, 다른 나라는 몰라도 적어도 일본은 무찌를 수 있다는 것이 그의 승리가 우리의 의식 속에 남겨 놓은 신념이라고 할 수 있습니다. 그래서 아직도 우리는 일본은 반드시 이겨야 하며 또 이길 수 있다고 생각하고 있습니다.

이스라엘 백성들에게도 언제나 그들의 숨통을 죄는 무서운 적이 있었습니다. 그 적은 바로 블레셋 족속이었습니다. 3장 31절을 보면 드디어 이스라엘과 블레셋의 운명적인 대결이 시작된다는 것을 알 수 있습니다. 그런데 이 대결 관계의 초기에 삼갈이라는 평범한 농부가 등장합니다. 그는 아마도 농사를 짓던 중에 블레셋 사람들이 이스라엘 사람들을 침공하여 살육하는 장면을 목격했던 것 같습니다. 그는 농사짓던 농기구를 들고 가 그 자리에서 블레셋 사람 600명을 쳐죽여 버렸습니다.

이 삼갈의 승리가 의미하는 것이 무엇입니까? 아무리 이스라엘 백성들이 약하고 또 반대로 블레셋 사람들이 강하다 해도, 하나님이 주시는 성령의 능력만 있으면 적어도 블레셋 사람들만큼은 얼마든지 이길 수 있다는 것입니다. 한 사람이 정식 무기도 아닌 농기구를 가지고 블레셋 사람 600명을 무찔러 이스라엘을 구원했다면, 다른 사람들 또한 그들을 무찌르지 못할 이유가 없습니다. 이스라엘 백성들이 믿음만 갖고 있다면, 성령이 그들에게 임하시기만 한다면, 다른 족속은 몰라도 블레셋은 이길 수 있다는 것이 삼갈의 승리가 그들 속에 새겨 놓은 신념이었습니다. 그러나 그 후 이스라엘 백성들은 번번이 블레셋에 패배를 당합니다. 이것은 이 패배가 무기나 군사력의 열세에서 비롯된 것이 아니라 신앙과 정신의 타락에서 비롯된 것임을 보여 줍니다.

텔레비전 정규 프로그램이 방영되고 있는 도중에 갑자기 중요한 사건이 터지면 방송사에서 어떻게 합니까? 화면 밑에 자막을 내보내 긴급 뉴스 속보를 알려 줍니다. 얼마 전, 캄보디아로 향하던 베트남 항공 소속 여객기가 비행장에 착륙하기 직전에 논바닥에 추락한 사고가 있었습니다. 그 비행기에는 캄보디아에서 사역하던 선교사 가정도 타고 있었는데 안타깝게도 모두 사망하고 말았습니다. 그럴 때 텔레비전 방송은 자막으로 이런 문구를 내보낼 것입니다. "프놈펜 부근에서 베트남 항공 소속 여객기 추락. 주위의 농부들이 어린아이 한 명을 구조하였음. 계속 속보를 알려 드리겠음."

3장 31절은 이런 자막에 해당하는 말씀입니다. 이를테면 "에훗 이

후에 이스라엘 백성들에게 최대 위기 발생. 다수의 블레셋 사람들이 이스라엘 동네를 기습하여 많은 양민을 학살하였음. 그때 현장 주위에서 소로 밭을 갈고 있던 삼갈이라는 농부가 소 모는 막대기로 블레셋 사람 600명을 죽이고 이스라엘 백성들을 위기에서 구출하였음. 상세한 보도는 9시 뉴스 시간에 보도하겠음"과 같은 말씀인 것입니다.

그런데 문제는 다음 뉴스 시간에 삼갈의 이야기가 나오지 않는다는 것입니다. 그의 활동은 이 간단한 자막으로 끝나 버린 채 더 이상 등장하지 않습니다. 왼손잡이 에훗이 모압 왕 에글론을 쳐죽인 사건은 마치 느린 화면으로 보여 주듯이 아주 상세히 설명했던 성경이 삼갈의 일은 단 몇 줄의 자막으로 처리해 버리고 다시 언급하지 않습니다. 그 이유가 무엇일까요? 삼갈은 도대체 어떤 사람이며, 왜 성경 저자는 그의 구원을 이렇게 간단하게 언급하고 마는 것일까요?

삼갈의 구원

31절은 짧은 본문이지만, 여기에서 우리는 몇 가지 중요한 정보를 얻을 수 있습니다. 첫째는 이스라엘 백성들과 블레셋 족속의 운명적인 싸움이 드디어 시작되었다는 것입니다. 블레셋 족속은 이스라엘 백성들에게 가장 무서운 원수였습니다. 이스라엘 백성들이 출애굽

했을 때 하나님께서는 그들을 해변의 좋은 길로 인도하시는 대신 물도 없고 먹을 것도 없는 광야로 이끄셨습니다. 그리고 그 이유 중 하나가 바로 블레셋 족속 때문이라고 말씀하셨습니다. 해변 길로 가려면 그들과 전쟁을 치러야 하는데 이스라엘 백성들은 전쟁을 치를 준비가 되어 있지 못했으므로 광야로 길을 돌려 인도하신 것입니다.

삼손이 등장할 무렵, 이스라엘은 완전히 블레셋의 식민지가 되어 거의 구별 없이 섞여 살고 있었습니다. 삼손이 블레셋과 싸우려고 하자 오히려 삼손을 묶어서 블레셋에게 넘겨 줄 정도로 이스라엘은 블레셋화되어 있었습니다. 엘리 제사장 때에는 블레셋과 싸우다가 하나님의 법궤를 빼앗기는 큰 패배를 겪었고 실로의 성막이 불타버렸습니다. 이스라엘의 첫 왕 사울 또한 블레셋과 싸우다가 자기 자신은 물론이고 두 아들까지 길보아 산에서 전사하는 엄청난 참패를 겪었습니다. 이스라엘 백성들이 블레셋을 이기기 시작한 것은 블레셋의 용사 골리앗을 꺾은 다윗 시대부터입니다. 이처럼 블레셋은 이스라엘에게 가장 무서운 원수였습니다. 이스라엘 사람들은 힘을 내고 싶어도 블레셋 때문에 힘을 쓸 수가 없었습니다.

그러나 삼갈의 사건이 보여 주는 것이 무엇입니까? 적어도 이스라엘과 블레셋과의 관계는 힘의 관계가 아니라는 것입니다. 삼갈은 평범한 농부로서 무기도 아닌 농기구를 들고 이렇게 강력한 적을 600명이나 쳐죽임으로써 이스라엘 백성들을 위기에서 건져 냈습니다. 다른 나라는 몰라도 적어도 블레셋과의 관계는 힘의 문제가 아니라 신앙의 문제요 성령의 문제라는 것을 삼갈의 승리는 보여 주었습니다.

둘째로 우리가 알 수 있는 것은 삼갈이라는 사람의 정체입니다. 오늘 본문은 아낫의 아들 삼갈이 소 모는 막대기로 블레셋 사람 600명을 죽였다고 말씀하고 있습니다. 여기에서 중요한 것은 "아낫의 아들 삼갈"이라는 말입니다. '아낫'은 가나안 여신의 이름입니다. 그래서 삼갈을 이방인으로 보는 사람들도 있지만, 꼭 그랬던 것 같지는 않습니다. 저는 아마도 삼갈의 부모가 대단히 가나안화된 이스라엘 사람이 아니었을까 생각합니다. 요즘 그리스도인 가정의 자녀들 중에는 예수님의 '예'나 하나님의 '하', 또는 은혜 '은' 자가 들어간 이름을 가진 아이들이 많습니다. 이것은 대개 부모의 신앙이 깊거나 아니면 적어도 깊어지고 싶어한다는 것을 보여 줍니다. 거기에는 자신의 아이는 하나님의 자녀이므로 세상 방식대로 이름을 짓지 않고 성경적인 방식대로 짓겠다는 뜻이 드러나 있습니다. 저는 '아낫의 아들'이라는 호칭 또한 삼갈의 아버지가 아낫이라는 뜻에서 붙여진 말이라기보다는 그것 자체가 삼갈의 또 다른 이름이 아니었겠는가 생각합니다. 그의 부모가 가나안 종교에 대단히 빠져 있었던 사람들이어서, 아이를 아낫 여신에게 바쳤다는 뜻으로 그 이름을 '아낫의 아들'이라고 지었으리라는 것이지요.

이스라엘 정통 신학의 견지에서 본다면 삼갈은 성령의 역사가 나타나기에 가장 적합치 못한 사람이었습니다. 우리의 추측이 옳다면 삼갈의 부모는 이스라엘 백성임에도 불구하고 우상 종교에 깊이 빠져 있던 사람들이었으며, 어쩌면 삼갈 자신도 정통 신학으로 무장된 사람이 아니었을 것입니다. 그러나 정통 신학으로 무장된 자들이 블레셋의 침략 앞에 완전히 굴복하고 있었을 때, 신앙적인 사생아라고 볼 수 있는 삼갈은 성령의 능력으로 원수들을 물리쳤습니다. 무슨 뜻입니까? 정통 신학으로는 성령으로 붙들어 둘 수 없다는 것입니다. 성경 지식이 많고 신학에 정통성이 있다고 해서 성령의 역사가 일어나는 것은 아닙니다. 성령의 역사는 신학적인 정통성이나 지식과 상관 없이 성령을 사모하고 구하는 자에게 나타납니다. 이것이 놀라운 점입니다. 하나님께서는 정통 신학을 가지고 신학 논쟁을 벌이는 사람보다는, 좀 부족하고 무식해도 하나님의 은혜를 간구하는 자에게 성령 부으시기를 더 기뻐하십니다.

20세기에 나타난 현상은 정통 신학으로 무장했다고 자부하는 장로교회보다 하나님의 은사를 뜨겁게 사모하는 오순절 교회에 더 큰 부흥이 일어난 것입니다. 저는 우리가 여기에 대해 '거룩한 질투심'을 느껴야 한다고 말하고 싶습니다. 다시 말해서 신학 지식이나 오래 믿은 경륜을 자랑하지 말라는 것입니다. 하나님의 나라는 말에 있지 않고 능력에 있습니다. 교회에 얼마나 오래 다녔으며 성경을 얼마나 많이 알고 있고 신학 지식이 얼마나 깊은가가 중요한 것이 아니라, 실제로 어떻게 사탄의 역사를 이기고 승리하느냐가 중요합니다. 하나님께서는 지식을 가지고 자랑하는 자들 대신 신앙적인 사생아에게 능력을 부으심으로써 모든 사람을 그 은혜 앞에 무릎 꿇게 하셨습니다.

예수님께서는 천국은 침노하는 자가 빼앗는다고 말씀하셨습니다. 천국이 좋다고 말만 하면 뭐합니까? 움켜쥐어야지요. 실제로 하나님께 나아가서 무릎을 꿇고 간구해서 더 큰 능력을 받아야 합니다. 머리로 알면서도 가만히 앉아 있기만 한다면 그 아는 것이 무슨 소용이 있습니까? 우리는 남이 나보다 더 많이 기도하며 더 간절히 은혜를 사모할 때 거룩한 질투심을 느껴야 합니다. 남이 나보다 더 겸손한 것을 볼 때 견디지 못하는 마음이 생겨야 합니다. '그래도 내가 저 사람들보다야 많이 안다'고 만족하지 마십시오. 실제로는 블레셋에 짓눌려 능력이 나타나지 않고 있는데 그 지식이 다 무슨 소용이 있습니까?

하나님은 절대로 속지 않으십니다. 하나님은 똑똑한 사람보다는 부끄러움과 자존심을 다 내팽개치고 그분 앞에 나아와 은혜를 움켜쥐려고 간구하며 몸부림치는 자에게 성령의 역사를 나타내십니다. 교회 오래 다니고 설교 많이 들은 것으로는 파리 한 마리 잡을 수 없습니다. 딱 한 번 말씀 들었어도 그 말씀을 붙들고 몸부림치는 그 사람에게 성령의 역사가 나타나고 기적이 나타나고 기도의 응답이 나타납니다. 그래서 신앙생활은 무식하게 해야 합니다. 진짜 무식해지라는 말이 아닙니다. 유식해도 자기 지식을 믿지 말라는 것입니다.

셋째로 우리가 주목해야 할 것은 삼갈이 사용한 무기입니다. "소 모는 막대기"가 정확히 어떤 도구인지 아는 사람은 삼갈밖에 없습니다. 이 히브리어는 구약성경에 단 한 번 사용된 단어입니다. 어떤 사람은 소 등에 붙은 더러운 것들을 긁어 주도록 한쪽 끝을 뾰족하게 깎은 막대기라고 말하는가 하면, 또 어떤 사람은 소가 끄는 쟁기의 일종이라고 말하기도 합니다. 저는 후자의 입장으로서, 소 모는 막대기란 일종의 농기구였을 것이라고 생각합니다. 그 당시에 목축업을 하는 사람들 가운데 양을 전문적으로 키우는 사람은 있어도 소만 전문적으로 키우는 사람은 없었을 것입니다. 소는 달릴 수 있는 능력이 있기 때문에, 말을 타고 관리하지 않는 한 그 시절에 소를 수십 마리씩 방목한다는 것은 생각하기 어려운 일입니다. 따라서 삼갈이 소만 전문적으로 키웠다고 보기는 어렵습니다. 제가 생각하기에 삼갈은 소로 밭을 갈던 농부였고, 소 모는 막대기라는 것도 쟁기 같은 농기구의 일종이었던 것 같습니다.

분명한 사실은 삼갈이 정식 군인이 아니었다는 것입니다. 그가 사용한 무기도 칼이나 창이 아니었습니다. 아마 그는 밭을 갈다가 이스라엘 백성들이 블레셋 사람들에게 살육당하는 현장을 목격했던 것 같습니다. 그는 그 자리에서 도망치는 대신 갑자기 하나님의 신에 붙잡혀 소 모는 막대기를 들고 블레셋 사람들과 싸웠고, 그들을 600명이나 죽이는 엄청난 승리를 거두었습니다. 아마 그 후 블레셋 사람들은 '삼갈'이라는 말만 들어도 겁을 집어먹었을 것입니다.

넷째는 오늘 본문의 기록이 이렇게 짧은 이유가 무엇이냐 하는 점입니다. 에훗의 구원은 읽기 민망한 부분까지 상세하게 묘사하고 있으면서, 왜 삼갈의 구원은 자막처럼 간단히 처리하고 넘어가 버리는 것입니까?

저는 이 삼갈의 구원이 단 한 번으로 끝났기 때문이라고 생각합니다. 삼갈은 단 한 번만 하나님을 위해 사용된 사람이었습니다. 평범한 농부였던 그는 성령이 임하시자 사자로 돌변해서 한꺼번에 600명을 쳐죽였습니다. 그러나 성령이 떠나시자 예전의 평범한 농부로 다시 돌아갔습니다. 대체 무슨 정신으로 그런 엄청난 일을 저질렀을까 이해가 안 될 정도로 평범한 예전 생활로 돌아갔습니다. 그랬기에 성경은 그에 대해 더 이상 기록할 것이 없었을 것입니다.

삼갈은 예표이다

그러나 우리는 성경의 기록이 아무리 간단하다 해도 아무 이유 없이 그 자리에 쓰여졌다고 생각해서는 안 됩니다. 삼갈의 기록은 분명히 간단하지만, 그의 일은 앞으로 일어날 일에 대한 예표가 되었습니다.

삼갈이 블레셋 사람 600명을 죽였다고는 하지만, 그렇다고 블레셋 사람들을 다 몰아낸 것은 아닙니다. 오히려 이것은 앞으로 계속될 이스라엘과 블레셋의 좋지 않은 관계를 알리는 서곡에 불과했습니다. 그러나 하나님께서는 삼갈의 승리를 통해 이스라엘 백성들에게 아주 중요한 교훈을 하나 주고 계십니다. 그것이 무엇입니까? 이미 살펴보았듯이 블레셋과의 싸움은 사람의 수나 무기에 달려 있지 않다는 것입니다. 이 싸움의 승패는 얼마나 현대화된 무기를 쓰느냐, 얼마나 많은 군사가 모이느냐에 달려 있는 것이 아니라 성령의 능력에 달려 있다는 것입니다. 준비된 사람에게 하나님의 성령이 임하시기만 하면 소 모는 막대기로도 얼마든지 블레셋을 이길 수 있다는 것입니다.

그런 의미에서 삼갈은 앞으로 나타날 위대한 구원자 삼손을 예표하고 있습니다. 삼갈의 기록이 자막으로 끝난 것은 삼손이라는 엄청난 인물이 곧 나타날 것이기 때문입니다. 삼갈은 삼손의 예표였습니다. 그가 소 모는 막대기로 600명을 죽인 것은 앞으로도 이런 일이 또 일어날 수 있다는 것을 예고하는 것입니다. 실제로 나중에 삼손은 나귀 턱뼈 하나로 1,000명을 쳐죽입니다.

삼손은 성령의 사람이었습니다. 지금은 모든 그리스도인이 다 성령의 사람이지만 구약 시대에는 성령의 사람이 따로 구별되어 있었습니다. 나실인들은 술을 마시지 않았고 머리에 칼을 대지 않고 길게 길렀습니다. 이것은 그들이 사람에게 속한 자가 아니요 하나님께 속한 자로서, 하나님께서 언제든지 그 뜻대로 쓰실 수 있다는 의미입니다. 이 사람은 놀고 있어도 다른 일을 시키면 안 됩니다. 하나님이 부르실 때 언제든지 응할 수 있어야 하기 때문입니다.

물론 그들에게 늘 성령이 임하셨던 것은 아닙니다. 그러나 그들은 성령의 임하심을 준비하고 있었고, 성령이 임하시면 완전히 다른 사람으로 변하곤 했습니다. 삼갈은 평생 성령의 사람으로 살지는 않았습니다. 그는 단 한 번 성령의 감동을 받았고 그 후에 다시 평범한 사람으로 돌아갔습니다. 그러나 삼손은 날 때부터 성령의 사람으로 구별되었고, 한평생을 통해 이스라엘을 구원했으며, 살아 있었을 때보다 죽을 때 더 큰 구원을 이루었습니다.

삼갈에 대한 기록은 단 한 절뿐이지만, 이 한 절의 기록은 앞으로 이스라엘 백성들이 위기에 처할 때마다 어떻게 해야 승리할 수 있는지를 보여 주는 이정표라고 할 수 있습니다. 그들이 이길 수 있는 방법은 오직 성령으로 충만해지는 것이었습니다.

우리 마음 속에도 삼갈의 기록 같은 아름다운 부분이 있습니다. 그것은 한때 철저하게 버림받았던 자신을 하나님이 찾아 주신 기억입니다. 성령으로 나를 찾아오셔서 위로해 주시고 모든 두려움을 쫓아내시며 승리하게 하신 기억들을 우리는 가지고 있습니다. 이 기억은 위기 때마다 우리를 승리할 수 있게 해 주는 이정표입니다.

어려운 일이 닥칠 때 하나님이 찾아와 주셨던 그때와 지금을 한 번 비교해 보십시오. 그때는 지금보다 훨씬 못한 상태에서도 믿음 하나만으로 일어서지 않았습니까? 정말 인생 밑바닥까지 내려갔지만 성령의 위로로 눈물 흘리며 기뻐하지 않았습니까? 이제는 집도 생기고 가정도 생기고 직장도 생겼는데 마음 속에 불만이 더 많아진 이유가 무엇입니까? 성령을 의지하지 않고 세상 것으로 배불렀기 때문입니다. 그 사실을 생각하면 눈물이 나오면서 다시 한 번 은혜로 채워지는 순간을 사모하게 됩니다. "오, 주여, 다시 한 번 나에게 은혜를 주시고 다시 한 번 능력을 주셔서 이 어려움 가운데 승리하게 해 주옵소서!" 이런 마음이 불같이 일어나면서, 그 동안 붙들고 있던 여러 가지 오락들과 거짓된 교제들을 과감하게 정리하고 다시 한 번 그 능력에 붙들리기 위해 자신을 하나님 앞에 내어던지게 됩니다. 그때마다 하나님은 놀라운 승리를 주십니다.

이스라엘 백성에게는 삼갈이 바로 그런 이정표 역할을 했을 것입니다. 블레셋에 짓밟혀서 민족의 자존감과 하나님 백성의 능력을 잃어 버릴 때마다 삼갈을 생각하는 것입니다. 그러면 '그때는 아무것도 없이 소 모는 막대기 하나로도 600명을 쳐죽이고 승리했는데, 지금은 군인도 많고 무기도 많고 말도 많고 병거도 많으면서 이기지 못하는 이유가 무엇인가? 우리가 성령의 능력에 의지하지 않고 세상 것에 배불렀기 때문이다' 라는 것을 깨닫고, 어떻게 해서든지 다시 한 번 성령의 능력에 사로잡히기 위해 세상의 것들과 하나님이 기뻐하시지 않는 여러 가지 습관들을 버리고 "여호와여! 다시 한 번 우리에게 은혜를 주옵소서!" 하고 매달리게 되는 것이지요.

사실 우리는 성령의 능력에 대해 너무나 모르고 있습니다. 설사 많은 시간을 바쳐 연구한다 해도 성령에 대해 다 알기에는 터무니없이 부족할 것입니다. 삼갈의 능력은 왜 단 한 번으로 끝나 버렸을까요? 성경에는 삼갈이 그 후에 무슨 죄를 지었다는 말이 나오지 않습니다. 그럼에도 불구하고 삼갈은 단 한 번 놀랍게 사용된 후에 다시 옛날로 돌아가 버렸습니다. 이것은 다른 그리스도인들에게도 많이 일어나는 일입니다.

청교도 시대 스코틀랜드에 존 리빙스턴이라는 목사가 있었습니다. 그는 경건하고 진실한 사람이었지만 능력 있는 설교자는 아니었습니다. 그런데 어느 날 강단에 섰을 때 성령이 자신을 강하게 주장하시는 것을 체험하게 되었습니다. 그의 설교에는 불이 있었고 확신이 있었으며 성령의 부으심이 있었습니다. 그 단 한 번의 설교로 500명의 교인이 늘어났습니다. 그러나 그 후 리빙스턴은 다시는 그런 능력 있는 설교를 하지 못하고 평범하게 살다가 죽었습니다.

도대체 성령은 어떤 분이시길래 사람을 이토록 놀랍게 사용하시는 것입니까? 그리고 도대체 어떤 분이시길래 영구히 붙들어 둘 수 없는 것입니까? 성령은 우리의 의지와 상관 없이 역사하십니다. 성령이 임하시면 아주 강한 사람이 되지만 성령이 떠나시면 예전의 연약한 사람으로 돌아갈 수밖에 없습니다. 우리가 아무리 원해도 성령을 붙들어 둘 수는 없습니다.

오늘 우리의 관심은 바로 이분 성령께 집중되어야 합니다. 도대체 이분은 누구시길래 아무것도 아닌 농사꾼 삼갈을 이렇게 엄청난 장사로 만드셨는가, 이분은 누구시길래 삼손이 나귀 턱뼈 하나로 1,000명을 죽이게 하셨는가, 궁금히 여겨야 합니다. 하나님의 백성들은 성령의 능력에 붙들리기만 하면 완전히 딴 사람이 됩니다. 내성적인 사람이 사자처럼 용감해지기도 하고, 덤벙거리던 사람이 치밀한 전략가가 되기도 하며, 평범한 설교자가 단 한 번의 설교로 수백 명을 회개시키는 능력을 나타내기도 합니다.

이 성령은 어떻게 우리에게 역사하십니까? 좀더 구체적으로 말해서 성령은 반드시 말씀과 함께 역사하실까요, 말씀 없이도 역사하실 수 있을까요? 성령은 말씀 없이도 역사하실 수 있습니다. 말씀 없이도 혼자 기도하는 가운데 성령에 사로잡혀서 엄청난 체험을 하게 될 수 있습니다. 말씀 없이도 자신의 죄가 생각나서 통곡하면서 기도하게 될 때도 있고, 성령의 감동에 사로잡혀서 수많은 사람들을 전도하게 되거나 다른 사람들의 병을 고치게 될 수도 있습니다.

이처럼 말씀 없이 나타나는 성령의 직접적인 역사를 '은사 운동'이라고 부릅니다. 은사 운동이라고 해서 말씀이나 설교가 전혀 없는 것은 아니지만, 여기에서 좀더 중요한 것은 성령의 직접적인 역사입니다. 이런 은사 운동은 대개의 경우 오랫동안 영적으로 메말랐던 곳에서 직접적인 효과를 나타냅니다.

말씀을 오랫동안 듣지 못한 사람들의 마음은 병들대로 병들어 있고 강퍅해질 대로 강퍅해져 있습니다. 그들은 무언가 직접적인 능력이 나타나지 않으면 믿으려 들지 않습니다. 그들의 관심사는 과연 하나님이 살아 계시느냐 아니냐 하는 것입니다. 또 살아 계시다면 과연 자신들을 사랑하시느냐 아니냐 하는 것입니다. 그들은 함께 기도하는 가운데 병든 자가 벌떡 일어나는 식의 직접적인 역사가 일어나는 것을 볼 때, 비로소 성경은 사실이며 하나님은 살아 계시다는 것을 깨닫고 회개하며 돌아옵니다.

이런 은사 운동은 오래 가지 않는 것이 특징입니다. 아주 짧은 시간 안에 소멸되어 버립니다. 삼갈의 경우처럼 한 번 크게 역사하고는 다시는 일어나지 않는 것이 은사 운동의 특징입니다.

그러나 말씀의 역사는 그렇지 않습니다. 말씀의 역사는 메마른 땅에 쏟아지는 소나기보다는 밭을 가는 일에 더 가깝습니다. 말씀은 한 사람 한 사람의 의식 속에 파고 들어가, 그 동안 하나님 없이 살아온 것이 얼마나 큰 죄이며 교만인지 하나씩 하나씩 가르쳐 주기 시작합니다. 이 경우에 병자가 벌떡 일어나는 식의 특별한 체험은 대개 나타나지 않습니다. 그러나 성령께서 능력 있게 말씀을 증거하시면 마음 깊은 곳에 죄의식이 일어나면서 온 영혼이 떨려옵니다. 그리고 나서 하나님의 용서를 경험하게 될 때 얼마나 큰 기쁨이 밀려오는지 모릅니다. 마음 속에 있는 미신과 무지가 사라져 갑니다. 내 앞에 하나님의 영광이 비치기 시작합니다.

이렇게 말씀을 통해 나타나는 성령의 역사는 은사 운동과 약간 차이가 있습니다. 말씀의 역사에 나타나는 특징은 은사 운동에 비해 지속적이라는 것입니다. 은사 운동은 이를테면 말씀 운동을 위한 준비 과정으로 생각하는 것이 좋겠습니다. 삼갈의 구원은 일종의 은사 운동이었습니다. 그는 말씀과 상관 없이 일시적인 능력으로 이스라엘 백성들을 위기에서 직접 구원하였습니다. 그러나 이것은 단회적인 일이었습니다.

　삼손도 은사 운동가라고 할 수 있습니다. 그는 말씀으로 이스라엘을 구원하지 않았습니다. 말씀 없이 성령이 주시는 괴력으로 구원했습니다. 그러나 그의 사역은 간헐적인 것이었습니다. 그는 성령이 임하셨을 때에는 굉장한 구원을 이루었지만 성령이 역사하지 않으실 때에는 자신의 도덕성조차 지키지 못했습니다.

　그 후에 등장하는 사무엘도 삼손과 똑같은 나실인이었고 성령의 사람이었습니다. 그러나 그는 철저한 말씀의 사람이었습니다. 성경에는 사무엘이 초능력을 발휘했다는 기록이 전혀 없습니다. 그러나 그는 계속적인 설교 사역을 통해 이스라엘에 공동체를 세웠고, 사울과 다윗 두 사람의 머리에 기름을 부음으로써 이스라엘 국가의 기초를 닦았습니다.

　성령의 직접적인 역사는 일종의 페니실린 주사로 생각할 수 있습니다. 즉 다 죽어 가는 사람에게 한 방 놓아서 정신을 차리게 하는 효과가 있다는 것이지요. 그러나 그것은 치료의 전부가 아닙니다. 이러한 성령의 직접적인 역사는 말씀의 역사로 나아가는 준비과정으로서 곧 소멸된다는 것을 알아야 합니다. 따라서 은사나 능력이 말씀을 가로막게 해서는 안 됩니다.

　저는 찬양을 하면서 중요한 경험을 할 때가 많습니다. 한번은 제가 몹시 상한 마음으로 예배에 간 적이 있었습니다. 그런데 그 교회 찬양 인도자가 굉장히 겸손하고 영감 있는 분이었습니다. 아주 조심스럽게 찬양을 인도하는데, 그의 인도에 따라 찬양을 하면서 제 마음의 상처가 치유되는 것을 느낄 수 있었습니다. 또 거의 불신자들이 모이는 바람에 찬양을 아는 이들이 없는 교회에 간 적도 있었는데, 거기에서도 찬양 인도자가 찬양을 가르쳐 주고 격려하면서 지혜롭게 복음적으로 인도하는 모습을 보았습니다.

그런데 찬양을 설교와 대등한 위치에 놓으려 하는 찬양 사역자들이 간혹 있습니다. 그들은 치유나 파송이나 축복이나 회개나 기도 같은 것들을 전부 찬양으로 하려고 합니다. 저는 이런 상황을 이해합니다. 그 동안 설교가 얼마나 무능하고 능력을 잃었으면 그렇게 무시하며 업신여기겠습니까? 그러나 그렇다고 해서 찬양으로 모든 것을 다 하려 들면 안 됩니다. 그것은 분명히 자기 위치를 벗어난 것입니다. 찬양 사역은 어디까지나 하나님의 백성들이 하나님을 찬양하는 일을 돕는 역할에 만족해야 합니다.

삼갈은 은사의 사람이었습니다. 그에 대한 기록이 짧은 것은 단 한 번 그 특별한 경험을 한 후에 원래의 평범한 자기 모습으로 돌아가 버렸기 때문입니다.

블레셋의 정체

블레셋은 어떤 족속이며 왜 이스라엘과 영원토록 원수가 될 수밖에 없었을까요? 블레셋 족속은 가나안 원주민이 아니었습니다. 그들은 크레타 섬에서 이주한 해양 민족이었습니다. 이스라엘 백성들이 애굽을 떠날 때와 거의 비슷한 시기에 그들은 크레타 섬을 떠나 가나안 땅으로 이주해 왔습니다.

중요한 것은 그들이 가나안 땅에 살긴 했지만 가나안 원주민들처럼 무지하지는 않았다는 것입니다. 그들은 그리스의 도시국가적인 사고방식을 가지고 있었습니다. 우리는 블레셋 사람들을 아주 무식하고 짐승 같은 사람들로 생각하기 쉬운데, 실제로는 그렇지 않았습니다. 블레셋은 다섯 도시국가로 이루어진 나라로서, 정치나 외교는 독자적으로 하면서도 종교나 전쟁은 힘을 합쳐서 함께 감당하는 대단히 근대적인 정치 형태를 띠고 있었습니다. 한마디로 이들은 인간의 가능성을 믿는 철저한 인본주의자들이었습니다.

이와 비슷한 그리스의 정신이 오늘날 올림픽 경기에 남아 있습니다. 올림픽 경기는 올림포스 산에서 성화를 채취하는 것으로 시작됩니다. 올림포스 산은 그리스의 신들이 모여 있는 곳입니다. 올림픽은 인간의 위대함과 가능성을 찬양하는 제전이요 축제입니다. 블레셋도 인간의 위대함을 믿는 나라였습니다. 물론 다곤이라는 물고기 신을 섬기고 있기는 했지만, 그 다곤 제전은 오늘날의 올림픽과 비슷한 운동경기 내지는 축제 같은 것이었습니다.

사실 세상적인 기준에서 보면 이스라엘 사람들만큼 매력 없는 민족이 없습니다. 그들은 여호와라는 신 때문에 아무것도 하지 못했습니다. 하나님 때문에 벌거벗고 운동도 못했고, 안식일에는 일도 못했으며, 전쟁도 제대로 벌이지 못했습니다. 이스라엘 백성들의 모든 삶을 지배하고 있는 분은 하나님이었습니다. 여기에도 하나님, 저기에도 하나님입니다. 하나님 없이는 아무것도 할 수 없는 사람들이 바로 이스라엘 백성들이었습니다.

그러나 블레셋은 모든 것의 중심에 인간의 위대함에 대한 신념이 있었습니다. 인간은 무한한 가능성을 가지고 있으며, 자기가 하고 싶은 것은 무엇이든지 할 수 있다는 것입니다. 그들에게는 죄라는 개념이 없었습니다. 배우지 못하고 환경이 나쁜 게 죄라면 죄일까, 인간 자체는 좋은 여건만 주어지고 서로 힘을 합치기만 하면 얼마든지 위대해질 수 있다는 것이 그들의 사상이었습니다.

신본주의 이스라엘의 가장 무서운 원수는 바로 이러한 인본주의 사상을 가진 자들이었습니다. 인본주의자들은 억눌리고 가난한 사람들에게 관심을 가지고 있을 뿐 아니라 도둑질을 한 사람이나 더러운 창녀짓을 한 사람에게도 관대합니다. 그러나 유독 '하나님 아니면 안 된다'는 사람들만 보면 그렇게 분노할 수가 없습니다. 이를 갈면서 덤벼들거나 어떻게 해서든지 비난하고 공격하지 않으면 견디지 못합니다. 인본주의자들이 제일 증오하는 사람이 바로 신본주의자들입니다.

그 이유가 무엇입니까? 신본주의 앞에서 인간은 설 곳을 잃기 때문입니다. 하나님 앞에서 인간의 가능성은 다 사라지고 맙니다. 그들은 모든 인간을 죄로 묶어 버리는 신본주의자들을 증오합니다. 그리고 자기 할 일은 하지 않고 기도만 하는 것을 비겁하고 무책임한 일로 생각합니다. 시간이 있으면 물건이라도 하나 더 팔아서 가난한 자를 도울 생각을 해야지, 수요일, 금요일, 일요일마다 교회 가서 기도만 하면 뭐하냐는 거예요. 인본주의자들은 가난한 사람을 돕는 것은 좋아하지만 하나님께 바치는 것은 굉장히 싫어합니다. 예수님의 발에 비싼 향유를 붓는 여자를 보면 화가 치밀어요.

인간적인 측면에서 보면 블레셋 사람들의 사고방식이 그렇게 멋있을 수가 없습니다. 성경의 시각에서 보면 블레셋이 죄인이지만, 인간적인 시각에서 보면 이스라엘이 종교 노예입니다. 우리가 그 당시에 살았다면 아마 블레셋 사람들의 사고방식이 훨씬 더 진보적이고 납득이 간다고 생각했을 것입니다.

이런 사상의 차이 때문에 블레셋과 이스라엘은 영원히 싸울 수밖에 없었습니다. 블레셋은 이스라엘을 보면 그렇게 답답할 수가 없습니다. 종교가 인간의 약한 부분을 감싸주고 실패한 부분을 격려해서 다시 일으켜 세워 주어야 의미가 있는 것이지, 오히려 인간이 종교에 예속되어서 아무것도 못한다는 것이 말이나 됩니까?

하지만 성경이 이야기하고 있는 것이 무엇입니까? 하나님은 결코 허수아비가 아니시라는 것입니다. 인간의 죄는 그렇게 간단한 문제가 아닙니다. 인간의 죄가 단순한 실수나 무지나 부족함을 뜻한다면, 굳이 하나님의 아들이 이 세상에 오셔서 십자가에 못박혀 죽으실 이유가 없습니다. 성경은 인간의 죄란 하나님과 원수 된 것으로서, 이 죄 문제를 해결받고 영혼을 구하려면 자기의 모든 가능성과 지식과 젊음을 부인하고 자기를 전적으로 하나님께 매어 놓아야 한다고 말합니다.

오늘날 기독교의 가장 무서운 적은 교회 안에 있습니다. 그 적은 예수를 믿더라도 자기를 부인할 필요는 없다는 사고방식입니다. '신앙은 나의 부족한 부분을 감싸 주고 격려해 주고 위로해 주는 것'이라고 생각하면서 자신은 결코 변하지 않으려고 하는 태도를 가진 사람들이야말로 십자가의 원수입니다. 그런 사람들은 죄를 지적하며 욕심을 버리라고 말하는 설교를 들으면 참을 수 없는 분노를 느낍니다.

이것은 블레셋화된 기독교라고 말할 수밖에 없습니다. 인간의 죄를 죄가 아니라 단순한 상처로 보면서, 이렇게 상처받은 사람들을 위로하고 격려해서 잘 살게 도와 주는 것이 교회가 할 일이라고 생각하는 기독교는 블레셋화된 기독교입니다. 오늘날 인간의 가능성을 추켜세워 주고 격려해 주는 교회에는 사람이 미어터지게 몰려듭니다. 그들의 시각에서 볼 때 울면서 죄를 고백하며 하나님의 능력을 의지해야만 살 수 있는 사람들은 종교 노예에 불과합니다. 예수를 꼭 그렇게 답답하게 믿어야 할 필요가 뭐가 있습니까?

이 세상의 시각으로 보면 블레셋이 이기게 되어 있습니다. 인간을 격려하고 힘을 북돋워 주는데 싫어할 사람은 아무도 없기 때문입니다. 그러나 그것으로는 결정적인 문제에서 이기지 못합니다. 죄를 이기지 못합니다. 도덕적인 타락을 해결하지 못합니다. 우리 안에 있는 죄의 본성은 굉장히 무서운 것입니다. 고춧가루 푼 콩나물국 한 번 끓여 먹으면 떨어지는 감기처럼, 눈물 한 번 쫙 빼고 나면 떨어져 나가는 간단한 문제가 아니에요. 죄에서 건짐을 받고 영혼을 구하려면 내가 가지고 있는 것들을 전부 버려야 합니다. 집이 있는 사람은 집이 없는 것처럼, 젊은 사람은 늙은 것처럼, 학식이 있는 사람은 무식한 사람처럼, 교회에 오래 다닌 사람은 초신자처럼 자기가 가진 것을 모두 십자가 위에 못박지 않으면 절대로 죄를 이길 수 있는 능력이 나오지 않습니다.

지속적으로 성령의 능력에 붙들리기 위해 우리는 무엇을 해야 합니까? 두 가지를 해야 합니다. 하나는 신앙의 공동체를 형성하는 것이고, 또 하나는 그 공동체가 말씀으로 지속적으로 자라 가는 것입니다. 사무엘의 운동이 바로 이런 것이었습니다.

삼손에게도 이런 공동체가 있었더라면 얼마나 좋았을까요? 그랬다면 들릴라의 유혹에 그렇게 쉽게 빠져들지 않았을 것입니다. 물론 삼손은 결혼을 해야 했습니다. 그러나 그는 지나치게 자신을 신격화했습니다. 그래서 이스라엘의 평범한 여자들 중에는 자기의 아내 될 사람이 없다고 생각했던 것 같습니다. 그에게 필요한 것은 평범한 여자였고 평범한 가정이었습니다. 그러나 그러기에 삼손은 너무 잘났고 너무 똑똑했습니다. 그는 자신의 능력을 과신한 나머지 아슬아

슬한 묘기대행진을 벌였습니다.

신앙적으로 자신이 없는 사람은 죄라면 아예 접근할 생각도 하지 않습니다. 그러나 자신이 있는 사람은 멸망의 경계선 가까이 왔다 갔다 하면서 재주를 부립니다. 아슬아슬한 지점까지 다가가서 손으로 살짝 건드려 보고 탁 떼는 거예요. 그러다가 언젠가 반드시 걸려드는 날이 옵니다. 삼손은 그 경계선에서 재주를 부리는 것이 곧 블레셋을 공격하는 일이라고 생각했습니다. 그러나 그는 자기 안에 죄에 대한 경각심이 사라지고 있는 것을 보지 못했습니다. 삼손에게 필요한 것은 교회였습니다. 그랬다면 누군가는 반드시 그의 문제를 지적해 주었을 것입니다. 그러나 그는 늘 특별했고 늘 혼자였기 때문에 혼자 묘기를 부리는 수밖에 없었습니다.

신앙생활에서는 평범한 것이 얼마나 힘있고 중요한 일인지 모릅니다. 이 힘은 도덕적인 힘입니다. 유별나게 믿는 것이 좋은 게 아니에요. 죄가 얼마나 무서운지 아는 자만이 하나님께 오래 사용될 수 있습니다. 자기 자신을 믿는 사람은 언젠가는 큰 소리를 내면서 무너지게 되어 있습니다. 오늘날 우리가 해야 할 일은 신실한 신앙의 공동체를 세우고 그 안에 자기 자신을 제한하는 것입니다. 자기 신화를 버리고 평범한 신앙으로 돌아오는 것입니다. 신앙의 공동체는 성령의 역사가 흘러나오는 샘입니다. 평범한 교회 안에서 영혼을 축이는 샘물이 흘러나옵니다.

또한 우리가 생각해야 할 것은 성령이 역사하시도록 하기 위해 우리 몸의 일부를 드려야 한다는 점입니다. 구약 시대의 나실인들은 술을 마시지 않았고 머리를 깎지 않았습니다. 여기에는 성령께 붙들리기 위하여 자기 몸의 사용을 제한한다는 의미가 담겨 있었습니다. 자기 하고 싶은 대로 다 하면서 어떻게 성령의 능력을 의지하겠습니까?

그리스도인들에게 가장 나쁜 것은 무언가에 깊이 빠져드는 것입니다. 술이나 담배는 물론이고 영화나 음악이나 세상적인 교제에 이르기까지 우리를 중독시키는 것은 무엇이든 좋지 않습니다. 그 자체는 죄가 아니더라도 나의 영혼을 중독시켜서 그것 없이는 살 수 없게 만드는 무언가가 있다면, 그것은 분명히 나에게서 성령의 능력을 빼앗아 가는 요소가 될 것입니다. 어떤 사람에게는 골프나 테니스가 그런 요소가 될 수 있고, 또 어떤 사람에게는 텔레비전이나 커피가 그런 요소가 될 수 있습니다. 믿지 않는 사람들이 볼 때 "저 사람은 도대체 무슨 재미로 살까?" 할 정도로 자신을 제한할 때 비로소 성령의 능력을 얻을 수 있습니다.

주님은 엄청나게 큰 일을 요구하시지 않습니다. 설사 요구하신다 해도 그렇게 큰 일은 우리가 감당하지 못합니다. 그러나 성령이 그렇게 존귀한 분이시라면 그가 언제라도 역사하실 수 있도록 준비해야 하지 않겠습니까? 쓰레기 같은 것들로 마음을 가득 채워 놓고 성령께 역사해 달라고 구하는 것은 그를 업신여기는 짓입니다.

이 세상과의 싸움은 무기나 사람 수에 달려 있지 않습니다. 학벌이나 돈에 달려 있지 않습니다. 오직 하나님의 성령이 임하실 때 우리는 상상할 수 없는 구원을 이룰 수 있습니다. 내가 아무리 병들어 있고 연약하다고 하더라도 성령이 임하시기만 하면 삼갈같이 이길 수 있습니다. 우리는 그 능력을 얻기 위해 신실한 공동체에 자신을 제한해야 하고 우리 몸의 사용을 제한하며 하나님께 간구해야 합니다.

하나님의 나라는 말에 있지 않고 능력에 있습니다. 신학을 공부한 사람은 공부하지 않은 것처럼, 학벌이 있는 사람은 학벌이 없는 것처럼, 집이 있는 사람은 집이 없는 것처럼, 자식이 있는 사람은 자식이 없는 것처럼 하나님 앞에 나아가야 합니다. 하나님은 아무의 기도나 들어 주시지 않습니다. 은혜를 구걸하는 사람, 사생결단하고 매달리는 사람의 기도를 들어 주십니다. 은혜 받는 일에 소극적이 되지 마십시오. 하나님의 은혜와 성령의 능력을 체험하는 일에서는 결코 소극적이 되어서는 안 됩니다. 그 은혜에 전심으로 달려드십시오.

8
주부 출신 사사 드보라

> ……그 때에 랍비돗의 아내 여선지 드보라가 이스라엘의 사사가 되었는데 그는 에브라임 산지 라마와 벧엘 사이 드보라의 종려나무 아래 거하였고……
>
> 사사기 4:1-10

    남자들은 군대에 입대하면서 심한 정체성의 혼란을 겪습니다. 지금까지는 대학생으로서 거의 무한대의 자유와 특권을 누리며 살았고, 성인의 대열에 끼어서 자신의 의사를 표현할 수 있었습니다. 그러나 입대와 동시에 이 모든 자유와 특권을 상실한 채 오직 다른 사람의 명령에만 절대적으로 복종해야 하는 위치로 전락하고 맙니다. 그때 가장 혼동되는 것이 '과연 내가 누구냐?', '나는 무엇을 하는 사람이며 무엇 때문에 존재하느냐?' 하는 문제입니다. 그래서 군대에서는 정신교육을 통해 '너희는 이 나라의 국방과 자유를 위해서 싸우는 사람들'이라는 정체성을 심어 주지요.

여성들의 경우에는 이런 정체성의 혼란기가 남자보다 더 길 수밖에 없습니다. 여성들은 결혼과 동시에 기존의 인간 관계나 지위를 잃고 오직 한 남자에게 예속되어 그 남자 중심으로 살게 되는 경우가 많기 때문입니다. 더우기 아이를 낳으면 그때부터는 아이 중심으로 모든 삶을 살게 되지요. 이런 점에서 보면 여성에게는 '자아'라는 것이 거의 없다고 해도 과언이 아닐 것입니다. 때때로 여성들은 직장을 갖는 것이 자기 정체성을 찾는 가장 좋은 길이라고 생각하기도 합니다. 그러나 자기 정체성을 찾는 길이 과연 그것밖에 없습니까? 그리스도인들은 과연 누구이며 무엇 때문에 존재합니까? 그리스도인 여성들은 누구이며 무엇 때문에 존재합니까?

사사기 4장은 이스라엘 백성들이 가나안 땅에 정착하고 난 후 찾아온 최대의 위기를 보여 주고 있습니다. 그 당시에 하솔 왕 야빈과 그의 군대는 이스라엘 북쪽 평지에 위치한 하솔에 본부를 두고, 이스라엘 백성들을 심하게 박해하고 있었습니다. 야빈은 철병거 900승과 시스라라는 강력한 군대장관을 거느리고 있었습니다. 야빈과 그의 군대장관 시스라는 이스라엘 백성들을 심하게 탄압하는 데서 그치지 않고, 아예 그들을 세상에서 멸절시키려는 계획을 세웠습니다.

하나님은 이 무서운 위기에서 이스라엘 백성들을 건져내는 일에, 놀랍게도 드보라는 평범한 주부 출신의 여선지자를 사용하셨습니다. 드보라는 여자라는 점 외에도 다른 사사들과 구별되는 점이 있습니다. 다른 사사들은 직접 자기 자신이 칼을 빼들고 적과 싸웠습니다. 그러나 드보라는 여자였기 때문에 직접 나가서 싸울 수 없었습니다. 그 대신 그는 말씀으로 잠자는 이스라엘 백성을 일깨워 그들이 과연 누구이며 그들이 되찾아야 할 존귀함이 무엇인지 가르침으로써 나가 싸우게 했습니다. 그 결과는 대승리였습니다.

그런 점에서 드보라는 오늘날 교회의 목회 원리를 누구보다 잘 보여 주는 사사라고 할 수 있습니다. 목회자는 교인들의 경제 형편이 어렵다고 해서 자기 돈을 빌려 주거나 학생들이 공부를 못한다고 해서 직접 영어나 수학을 가르쳐 주지 않습니다. 오직 말씀으로 그들의 잠자는 영혼을 일깨울 뿐입니다. 그러나 그 말씀을 믿고 나가서 싸울 때 어떻게 됩니까? 목사가 직접 돈을 빌려 주고 공부를 가르쳐 주는 것보다 훨씬 큰 승리를 교인들 스스로 얻게 됩니다.

이스라엘 백성들을 멸절시키려는 이 무서운 전쟁에서 그들을 승리하게 해 준 사람들은 다 여성이었습니다. 그들을 일깨워 준 사람도 여성이었고 무서운 적장 시스라의 머리를 박아 죽인 용사 야엘도 여성이었습니다. 더욱이 야엘은 이스라엘 사람도 아니었습니다. 이것이 의미하는 바가 무엇입니까? 하나님이 우리를 구원하시는 방법은 우리의 생각과 너무나도 다르다는 것입니다.

성경은 오늘 우리 하나님의 백성들에게 가장 중요한 것은 삶에 적용될 수 있는 하나님의 말씀이라고 이야기합니다. 그리스도인은 그 말씀으로 세상을 이길 수 있습니다. 특히 그리스도인 여성의 참 미덕은 지혜의 말씀으로 다른 사람을 격려하고 자극하여 영적인 전쟁을 싸우게 하는 데 있음을 오늘 말씀은 우리에게 보여 주고 있습니다. 드보라는 집안에만 있던 주부는 아니었습니다. 그는 '드보라의 종려나무'라고 불리는 곳에서 백성들에게 하나님의 말씀을 가르쳤습니다. 그러니까 그 나름대로 활동하던 여성이었던 것입니다. 그러나 야엘은 정말 평범한 주부였습니다. 하나님은 이 여성들을 사용하여 이스라엘에 큰 승리를 안겨다 주셨습니다.

이스라엘의 고질병

원래 '고질병'이란 쉽게 낫지 않고 두고두고 사람을 괴롭히는 병을 가리킵니다. 그런데 요즘은 어떤 사람이 쉽게 극복하지 못하고 매번 실패하고 넘어지는 문제를 흔히 '고질병'이라고 하지요. 4장은 이스라엘 백성들의 고질병을 지적하는 말로 시작되고 있습니다. "에훗의 죽은 후에 이스라엘 자손이 또 여호와의 목전에 악을 행하매"(4:1).

이스라엘 백성들은 하나님 앞에서 고질병을 가지고 있었습니다. 성경은 그것이 무엇인지 구체적으로 밝히고 있지는 않지만, 이스라엘 백성들이 위기에 처할 때마다 어김없이 '이스라엘 백성들이 여호와 목전에 또 악을 행했다'고 말씀합니다.

어떤 개인이든지 약한 부분이 있게 마련입니다. 어떤 사람은 술 때문에 중요한 상담을 망치는가 하면 친구 관계를 망칩니다. 또 어떤 사람은 노름 때문에 집을 날린 후 다시는 노름을 하지 않겠다고 맹세까지 하고서도 자기도 모르게 다시 노름에 빠져들기도 합니다. 또 남의 돈을 빌려서 탕진하는 바람에 큰 고생을 하고서도 여전히 돈 빌리는 일을 겁내지 않는 사람도 있고, 여자 문제로 난리를 치렀으면서도 얼마 지나지 않아 또 여자 문제에 빠지는 사람도 있습니다. 이런 것을 고질병이라고 합니다.

이런 고질병은 왜 생기는 것일까요? 그 사람 안에 정서적으로 유치한 부분이 있기 때문에 생깁니다. 다른 사람은 도저히 뚫고 들어갈 수 없는 자기만의 세계, 다른 사람의 존재를 인정하지 않고 자기 멋대로 하는 부분이 있기 때문에 생기는 거예요. 예를 들어 성장 과정에서 어떤 충격을 받은 후부터 다른 사람을 믿지 않고 자기만 믿게 됨으로써 정서적으로 성인으로 자라지 못한 사람에게서 이런 고질병이 나타납니다. 성장이란 남의 처지를 이해함으로써 자기 자신을 설득할 수 있게 되는 것입니다. 그런데 속에 유치한 부분이 있는 사람은 자기 설득이 되지 않아서 반복적으로 같은 문제에 빠져 죄를 짓습니다. 이런 고질병은 아무리 책을 많이 읽고 설교를 많이 들어도 없어지지 않습니다. 이것을 고치려면 다른 사람들의 구체적인 도움이 필요합니다. 자기 안에 있는 유치한 부분을 다른 사람들 앞에서 인정하고, 그것이 자기를 지배하지 못하도록 공개적으로 싸우는 과정이 필요합니다.

그런데 오늘 본문이 말씀하고 있는 것은 개인의 고질병이 아니라 이스라엘 민족 전체의 고질병, 즉 교회의 고질병입니다. 이스라엘 백성들이 반복해서 넘어지고 있는 문제가 무엇입니까? 그들을 넘어뜨리는 고질적인 병이 무엇입니까? 그 병은 하나님의 백성이 되는 과정과 관계가 있습니다.

믿는 자의 자녀로 태어났다고 해서 자동적으로 하나님의 백성이 되는 것은 아닙니다. 한 사람 한 사람이 각자 하나님의 말씀으로 거듭나야만 합니다. 예를 들어 아버지가 천연두 예방주사를 맞았다고 해서 자녀에게도 자동적으로 면역력이 생기는 것이 아닙니다. 한 사람 한 사람이 각자 주사를 맞아야 합니다. 마찬가지로 인간의 죄성은 아버지가 믿고 체험하고 할례를 받았다고 해서 자동적으로 해결되는 것이 아닙니다. 한 사람 한 사람이 각자 하나님의 말씀으로 변화되어야 합니다. 그러므로 교회가 가장 열심히 해야 할 일은 하나님의 말씀을 끊임없이 가르쳐서 그 한 사람 한 사람을 거듭나게 하는 것입니다. 그 일을 소홀히 한 채 10년 20년 지내다 보면 겉사람은 하나님의 백성이지만 속사람은 하나님을 전혀 모르는 이들이 점점 많아지게 되어 있습니다.

이스라엘의 문제가 바로 이것이었습니다. 이스라엘의 자녀로 태어나긴 했지만 말씀의 은혜는 전혀 모르는 사람들이 많았습니다. 이들의 특성은 하나님의 말씀을 좋아하지 않는다는 것입니다. 말씀으로 거듭난 자들은 말씀 듣기를 가장 좋아합니다. 그러나 진심으로 변화되지 못한 자들은 말씀 듣기를 싫어합니다. 말씀은 자기를 인정해 주지 않고 하나님만 높이기 때문에 말씀만 들으면 기분이 나빠요. 승진해서 기분 좋게 교회에 갔더니 "그래도 너는 죄인"이라고 합니다. 어려운 시험에 합격해서 뿌듯한 마음으로 교회에 갔더니 "그래도 너는 죄인"이라고 합니다. 화가 나서 들을 수가 없습니다.

게다가 말씀 없이 억지로 은혜를 받으려 하다 보니 우상적인 요소를 자꾸 예배 안에 도입하게 됩니다. 별 필요 없는 장엄한 의식들을 만들고 건물을 화려하게 꾸미고 이런저런 전통과 관습들을 만들어 냅니다. 왜 이렇게 합니까? 그런 것들마저 없으면 그야말로 아무것도 남지 않기 때문입니다. 즉 이 많은 의식과 전통들은 자신들에게 아무것도 없다는 사실을 가리기 위한 위장술에 불과합니다. 이들은 하나님의 일을 세상적인 방법으로 합니다. 아는 것이 세상에서 배운 것밖에 없기 때문입니다. 그래서 껍데기는 하나님의 백성이지만 속은 이방인입니다. 눈 가리고 아옹 하는 식의 장엄한 의식 외에는 하나님을 모르는 자들과 다를 바가 하나도 없습니다.

이스라엘 공동체가 끈질기게 해야 할 일은 하나님의 말씀으로 각 사람의 양심에 도전해서 진짜 하나님의 백성으로 거듭나게 하는 것이었습니다. 그들이 이 일을 조금이라도 소홀히 할 때에는 여지없이 이와 똑같은 문제가 나타나곤 했습니다.

그때마다 하나님이 하신 일이 무엇입니까? 그들을 특별히 붙들며 보호하던 손을 놓아 버리시는 것입니다. 하나님의 백성은 원래 하나님이 붙들어 주셔야만 살 수 있습니다. 하나님의 특별한 보호 없이는 세상에서 살 수가 없습니다. 그러나 세상의 사고방식을 가지고 세상 욕심에 따라 살 때, 다른 사람은 다 형통해도 하나님의 백성들은 어떤 일도 풀리지 않게 되어 있습니다. 하나님이 붙들고 있던 손을 놓으시기 때문입니다.

또한 하나님께서는 그들을 무지막지하게 고생하게 만드십니다. 하나님께서는 이스라엘 백성들을 무지막지한 가나안 왕 야빈의 손에 파셨습니다. 당연한 일입니다. 하나님이 붙드시지 않으면 그렇게 팔려가게 되어 있습니다. 이 세상은 항상 악한 방향으로 흘러가려는 성향을 가지고 있습니다. 그런데 평소에 그 방향으로 가지 않는 것은 하나님이 간섭하고 계시기 때문입니다. 그러나 하나님이 붙들고 있던 손을 놓으시면 다시 악한 방향으로 가게 되어 있습니다. 이것은 하나님의 징계입니다.

하나님께서 이런 좋지 않은 일들을 통해 이스라엘 백성들에게 가르치시는 것이 무엇입니까? 하나님의 도움 없이는 이 세상에서 단 하루도 살 수 없다는 것입니다. 내가 하루라도 이 세상에서 편안하게 살 수 있는 것은, 내 입에 밥이 들어오고 내 아이가 무사하게 학교에 다니고 있는 것은 내가 잘나고 똑똑해서가 아니라는 거예요. 나의 불순종과 교만에도 불구하고 하나님이 은혜의 손을 거두지 않고 간섭하고 계시기 때문이라는 것입니다. 하나님이 그 손을 거두시면 언제 어디서든지 문제가 터져나올 수 있습니다.

결국 교회가 하나님의 백성들을 돕는 가장 좋은 길이 무엇입니까? 계속 하나님의 말씀을 가르쳐서 절대적으로 하나님만 의지하게 만드는 것입니다. 하나님의 허락과 도움 없이는 아무것도 하지 않겠다고 결심하게 만드는 것입니다. 그리하여 하나님의 은혜의 손길이 그들을 떠나지 못하게 하는 것입니다. 이것이야말로 가장 편안하고 능력 있게 사는 길입니다.

가나안 왕 야빈의 학대

하나님께서는 고질병에 빠진 이스라엘 백성들을 가나안 왕 야빈의 손에 맡겨 학대받게 하셨습니다. "여호와께서 하솔에 도읍한 가나안 왕 야빈의 손에 그들을 파셨는데 그 군대장관은 이방 하로셋에 거하는 시스라요 야빈 왕은 철병거 900승이 있어서 20년 동안 이스라엘 자손을 심히 학대한 고로 이스라엘 자손이 여호와께 부르짖었더라"(4:2-3).

여호수아가 북쪽 가나안 땅을 침공할 때 가장 강력했던 적은 하솔 왕 야빈이었습니다. 그런데 시간이 많이 흐른 이때 이스라엘을 심히 박해하고 그것도 모자라 아예 멸절시키려 한 왕 또한 하솔에 도읍을 둔 야빈이었습니다. 물론 이 두 사람은 같은 인물이 아닙니다. 이 점에 대해 두 가지 추측이 있습니다. 하나는 '야빈'을 개인의 이름이 아니라 직책명으로 보는 것입니다. 다른 하나는 지금의 야빈이 옛날 야빈의 후계자를 자처하며 그가 도읍했던 곳을 재건하고 그의 이름을 빌렸다고 보는 것입니다. 저는 후자일 가능성이 크다고 봅니다.

이 야빈이라는 자는 막대한 힘을 가진 자로서 철병거가 900승이나 있었습니다. 이것은 변변한 무기 하나 없는 이스라엘 백성들에게는 가공할 만한 무력이었습니다. 야빈은 이스라엘 백성의 힘으로 도저히 극복할 수 없는 한계였습니다. 그런데 야빈은 이 무력으로 이스라엘을 심히 학대했다고 성경은 기록하고 있습니다. 이것은 상당히 강도 높은 단계의 핍박입니다.

이스라엘 주위의 적들이 그들을 핍박한 단계는 대략 네 가지로 나눌 수 있습니다. 가장 약한 단계가 '대적' 하는 것입니다. 이것은 관계가 좋지 못한 상태로서, 여차하면 전쟁 상태로 돌입할 잠재성이 있는 단계라고 볼 수 있습니다. 이보다 좀 높은 단계가 '억압' 하는 것입니다. 이것은 무력으로 지배하며 공물을 바치게 하는 단계입니다. 모압 왕 에글론처럼 이스라엘 백성들에게 정기적인 상납을 받는 것이지요. 이보다 좀더 높은 단계가 '학대' 하는 것입니다. 즉 야빈과 시스라처럼 수시로 철병거를 끌고 와 약탈하고 빼앗아 가는 것입니다. 여자도 빼앗아 가고 곡식도 빼앗아 가고 가축도 보이는 대로 다 빼앗아 가는 것입니다. 가장 강도 높은 단계는 '멸절' 하는 것입니다. 다시 말해서 이스라엘 백성을 단 한 명도 남김없이 싹쓸이하는 단계입니다. 이스라엘 백성들은 야빈과 시스라에게 학대받는 단계에 있었습니다. 그러나 드보라가 일어설 즈음에는 멸절의 단계까지 이르게 되었습니다.

　이스라엘 백성들은 핍박의 강도에 따라 기도의 자세가 달라졌던 것 같습니다. 대적당하는 단계에서는 그저 '유감 표명' 정도의 기도에 그칩니다. 주위 상황이 좋지 않게 돌아간다는 것이 유감스럽고 기분이 안 좋기는 하지만 그래도 눈물을 흘리거나 크게 부르짖지는 않습니다. 그러다가 주위 민족들의 억압으로 정기적으로 공물을 바치기에 이르면 '신세 한탄'의 기도로 변하게 됩니다. 기도 모임에 부쩍 사람이 늘어납니다. 이것은 근본적으로 죄를 회개해서가 아니라, 자기가 실컷 수고해서 얻은 것을 다른 사람이 다 가져가는 게 억울해서 모이는 것에 불과합니다. 그러나 하나님이 무엇을 원하시는지 찾을 생각은 이때까지도 없습니다.

　그들이 부르짖기 시작하는 것은 주위 민족들에게 학대를 받을 때부터입니다. 그때부터 눈에서 눈물이 흐르기 시작하고 입에서 간구가 나오기 시작합니다. 때로는 금식도 합니다. 그러나 진짜 믿음으로 금식한다기보다는 화가 나서 금식할 때가 많습니다. 제대로 된 금식은 내가 이 어려운 현실 앞에 얼마나 무능한가를 하나님 앞에 고백하는 것입니다. 마치 죽은 개가 음식을 먹을 자격이 없는 것처럼, 자신 또한 먹을 자격이 없는 전적으로 무능한 존재임을 고백하고 하나님의 도움을 간청하는 것이 금식의 원래 의미예요. 그런데 우리는 너무 화가 난 나머지 음식을 먹지 않을 때가 있습니다. 이렇게 "저 형편없는 인간들이 이렇게 저를 학대하는데도 제가 밥을 먹고 구차하게 살아야겠습니까?' 하면서 금식하는 것은 금식하는 게 아니라 도저히 이 상황을 용납할 수 없어 죽고 싶다는 마음으로 굶는 것이고, 하나님께 반항하는 것입니다.

그러나 '멸절'의 단계에 이르면 그야말로 다급해집니다. 하나님께서 불쌍히 여겨 주시는 것밖에는 살 길이 없습니다. 하나님이 시키시는 일이라면 무엇이든지 하겠다는 마음이 듭니다. 이럴 때 성질 급한 사람은 제 마음대로 서원을 해 버립니다. 살려 주시기만 하면 어떤 땅을 바치겠다든지 아이를 신학교에 보내겠다고 덜컥 서원합니다. 그랬다가 나중에 큰 어려움을 겪게 되지요. 그러나 하나님이 원하시는 것은 그런 거래가 아닙니다. 하나님께서는 우리가 그분께 좀더 시간을 드리고 그분이 어떻게 행하시는지 끝까지 믿음으로 지켜보기를 원하십니다.

오늘 본문은 야빈이 20년 동안 이스라엘 백성들을 심히 학대했기 때문에 그들이 하나님께 부르짖었다고 말씀하고 있습니다. 그 동안 그들은 이름만 이스라엘이었을 뿐 말씀으로 진정 거듭난 자들이 아니었습니다. 그러나 이 심한 고난은 머리로만 생각하고 귀로만 들었던 하나님을 전적으로 의지하며 자기 입으로 기도하는 기회가 되었습니다.

사람은 얼마나 교만한지 웬만큼 어려운 상황에서는 부르짖을 생각을 하지 않습니다. 계속 자기 머리를 굴리면서 인간적으로 빠져나갈 구멍을 찾지요. 더 구석으로 몰려야 비로소 눈에서 눈물이 나오고 입에서 부르짖음이 터져 나옵니다. 그것도 처음에는 자기 신세가 억울해서 웁니다. "내가 왜 이런 집에 태어나서 이 고생을 해야 하나", "내가 왜 이런 집에 시집와서 이런 고통을 받아야 하나" 하고 한탄하면서, 하나님을 원망하면서 울어요. 그러다가 고통의 기간이 좀더 길어지면 성질이 누그러들면서 정말 문제는 자기의 불신앙이라는 사실을 깨닫기 시작합니다. 그러면 기도 제목이 바뀝니다. "왜 나만 이렇게 어려울까?" 하는 것에서 "나는 왜 이렇게 믿음이 없는가, 나는 왜 자꾸 이런 죄를 반복해서 지을 수밖에 없는가?" 하는 것으로 바뀌게 돼요. 그러면 하나님이 역사하실 시간이 다 된 것입니다.

여자 사사 드보라

하나님께서 이 어려운 때를 대비하여 준비하신 사람은 주부 출신의 여선지자 드보라였습니다. "그때에 랍비돗의 아내 여선지 드보라가 이스라엘의 사사가 되었는데 그는 에브라임 산지 라마와 벧엘 사이 드보라의 종려나무 아래 거하였고 이스라엘 자손은 그에게 나아가 재판을 받더라"(4:4-5).

드보라에 대해서는 알려진 바가 거의 없습니다. 한 남자의 아내였는데 성령이 임하시자 말씀으로 이스라엘 백성들을 일깨웠다는 것이 전부입니다. 고대에는 여성이 사회적으로 할 수 있는 역할이 거의 없었습니다. 그런 시대에 한 남자의 아내인 평범한 여자에게 성령을 주서서 이스라엘 백성들을 가르치는 자로 삼으신 데에는 아주 중요한 의미가 있습니다.

여성 문제가 본격적으로 대두되었던 곳은 신약 시대의 고린도 교회였습니다. 사도 바울은 그들에게 보내는 편지에서 여자가 사람들 앞에서 가르치는 것이 좋지 않다는 결론을 내렸습니다. 또 여자는 물을 것이 있을 때 여러 사람 앞에 나서서 질문하거나 따지지 말고 집에 가서 남편에게 조용하게 물으라고 했습니다. 여성 신학자들은 이것을 놓고 바울을 비판하곤 하는데, 이것은 여성이 하나님의 말씀을 절대 가르칠 수 없다거나 여성에게는 성령이 주시는 지혜가 없다는 뜻이 아닙니다. 바울은 여자들이 교회 안에서 설치는 현상을 이교도의 영향으로 보았던 것 같습니다. 그 당시 이교도들의 사원에는 '거룩한 여자'라고 불리는 여사제들이 있었는데, 그들은 고급 창녀였습니다. 그래서 고린도 사람들은 여자가 신전이나 사원에서 판치는 것을 당연시했고, 교회에 있는 여성도들도 그들처럼 함부로 대하려는 경향이 있었습니다. 바울은 그런 오해를 받지 않기 위해 여자는 머리에 수건을 쓰는 것이 좋으며, 교회 안에서 너무 나서지 않는 것이 좋겠다고 조언했던 것입니다.

그리스도인 여성에게 가장 중요한 것이 있다면 바로 지혜의 말씀과 영적인 분별력입니다. 남편들은 결정적인 순간이 닥쳤을 때 아내에게 영적인 분별력을 구합니다. 여성이라고 해서 남을 가르칠 수 없는 것이 아닙니다. 대중적인 설교를 하는 데에는 한계가 있을지 몰라도, 개인적인 상담의 영역에서는 탁월한 능력을 발휘할 수 있습니다. 중요한 문제가 닥쳤을 때 사람들을 바로 일깨우는 것은 그리스도인 여성의 가장 중요한 미덕입니다.

4장 5절은 드보라가 "드보라의 종려나무"라고 불리는 곳에서 재판을 했다고 기록하고 있습니다. 이 재판은 법적인 제재력을 갖는 재판이 아니라, 하나님의 말씀을 사람들의 어려운 상황에 구체적으로 적용시켜 주는 재판이었습니다. 요즘 말로 한다면 '상담'과 비슷합니다. 우리는 예언을 단순히 '미래를 예고하는 말'로 생각해서는 안 됩니다. 예언이란 말씀을 오늘의 삶에 구체적으로 적용시켜 주는 것입니다. 교인들이 주일에 교회에 나와 예배드리면서 말씀을 듣는 것은 단순히 어떤 교리나 성경 해석을 배우기 위해서가 아닙니다. 자신들의 구체적인 삶에 적용될 수 있는 살아 있는 말씀을 듣기 위해서입니다.

우리는 드보라에게서 아주 중요한 목회의 원리를 발견하게 됩니다. 드보라는 이스라엘 백성들의 어려움에 직접 뛰어들지 않았습니다. 우리는 어려움에 빠져 있는 사람들을 보면 직접 뛰어들어 도와 주고 싶을 때가 많습니다. 돈 때문에 고생하고 있는 사람이 있으면 돈을 주고 싶습니다. 아픈 사람이 있으면 고쳐 주고 싶습니다. 공부 때문에 힘들어하는 학생이 있으면 불러다가 가르쳐 주고 싶고, 집 없는 사람이 있으면 집을 여러 채 지어 빌려 주고 싶습니다. 우리는 이렇게 그들의 어려움에 직접적인 도움을 주고 싶을 때가 많습니다.

우리가 지금까지 본 사사들은 바로 그렇게 직접적인 도움을 준 사람들이었습니다. 옷니엘과 에훗은 직접 칼을 들고 이스라엘을 괴롭히는 대적들과 싸움으로써 이스라엘 백성들을 어려움에서 건져 냈습니다. 요즘 식으로 말하자면 사회 현장에 뛰어들어서 굶는 사람들에게 밥을 먹여 가며 설득하고 선동했던 사람들이었던 것입니다. 우리는 이런 사람들에게 주목합니다. 그들이 가르치는 말과 행동이 일치한다고 생각하기 때문입니다.

그러나 드보라는 그렇게 하지 않았습니다. 그는 드보라의 종려나무 아래서 가난한 자들에게 밥을 주거나 빨래를 해 주지 않았습니다. 그가 한 일은 오직 말씀으로 한 사람 한 사람을 일깨우는 것이었습니다. 이스라엘 백성들에게 다 된 밥을 먹여 준 것이 아니라, 자기가 직접 뛰어들어서 그들의 어려움을 해결해 준 것이 아니라, 말씀을 가르쳐 그들 스스로 자기 발로 일어나 싸워서 승리를 얻게 한 것입니다.

오늘날 자신의 어려움을 교회가 직접 해결해 주기를 바라는 사람들이 많습니다. 아마 사업을 하는데 돈이 없어서 쩔쩔매고 있는 사람에게 교인들이 돈을 거두어 준다면, 정말 사랑이 많은 교회라고 하면서 감격할지도 모릅니다. 반면에 말씀만 전하면서 나머지는 스스로 알아서 하라고 말한다면, 정말 인정머리 없고 무책임하고 사랑 없는 교회라고 생각하기 십상이지요. 그러나 이것이 하나님의 원리입니다. 하나님께서는 그의 말씀을 듣고 우리 자신의 발로 일어서기를 원하십니다. 우리는 남이 나를 행복하게 해 주기를 바랄 때가 많습니다. 그러나 우리 발로도 충분히 일어설 수 있습니다. 말씀을 들었으면 그때부터 스스로 싸움을 시작해야 합니다. 하늘만 쳐다보면서 "누가 내 입에 감 안 넣어 주나?" 하고 아무리 기다려도 감 넣어 줄 사람 아무도 없습니다. 요즘은 남의 입에 들어가고 있는 감도 빼먹는 시대예요.

바른 목회의 원리는 말씀을 가르쳐서 본인들이 믿음으로 자신의 문제와 싸워 승리하게 하는 것입니다. 드보라는 직접 칼을 들고 싸운 전사가 아니라, 각 사람을 일으켜 세워 스스로 싸우게 만든 코치였습니다. 그는 남편이 있는 여자였고, 아마 자녀들도 있었을 것입니다. 그에게는 돈도 없고 힘도 없었습니다. 그러나 말씀으로 이스라엘 백성들의 잠자는 영혼을 깨움으로써, 하나님의 약속이 무엇이며 그들이 거기에서 얼마나 멀어졌는지, 그리고 그 원인이 무엇인지 깨우칠 수 있었습니다.

하나님께서는 야빈에게 약탈이나 당하라고 그들을 애굽에서 불러내신 것이 아닙니다. 그들은 자신들의 이 무능하고 무기력한 상태에 대해 가슴을 쳐야 했습니다. 단지 목숨만 부지하고 사는 것에 만족해서는 안 되었습니다. 그들에게는 존귀한 삶과 풍성한 삶이 약속되어 있었습니다. 이 약속을 되찾았을 때 그들에게는 시스라의 철병거 900승보다 더 큰 힘이 생겼습니다.

오늘 말씀에는 아주 중요한 사실이 하나 나옵니다. 드보라는 아비노암의 아들 바락을 불러서 납달리와 스불론 사람 10,000명을 모아 야빈의 군대와 싸우라고 말합니다. "드보라가 보내어 아비노암의 아들 바락을 납달리 게데스에서 불러다가 그에게 이르되 '이스라엘 하나님 여호와께서 이같이 명하지 아니하셨느냐? 이르시기를 너는 납달리 자손과 스불론 자손 10,000명을 거느리고 다볼 산으로 가라. 내가 야빈의 군대 장관 시스라와 그 병거들과 그 무리를 기손 강으로 이끌어 네게 이르게 하고 그를 네 손에 붙이리라 하셨느니라'"(4:6-7).

이것은 아주 구체적인 하나님의 말씀이었습니다. 하나님께서는 이스라엘 백성들에게 그들의 존귀함과 풍성함을 되찾으라고 하셨습니다. 무엇이 그들을 이 축복에서 멀어지게 했는지, 무엇이 그 기쁨을 빼앗아 갔는지 깨닫고 그 축복과 기쁨을 되찾으라는 것입니다. 그리고 바락은 10,000명의 군사를 이끌고 그들과 싸우러 가라는 것입니다.

이것은 드보라의 말이 아니라 하나님의 말씀이었습니다. 그런데 바락의 눈에는 시스라의 철병거 부대가 너무 막강해 보였습니다. 그는 도저히 혼자 힘으로 전쟁을 치를 자신이 없었습니다. 그래서 조건을 달았습니다. "바락이 그에게 이르되 '당신이 나와 함께 가면 내가 가려니와 당신이 나와 함께 가지 아니하면 나는 가지 않겠노라'"(4:8).

바락의 마음이 왜 갑자기 약해졌을까요? 물론 바락도 머리로는 하나님이 함께하시면 이길 수 있다는 것을 알고 있었습니다. 그러나 현실을 고려할 때 도저히 감당할 자신이 없었습니다. 그래서 드보라가 함께 가야만 자기도 가겠다고 했습니다. 드보라가 있어야 하나님께서 이스라엘 백성들을 더 불쌍히 여기시며, 드보라가 있어야 백성들의 마음도 더 단결될 것이라고 생각했기 때문입니다. 다시 말해서 자기 힘으로는 도저히 이길 수 없으니, 드보라의 권위와 영력을 빌려 달라는 것입니다.

왜 이것이 문제가 될까요? 드보라는 하나님의 말씀만 가지고 나가라고 했습니다. 그러나 바락은 말씀만 믿을 수 없었기 때문에 드보라를 끌어들이려 했습니다. 그러자 드보라가 아주 무서운 이야기를 합니다. "가로되 '내가 반드시 너와 함께 가리라. 그러나 네가 이제 가는 일로는 영광을 얻지 못하리니 이는 여호와께서 시스라를 여인의 손에 파실 것임이니라' 하고 드보라가 일어나 바락과 함께 게데스로 가니라"(4:9).

사람들은 무언가 더 큰 권위를 등에 업으면 하나님께서 더 잘 도와 주실 것이라고 생각합니다. 그래서 심방을 받아도 부목사보다는 담임목사가 오기를 바랍니다. "부목사님이나 전도사님이 열 번 심방하는 것보다 담임목사님이 한 번 심방해 주는 편이 더 능력 있다"고 말하는 사람도 있고, "평신도가 열 번 기도하는 것보다 목회자가 한 번 세게 기도하는 편이 더 영력 있다"고 말하는 사람도 있습니다. 그러나 사람은 모두 하나님이 사용하시는 도구에 불과합니다. 하나님이 원하시면 어떤 사람을 통해서든 역사하실 수 있습니다.

말씀만 붙잡지 못하고 드보라라는 사람을 전쟁에 끌어들임으로써 인간적인 요소를 추가시키려고 했을 때, 바락은 결정적인 상을 놓치게 되었습니다. 전쟁은 바락이 치렀지만, 시스라를 잡는 가장 중요한 공은 다른 한 여자에게 돌아가고 만 것입니다. 바락이 이렇게 상을 놓친 이유가 무엇입니까? 하나님이 말씀하시는 것이 너무나 큰 축복이고 은혜임에도 불구하고 그것으로 만족하지 못하고 눈에 보이는 사람의 권위를 등에 업으려고 했기 때문입니다.

오늘날 교인들은 말씀만 듣는 것에 만족하지 못하는 경향이 있습니다. 말씀도 듣긴 듣지만, 개인적인 관심도 보여 주기를 원합니다. 자기 머리에 손을 얹고 한 번 세게 기도해 달라는 거예요. 하나님께서 나에게 무엇이라고 말씀하시는가를 가장 중요하게 생각하는 것이 아니라 인간적인 관심과 친분 관계를 얻고 싶어하는 것입니다. 그런데 그 바람이 채워지지 않으면 욕을 하면서 돌아서는 것이 인간적인 관계의 특징입니다.

물론 인간에게 의지할 경우에도 하나님이 축복하시면 어려움에서 승리할 수 있습니다. 그러나 그 승리는 그의 것이 되지 못할 것이며, 그는 그 좋은 결과로 인해 하나님께 더 나아가거나 더 풍성한 은혜의 자리로 나아가지 못할 것입니다. 왜 그렇습니까? 말씀으로만 만족하지 못하고 인간적인 위로나 권위를 추가하려고 했기 때문입니다. 하나님께서 말씀하시면 그것만 붙들어야 합니다. 그렇지 않고 다른 것을 추가하면 하나님의 약속은 이루어져도 그 축복은 나의 것이 되지 못합니다. 기도의 응답을 받아도 내 믿음에는 아무 도움이 되지 못합니다. 수고는 내가 해도 상급과 축복은 말씀만 붙든 다른 사람에게 돌아갈 것입니다.

이 세상 사람들이 가장 교만해질 때 나타나는 현상이 무엇입니까? 하나님의 백성들을 약탈하는 데 만족하지 못하고, 아예 그들을 제거하려고 하는 것입니다. 세상 사람들은 하나님을 믿는다는 자들이 눈앞에서 어른거리는 꼴을 눈 뜨고 봐 주지 못합니다. 그래서 그들을 멸절시키려고 자기들이 가진 힘을 다 모아 전쟁을 일으키려 합니다. 철병거 900승을 가지고 결전을 치르려고 몰려듭니다. 이것이 바로 야빈과 시스라의 군대가 하려고 했던 일입니다.

오늘 말씀만 보면 바락의 군대가 10,000명이나 모였기 때문에 시스라의 군대가 쳐들어온 것 같습니다. 그러나 그렇지 않습니다. 야빈과 시스라 사이에는 이스라엘을 제거하자는 모의가 이미 있었습니다. 이번에는 단순히 약탈만 할 것이 아니라 전부 멸망시키자는 모의를 하고 므깃도 들판에 몰려든 것입니다. 그러나 하나님께서는 이 사실을 미리 아시고 여사사 드보라를 준비시키셨습니다. 원수들이 자기들의 힘을 다 모아 하나님의 백성을 공격하는 그 순간은 곧 그들 자신이 망하는 순간입니다. 그들은 반드시 멸망하게 되어 있습니다.

눈앞에 나타난 세력만 보면 두려워서 감히 전쟁을 감당할 수 없을 것 같은 생각이 듭니다. 이런 전쟁을 한다는 것 자체가 '불가능한 임무'로 느껴집니다. 그러나 그렇다고 해서 여기에 무슨 조건을 달아서는 안 됩니다. 하나님의 말씀이 "할 수 있다"고 하시면 그렇게 믿어야 합니다. 그렇게 하지 않고 거기에 무슨 신비적인 요소나 인간적인 요소를 가미해서 믿으려고 하면, 이기기는 해도 그 축복은 다른 사람의 것이 되어 버립니다.

하나님의 백성은 가장 어려운 임무가 자기에게 주어진 것을 기뻐해야 합니다. 그것이 곧 축복을 받는 길이기 때문입니다. 말씀 하나만을 붙들고 가장 어려운 임무를 감당해 낼 때 상급이 있습니다. 그렇지 않으면 수고는 실컷 해 놓고서도 막상 상이 주어지는 순간에는 구경꾼 노릇밖에 할 수 없습니다.

요즘 많은 그리스도인들에게 나타나는 현상은 어떻게 해서든지 편하게 믿으려 하는 것입니다. 다른 누군가가 자기를 행복하게 해 주기만을 바라고 있어요. 그런 신앙에는 상이 없습니다. 우리에게 말씀만 있으면 얼마든지 세상을 이길 수 있습니다. 말씀이 있는데 무엇을 두려워합니까?

사랑하는 성도 여러분, 잠에서 깨어나십시오. '내가 이런 어려운 상황에 처한 것이 축복이구나. 하나님이 나를 통해 무엇인가를 보여 주려고 하시는구나. 이렇게 평범한 사람에게 이런 어려운 일을 주시는 것을 보니 하나님이 정말 나에게 복을 퍼부어 주시려고 하는구나' 하고 기뻐해야 합니다. 눈앞에 시스라의 철병거 900승이 몰려왔다 해도 믿음으로 일어서야 합니다. 어차피 치러야 할 싸움이라면 용감하게 부딪쳐서 싸우십시오. 오늘날 그리스도인들은 전투의욕이 없습니다. 아예 싸우려고 하지를 않습니다. 고난이 오면 다 무너져 버립니다. 그러나 고난은 굉장히 귀한 것입니다. 복받을 기회예요. 바락처럼 시스라의 철병거에 움츠러들어서, 자기가 싸워야 할 싸움에 드보라를 끌어들이지 마십시오.

하나님께서 가장 무서운 위기에서 이스라엘을 건지는 데 사용하신 사람은 평범한 주부 출신 드보라였습니다. 그는 여선지자라고 해서 혼자 산에서 기도하며 몇십 년씩 보낸 여자가 아니었습니다. 남편이 있고 아이가 있는 평범한 주부였습니다. 그러나 그에게 하나님의 말씀이 임하자, 그 말씀 하나로 이스라엘을 20년의 깊은 잠에서 깨울 수 있었습니다. 20년 간 추운 겨울만 계속되던 동토의 땅에 봄을 불러올 수 있었습니다.

우리에게 필요한 것은 하나님의 말씀입니다. 거기에 다른 것을 추가하면 상을 잃어버립니다. 돈도 없고 힘도 없어도 말씀 하나로 일어서는 것만이 복받는 길입니다. 아무도 나에게 거저 행복을 가져다주지 않습니다. 말씀을 붙들고 일어나 나 스스로 싸워야 합니다. 우리는 이것도 가지고 저것도 가지려 하기 때문에 영광을 얻지 못합니다. 딱 하나, 말씀만 붙들어야 합니다.

오늘 우리를 살리는 것은 돈이 아닙니다. 넓은 집이 아닙니다. 싸움을 시작하는 그 정신입니다. 우리가 무엇 때문에 삽니까? 말씀 하나로 싸우려고 사는 것입니다. 돈이 있어도 없는 것처럼 생각하십시오. 학벌이 있어도 없는 것처럼 사십시오. 재주가 있어도 없는 것처럼 여기십시오. 그리고 가장 어려운 상황으로 하나님이 나를 몰아넣으실 때 기뻐하십시오. 우리는 이길 수 있습니다. 하나님이 우리에게 주신 영광과 존귀가 어떤 것인지 말씀으로 되찾을 때, 철병거 900승보다 더 강력한 힘이 나타날 것입니다.

9
이방 여자 야엘의 승리

> ……헤벨의 아내 야엘이 장막 말뚝을 취하고 손에 방망이를 들고 그에게로 가만히 가서 말뚝을 그 살쩍에 박으매 말뚝이 꿰뚫고 땅에 박히니 시스라가 기절하여 죽으니라……
>
> 사사기 4:11-24

얼마 전에 북한의 잠수정이 동해안으로 침투했다가 좌초한 사건이 있었습니다. 간첩들은 잠수정을 버리고 도망을 쳤는데, 그 중에 상당한 숫자가 해변 가까운 곳에서 자살했습니다. 이것은 일종의 위장이었습니다. 전부 죽은 것처럼 보이게 해 놓고, 실제 공작원들은 시간을 벌어 북으로 도망치기 위해 이런 자살극을 벌인 것입니다. 그러나 이러한 시도는 한 간첩이 체포됨으로써 실패로 돌아가고 말았습니다. 그는 농가에 들어갔다가 한 여인의 슬기로 체포되었습니다. 그 여인은 수상한 사람을 발견하자 "송이버섯을 따러 왔지요?" 하면서 안심을 시킨 후에 경찰에 연락하여 생포하게 했습니다. 경찰은 그를 통해 자살한 자들이 전부가 아니라 진짜 공작원들이 더 있다는 사실을 알아 냈고, 포위망을 구축해서 나머지 간첩들을 추격했습니다. 이 간첩을 잡지 못했더라면 전부 자살한 줄 알고 추격을 느슨하게 했을지도 모릅니다.

사사기 4장 후반부는 하솔 왕 야빈과 이스라엘이 격돌하는 현장을 보여 줍니다. 이것은 이스라엘이 과연 이 세상에 존재할 수 있느냐, 아니면 멸절될 것이냐를 결정짓는 가장 중요한 전쟁이었습니다. 하나님께서는 야빈의 군대가 철병거 900승을 가지고서도 이스라엘을 이기지 못하게 하셨습니다. 하나님은 그들의 철병거를 쓸모 없게 만드셨습니다. 시스라의 군대는 이스라엘 사람들에게 철저하게 패배당했습니다.

그러나 가장 중요한 승리는 한 이방 여자에게 돌아갔습니다. 그 여자는 모세의 장인인 호밥의 후손 야엘이었습니다. 야엘은 이스라엘의 가장 무서운 원수인 시스라의 머리를 말뚝으로 박아 죽임으로써 이스라엘 백성을 악의 세력에서 구원했습니다. 하나님께서는 이때 이미 이방인들에 대한 계획을 가지고 계셨습니다.

호밥의 후손들

4장 11절은 갑자기 모세의 장인 호밥의 자손들에 대해 언급합니다. "모세의 장인 호밥의 자손 중 겐 사람 헤벨이 자기 족속을 떠나

게데스에 가까운 사아난님 상수리나무 곁에 이르러 장막을 쳤더라."

40년 동안 광야를 여행할 때 이스라엘 백성들만 홀로 여행한 것이 아니었습니다. 40년 내내 그들과 동행했던, 아주 다정한 광야의 벗이 있었습니다. 그들은 바로 모세의 장인 이드로(호밥)의 후손인 겐 족속이었습니다. 이드로는 원래 제사장이었지만 제대로 된 제사장이 아니었습니다. 일종의 사이비 제사장이었다고 생각하면 좋을 것입니다. 그러나 그는 사위 모세가 하나님의 능력으로 이스라엘 백성들을 애굽에서 이끌어 내서 홍해를 육지처럼 건넌 사건에 굉장히 깊은 관심을 가졌습니다. 그래서 광야에서 모세를 만나 하나님께서 행하신 일을 들은 후 계속해서 이스라엘 백성들과 동행했습니다.

이처럼 겐 족속이 이스라엘 백성들을 따라온 것은 무슨 특별한 이유가 있어서가 아니었습니다. 어차피 그들은 유목민이었기 때문에 자기 땅이 없었습니다. 어디를 가든지 그들의 형편은 달라질 것이 없었습니다. 그런데 그들이 특별히 이스라엘 백성들을 따라온 것은, 이스라엘 백성들과 함께 다니면 비록 찌꺼기라 하더라도 하나님의 은혜를 얻어먹을 수 있기 때문이었습니다. 작은 어선을 타고 가다 보면 갈매기들이 따라오는 모습을 볼 수 있습니다. 갈매기들은 왜 자꾸 배를 따라오는 것입니까? 음식 찌꺼기를 얻어먹을 수 있기 때문입니다. 이 갈매기들은 망망대해를 건너가는 배의 친구 역할을 합니다.

겐 족속이 바로 그런 역할을 했습니다. 그들은 거의 풀 한 포기 없는 넓은 광야에서 40년 동안이나 이스라엘 백성들의 길동무가 되어 주었습니다. 그러면서 만나를 얻어먹기도 하고 모세가 전하는 율법의 말씀을 얻어듣기도 했습니다. 이를테면 복음을 구걸하는 영적인 거지였던 셈입니다. 그들은 하나님의 말씀을 일부라도 얻어듣기 위해 그 넓은 광야를 계속 따라오면서 이스라엘 백성들과 동행했습니다.

누가복음 16장 19절 이하에는 부자와 거지 나사로의 비유가 나옵니다. 성경은 이 거지에 대해 "부자의 상에서 떨어지는 것으로 배를 불리려 하매 심지어 개들이 와서 그 헌데를 핥더라"고 말씀하고 있습니다. 무슨 뜻입니까? 예수님 당시의 이방인이나 사마리아 사람들, 혹은 죄인 취급을 당하던 사람들은 하나님의 말씀을 당당하게 배우지 못했습니다. 그들은 상에서 떨어지는 부스러기 은혜나 겨우 주워먹는 처지였습니다. 그들은 은혜의 정규 회원이 되지 못한 채, 이 괄시 저 괄시 다 당하면서 은혜의 찌꺼기를 얻어먹기 위해 회당에 참석하던 자들이었습니다. 그런데 하나님께서는 어떻게 하셨습니까? 바리새인들이나 예루살렘의 유대인들처럼 하나님의 엄청난 말씀을 듣고서도 날마다 자기 만족에 빠져 지내는 정규 회원들을 다 내쫓아 뜨거운 지옥으로 보내시고, 그 대신 은혜를 구걸하던 자들을 하나님 나라의 주인공으로 삼으셨습니다. 그래서 예수님께서는 하나님 나라에서는 먼저 된 자들이 나중 되고 나중 된 자들이 먼저 될 것이라고 여러 차례 말씀하신 바 있습니다.

정규 회원들의 특징이 무엇입니까? 하나님의 말씀을 듣고서도 그것이 귀한 줄 모른다는 것입니다. 그들은 은혜를 받았으니 세상적인 욕심도 더 채워야겠다고 생각합니다. 말씀을 주셨으니 돈도 주고 결혼도 시켜 주고 집도 달라는 것입니다. 하나님은 이런 자들을 싫어하십니다. 참으로 은혜 받은 사람이라면 말씀을 들으면 들을수록 더 은혜에 갈급해하는 것이 마땅합니다.

겐 족속은 말씀의 찌꺼기라도 얻어먹으려고 불타는 사막을 40년이나 따라왔습니다. 하나님께서는 이 겐 족속의 한 여인을 통해 영광을 받으심으로써 이스라엘 백성들을 향해 "너희가 내 나라의 정규 회원이라고 해서 교만하게 은혜를 즐기고 있는데, 나의 진짜 축복은 은혜를 구걸하는 이런 사람들에게 돌아갈 것이다"라고 말씀하고 계십니다. 하나님의 말씀을 주워듣는 자들의 자세는 아주 결사적입니다. 혹시라도 쫓겨날까 두려워서 애걸하며 듣습니다. 그러나 정규 회원들은 말씀을 듣는 데 여유가 있을 뿐 아니라 말씀보다는 다른 데 관심이 많습니다. 하나님은 그들을 내쫓으시고 야엘 같은 겐 족속에게 하나님 나라의 가장 중요한 일들을 맡기실 것입니다.

이 겐 족속들은 왜 이스라엘 족속으로 귀화하지 않았을까요? 아마 자신들에게는 그럴 만한 자격이 없다고 생각했던 것 같습니다. 그들은 말씀의 찌꺼기를 얻어먹는 것으로 만족했습니다. 또 한편으로 그들은 삶의 방식을 바꾸고 싶지 않았던 것으로 보입니다. 그들은 도시생활을 싫어했습니다. 그들은 그런 식으로 변질되는 것이 싫어서 끝까지 유목민으로 남고자 했습니다. 그러나 그들의 마음은 이스라엘을 사모했고, 은혜의 지극히 작은 부분을 맛보는 것으로 만족하고 감사했습니다.

므깃도의 전쟁

므깃도의 전쟁은 지금까지 가나안 족속들과 싸웠던 전쟁들과는 그 성격이 완전히 달랐습니다. 이것은 과연 이 불신의 시대에 하나님의 백성이 존재할 수 있느냐 없느냐를 결판내는 아주 중요한 싸움이었습니다.

"아비노암의 아들 바락이 다볼 산에 오른 것을 혹이 시스라에게 고하매 시스라가 모든 병거 곧 철병거 900승과 자기와 함께 있는 온 군사를 이방 하로셋에서부터 기손 강으로 모은지라. 드보라가 바락에게 이르되 '일어나라! 이는 여호와께서 시스라를 네 손에 붙이신 날이라. 여호와께서 너의 앞서 행하지 아니하시느냐?' 이에 바락이 10,000명을 거느리고 다볼 산에서 내려가니"(4:12-14). 다볼 산은 므깃도에 있는 제법 높은 산입니다. 이 말씀만 보면, 마치 바락이 군사 10,000명을 거느리고 야빈의 군대를 대적한다는 정보가 먼저 들려 왔기 때문에 시스라의 군대가 이를 진압하기 위해 기손 강 쪽으로 군사를 모은 것 같습니다. 그러나 이 싸움은 우연히 벌어진 싸움이 아니라 이미 오래 전부터 계획된 싸움이었습니다.

이후로 므깃도의 전쟁은 악의 세력이 이 세상에서 하나님의 백성들을 내쫓기 위해 대적하는 모든 전쟁의 모델이 됩니다. 요한계시록 16장 16절은 사탄이 악한 왕들을 불러모아 하나님의 백성들을 대적할 텐데, 그들이 모이는 곳의 이름은 "히브리 음으로 아마겟돈"이라고 말씀하고 있습니다. "아마겟돈"은 '므깃도의 산'을 뜻하는 히브리어 '할 므깃도'의 헬라식 발음입니다. 다시 말해서 아마겟돈은 므깃도의 산, 즉 다볼 산을 의미합니다. 다볼 산의 싸움은 드보라와 바락에게 아마겟돈 전쟁이었습니다. 시스라의 군대가 철병거 900승을 끌고 기손 강으로 온 이유는 이스라엘 백성들에게 반항의 기미가 보였기 때문이 아닙니다. 그들은 단지 이스라엘을 지배하는 데 만족하지 못하고 그들을 아예 없애려는 계획을 이미 오래 전부터 세우고 있었습니다. 그래서 하나님께서 드보라를 통해 미리 준비시키셨던 것입니다.

신앙생활 하는 데 가장 힘든 문제가 무엇입니까? 이 세상에서 과연 어떻게 살아야 하느냐 하는 것입니다. 가장 편한 길은 세상 사람들과 공존하는 것입니다. 세상 사람들은 세상 사람들 방식대로 살고 하나님의 백성들은 또 자신들의 방식대로 살면서, 서로 건드리지 않고 공존하는 것이 가장 편합니다. 이 정도만 되어도 보통 큰 은혜가 아닙니다.

예전에 예수 믿는 사람들과 믿지 않는 가족들 사이에 가장 큰 갈등을 빚은 것은 제사 문제였습니다. 믿지 않는 사람들은 우리가 이 세상에서 그런 대로 잘 사는 것이 다 조상들의 음덕 때문이라고 생각합니다. 그래서 제사를 우상 숭배가 아닌 일종의 효도로 여기지요. 그런데 믿는 사람들은 하나님 외에는 어느 누구에게도 절하거나 경배해서는 안 된다고 배웠기 때문에 절을 하지 않습니다. 그래서 믿지 않는 사람들은 조상들의 음덕에도 감사할 줄 모르는 불효막심한 놈이라고 비난합니다. 그러나 이것은 어디까지나 표면적인 이유에 불과하고, 그들이 그리스도인을 비난하는 진짜 중요한 이유는 가치관의 차이에 있습니다. 즉 자기들이 중요하게 생각하는 것을 그리스도인들은 왜 중요하게 생각하지 않느냐는 것입니다. 교회에는 꼬박꼬박 헌금도 잘 갖다 바치면서 왜 족보 만들고 제실 꾸미는 데는 돈을 한 푼도 안 내느냐는 것입니다.

　직장에서도 마찬가지입니다. 직장에서 가장 중요한 교제의 수단은 술입니다. 그런데 그리스도인들은 술을 마시지 않습니다. 그러면서도 챙길 것은 다 챙깁니다. 교회 간다고 야근도 대신 해 주지 않는 주제에 술자리에서는 안주만 축내고 일요일 야유회는 결사적으로 안 나옵니다. 그래도 "저게 저 사람의 인생관이고 가치관이니 내버려 둬야지 어쩌겠어" 하고 넘어가 주는 사람과는 그럭저럭 같이 지낼 수 있습니다. 그런데 적당한 때를 노려서 꼭 한바탕씩 퍼붓는 사람들이 있습니다. "네가 우리 가문에 발 붙일 수 있나 없나 보자", "네가 우리 회사에 남을 수 있나 없나 보자" 하면서 자기가 가진 것을 총동원해서 공격해 오는 사람들이 있어요. 그러면 므깃도의 전쟁이 터지는 것입니다.

이런 일들은 우리에게 생존에 관한 아주 중요한 문제를 제기합니다. 그 문제란 우리가 성경대로 살 때 과연 이 불신 세상에서 살아남을 수 있느냐 하는 것입니다. "내가 믿음으로 장사하면서도 과연 시장에서 쫓겨나지 않고 잘 해 나갈 수 있을까?", "내가 믿음으로 공부하면서도 과연 대학에 합격할 수 있을까?", "내가 믿음으로 기업을 경영하면서도 과연 이 엄청난 경제위기에서 망하지 않고 버틸 수 있을까?" 하는 문제에 대한 성경의 답변은 무엇입니까? 그것은 우리를 이 세상에 살게 하신 분은 하나님이라는 것입니다. 그러므로 우리가 하나님을 떠나지 않는 이상 절대 이 세상에서 뿌리뽑힐 수가 없다는 것입니다.

세상 사람들은 이 세상에서 사는 일만을 위해 전력투구합니다. 학생들은 거의 목숨을 걸다시피 공부하고, 직장인들이나 장사하는 사람들도 전력을 다해 투쟁합니다. 이렇게 다른 사람들은 전력투구를 해도 살아남을까 말까 한 이런 경쟁적인 세상에서, 예배 꼬박꼬박 드려 가면서, 성도들과 교제해 가면서, 십일조 떼고 선교헌금 떼어 가면서 과연 살아남을 수 있습니까? 세상에서 살다 보면 신앙양심을 지키기가 너무나도 어렵다는 것을 알게 됩니다. 어떻게 거짓말 안하고 장사할 수 있습니까? 어떻게 컨닝 안하고 시험칠 수 있습니까? 어떻게 세금 다 신고하면서 사업할 수 있습니까?

그럼에도 불구하고 성경대로 살려고 할 때, 이런 삶을 싫어하는 사람들이 한 번은 모든 세력을 총동원해서 공격해 올 때가 있습니다. 우리가 이렇게 사는 게 기분 나쁘다는 거예요. 그런 식으로 살려면 가나안에서 얼쩡거리지 말고 광야로 가 버리라는 것입니다. 이 세상에서 아예 떠나 버리라는 것입니다.

이것이 므깃도 전쟁의 성격입니다. 아마겟돈 전쟁은 중동 전쟁도 아니고 제3차 세계대전도 아닙니다. 그것은 세상 사람들이 참된 신앙을 가진 자들을 세상에서 몰아내기 위해 특별히 한 날을 잡아서 공격하는 것입니다. 따라서 이 전쟁은 어느 누구에게나 일어날 수 있고 어느 교회에나 일어날 수 있습니다. 저는 우리 교회가 지금 이곳으로 옮겨오기 직전에 사탄이 무엇을 노렸는지 알고 있습니다. 그것은 바로 이 교회가 없어지는 것이었습니다. "타협하면 살려 주겠지만 타협하지 않으려면 꺼져 버려라"는 것이 세상 사람들의 요구입니다. "우리는 사활을 걸고 세상에서 살아남으려고 투쟁하는데, 너희는 때마다 교회 가고 수련회 다니면서도 살려고 들어? 나는 그 꼴 못 본다!"는 거예요. 사탄의 목적은 하나님의 말씀대로 살려고 하는 사람이나 교회를 세상에 살려 두지 않는 것입니다.

저는 역사상 가장 큰 아마겟돈 전쟁은 바로 루터를 소환했던 보름스 회의장에서 벌어졌다고 생각합니다. 그 회의가 원했던 것이 무엇입니까? 이 세상에서 진정으로 하나님을 섬기는 교회를 완전히 멸절하는 것이었습니다. 그러나 루터는 주님을 붙들었고, 사탄은 그를 이기지 못했습니다. 우리나라에도 그런 예가 있었습니다. 해방 직전, 일본은 우리나라의 기독교 지도자 105인을 체포해서 죽이려고 했습니다. 그런데 그들을 죽이기 하루 전에 항복하고 말았습니다. 자기들의 힘을 다 모아 공격하려고 한 순간, 오히려 그들 자신이 망하고 만 것입니다.

하나님께서는 왜 이런 악한 자들이 득세하도록 내버려 두시는 것일까요? 이렇게 하시지 않으면 악이 어떤 것인지 모르기 때문입니다. 사람들은 불우한 환경이나 제대로 배우지 못한 탓을 하면서 악을 두둔하거나 동정하려고 합니다. 그러나 나중에 드러나는 악의 정체는 무엇입니까? 죄짓는 것을 즐긴다는 것입니다. 정신 이상 때문이 아니에요. 그들은 자기 힘을 신으로 삼고 있으며 약한 자를 짓누르는 것을 정의로 생각하고 있습니다. 그래서 하나님만 의지하는 사람들을 보면 그렇게 경멸할 수가 없고 그렇게 기분나빠할 수가 없습니다. 그들은 하루 날을 잡아서 하나님의 백성을 뿌리뽑으려 들기까지 교만해집니다. 그러나 그 날은 바로 그 악한 자들의 초상날입니다.

오늘 본문에서 드보라는 변변한 무기조차 없는 바락에게 시스라를 대항하여 싸우라고 말합니다. 가진 것이라고는 아무것도 없는 상황에서 대체 무엇을 믿고 전쟁을 하라는 것입니까? 지금 여기에서 물러선다는 것은 이스라엘의 죽음과 멸망을 의미합니다. 그렇기 때문에 아무리 가진 것이 없어도 싸우지 않을 수 없습니다. 다른 선택의 여지가 없어요. 물론 하나님의 백성들도 웬만하면 양보를 해서라도 싸우지 않고 싶습니다. 그러나 그들의 요구사항이 상식적으로 도저히 받아들일 수 없는 것일 때에는 싸우지 않을래야 싸우지 않을 수가 없습니다. 아마겟돈 전쟁의 특징은 상식이 통하지 않는다는 것입니다. 대화가 안 돼요. 그들의 요구사항을 다 들어 주려면 미치는 수밖에 없습니다. 그러니 결국은 싸우기 싫어도 싸워야 합니다.

어떤 자매가 믿지 않는 집으로 시집을 갔습니다. 처음에는 남편이 기독교에 조금 우호적인 것 같았는데, 시간이 지나면서 점점 본색을 드러내기 시작했습니다. 그 집을 지배하고 있는 것은 어떤 점쟁이의 예언이었습니다. 이 자매는 교회도 가지 않고 가능한 한 양보하면서 집안을 시끄럽게 하지 않으려고 애를 썼습니다. 그런데 남편은 시간이 지날수록 말이 안 되는 요구를 했습니다. 아무리 자기가 신앙이 없다 해도, 아무리 싸우지 않으려고 마음을 먹었다 해도, 도저히 그것만큼은 받아들일 수 없을 만큼 비상식적인 요구들을 하는 것입니다. 결국 그 자매는 싸우지 않을 수 없었습니다.

영적인 싸움을 싸우는 자라고 해서 원래 싸움을 좋아하는 호전적인 사람이라고 생각하면 안 됩니다. 모두 어쩔 수 없어서 싸우는 것입니다. 아무리 싸우기 싫어하고 조용히 믿는 것을 좋아하는 사람이라도 '이것까지 양보하면 도저히 사람이라고 볼 수 없다' 고 생각되는 지경에 이르면 결국 칼을 들지 않을 수가 없습니다. 므깃도의 전쟁에서 공격해 오는 사람들의 눈을 보십시오. 그들의 눈에는 이성의 빛이 없습니다. 도저히 대화가 통하지 않습니다. 그때는 결국 그들과 싸우지 않을 수가 없습니다.

이 전쟁의 원리

가장 무서운 전쟁이 벌어지게 되었을 때 드보라는 이스라엘 장수 바락에게 무엇이라고 명령했습니까? "드보라가 바락에게 이르되 '일어나라! 이는 여호와께서 시스라를 네 손에 붙이신 날이라. 여호와께서 너의 앞서 행하지 아니하시느냐?' 이에 바락이 10,000명을 거느리고 다볼 산에서 내려가니"(4:14).

드보라는 바락에게 "일어나라!"고 합니다. 바락이 진짜 주저앉아 있었기 때문에 일어나라고 한 것이 아닙니다. 이것은 '믿음에 굳게 서라', '담대하라'는 뜻입니다. 므깃도 전쟁은 힘의 싸움이 아닙니다. 시간 싸움도, 머리 싸움도 아닙니다. 이것은 진리와 비진리의 싸움이며 하나님과 사탄의 세력 사이의 싸움입니다.

이 세상이 우리를 완전히 추방하려고 할 때 붙들어야 할 것이 무엇입니까? '우리를 이 세상에 살게 하신 분은 하나님이시다'라는 믿음입니다. '적어도 나는 지금 이 어려움 때문에 멸망당하지 않을 것이다. 구체적인 과정이나 방법은 모르지만 반드시 승리할 것이다'라는 믿음입니다. 드보라가 일어나라는 것은 괜히 벌떡 일어나서 이 방 저 방 왔다 갔다 하라는 것이 아닙니다. 마음이 무너지려고 할 때 그것을 추스리라는 것입니다.

어려움이 왔을 때 가장 위험한 반응이 무엇입니까? '최악의 시나리오'를 생각하는 것, 즉 미리 비참한 결과를 예측해 보고 두려워하며 분노하는 것입니다. 아직 전쟁이 시작되지도 않았는데 "이제 곧 저 900승의 철병거가 우리를 깔아뭉개겠지. 바로 내 배 위로 지나갈지도 몰라. 그러면 창자가 터지면서 죽겠지. 아이구, 무서워!" 하면서 미리 겁을 내는 것입니다.

내가 말씀을 붙들고 있는데 도저히 살 길이 없다면, 이것은 나의 싸움이 아니라 하나님의 싸움입니다. 마귀가 노리는 것은 우리의 목숨이 아닙니다. 마귀는 하나님의 허락 없이는 우리 머리카락 하나도 건드리지 못합니다. 마귀가 노리는 것은 무력시위를 통해 우리를 기죽이는 것입니다. "내가 믿음으로 살려고 그토록 애썼는데 어떻게 이런 일이 일어날 수 있을까!" 하면서 하나님께 분노하며 원망을 터뜨리게 만드는 것, "믿음이라는 것도 현실의 높은 장벽 앞에서는 별 것 아니구나!" 하면서 믿음을 부끄러워하게 만드는 것이 마귀의 목적입니다. 마귀는 세상에서 우리를 죽이지 못합니다. 단지 우리를 침체시키며 스스로 비참하게 여기고 학대하게 만들 수 있을 뿐입니다.

그럴 때 우리가 해야 할 일이 무엇입니까? 드보라의 말처럼 믿음으로 일어나는 것입니다. 그 자리에 계속 눌러앉아 있으면 안 됩니다. 앉아서 자꾸 생각하고 염려하고 걱정하지 말고 일어나야 합니다. 일어나서 내 마음 속에 일어나고 있는 불안이나 두려움과 싸워야 합니다. "아니야! 이 싸움은 하나님의 싸움이야. 난 절대로 망하지 않아. 시간이 얼마나 걸릴지, 과정이 어떻게 진행될지는 모르겠지만 어쨌든 난 절대 망하지 않아!" 하고 선포해야 합니다.

오늘 말씀은 하나님께서 어떻게 시스라의 군대를 격파하셨는지에 대해 이야기하지 않습니다. 그러나 5장에 나오는 드보라의 노래를 보면 전쟁 시에 기손 강이 범람했다는 사실을 알 수 있습니다. 강이 범람하자 시스라의 철병거 900승은 아무 쓸모가 없어졌습니다. 우리가 알아야 할 것은 하나님의 작전은 무궁무진하다는 것입니다. 하나님은 아무리 뛰어난 자라도 흉내낼 수 없는 지략과 모략의 신이십니다. 아마 하나님께서는 갑자기 폭우가 내리게 하셨던 것 같습니다. 그러니까 기손 강에 진을 치고 있던 시스라의 군대는 전부 물에 잠긴 반면, 다볼 산에 있던 이스라엘 백성들은 안전했습니다. 그들은 마치 낚시를 하듯이 시스라의 군대를 섬멸할 수 있었습니다.

그러나 오늘날 우리의 싸움은 이런 칼과 창의 싸움이 아닙니다. 정사와 권세와 눈에 보이지 않는 어둠의 세력과의 싸움입니다. 그렇다면 우리는 어떻게 싸워야 합니까? 누군가 나를 공격하는데 그 공격이 실수에서 나온 것이 아니라 의도적인 것일 때, 인간적인 방법으로는 도저히 그 공격을 이길 길이 없습니다. 내가 그냥 소리를 지르면 그는 마이크에 대고 소리를 지를 것입니다. 내가 활을 쏘면 그는 대포를 쏠 것입니다. 이 공격을 이길 수 있는 길은 오직 기도밖에 없습니다. 주님께서는 "기도 외에 다른 것으로는 이런 유가 나갈 수 없느니라"(막 9:29)고 하셨습니다. '이것은 실수가 아니라 악이다. 나는 지금 악의 손에 걸려들었다'는 판단이 드는 상황에서는 기도 외에 다른 것으로는 이길 길이 없습니다. 나의 생존이 걸린 문제인데 내 힘으로는 도저히 어찌 할 길이 없을 때, 그때는 바로 기도해야 할 때입니다. 책을 아무리 많이 읽고 설교를 아무리 많이 듣고 성경공부를 아무리 많이 했다 하더라도 머리로만 아는 것으로는 아무것도 할 수 없습니다. 읽고 듣고 공부한 것이 모두 가슴으로 내려와야 합니다. 이 일은 기도를 통해 이루어집니다.

상황이 아무리 어렵게 진행된다 하더라도 절대 최악의 시나리오를 그리지 마십시오. 머리가 제멋대로 돌아가지 못하도록 막으십시오. 그런데도 자꾸 상황이 나를 절망으로 몰아가거든 '그래, 죽으면 또 어떤가? 세상에 태어나서 하나님을 믿고 죽는 것으로도 충분히 감사하고 행복하지 않은가?' 하고 생각하십시오. 그러면 염려가 떨어져 나갑니다.

상황이 어려우면 어려울수록 정직하시기 바랍니다. 주변 사람들이 아무리 사실대로 말하면 안 된다고 말해도 절대 넘어가지 마십시오. 악의 세력과 타협하면 안 됩니다. 악의 세력과 타협하고 협상하기 시작하면 같이 망하게 되어 있습니다. 물론 정직하게 모든 사실을 밝혔는데도 상황이 내가 바라는 대로 풀리지 않을 수도 있습니다. 설사 그렇다 해도 '이것은 전쟁에 따르는 희생'이라고 생각하십시오. 그리고 끝까지 목숨을 걸고 하나님의 신실하심을 붙드십시오. 그러면 하나님께서 내 앞에서 싸우시는 모습을 보게 될 것입니다.

나에게 닥친 어려움을 내가 붙들고 있는 한, 그것은 내가 해결해야 할 나의 전쟁이 됩니다. 이것을 어떻게 하나님의 전쟁으로 만들 수 있습니까? 이 어려움을 하나님께 다 말씀드리고 다시는 염려하지 않겠다고 굳게 결심하면 됩니다. 어떤 일이 있어도 다시 고민하거나 그 문제에 빠지지 않겠다고 마음을 지키면 됩니다. 내가 염려하면 안 돼요. 하나님이 염려하시게 해야 합니다. 설사 죽음이 코앞에 닥쳤다 하더라도 염려하면 안 됩니다. 그렇게 할 때 하나님이 그 보좌에서 벌떡 일어나실 것입니다. 믿음은 아직 이르지 않은 하나님의 때를 끌어오는 힘이 있습니다.

이방 여자 야엘의 승리

전쟁의 결과는 시스라의 대패배였습니다. 철병거 900승만 믿고 있던 시스라의 군대는 그 철병거가 쓸모 없어지자 자신감을 잃고 극심한 두려움에 빠졌던 것으로 보입니다. 원래 힘을 믿는 자들은 그 힘이 통하지 않을 때 대책 없이 무너지게 되어 있는 법입니다.

시스라는 도보로 도망을 쳐서 마침 가까운 곳에 장막을 치고 있던 겐 사람 헤벨의 부인 야엘의 장막에 이르게 되었습니다. "시스라가 도보로 도망하여 겐 사람 헤벨의 아내 야엘이 장막에 이르렀으니 하솔 왕 야빈은 겐 사람 헤벨의 집과 화평이 있음이라"(4:17).

여기서 우리는 야빈이 이스라엘 백성들에게는 적대적이었지만 다른 족속들과는 그럭저럭 괜찮은 관계를 맺고 있었다는 사실을 알 수 있습니다. 겐 족속은 야빈에게 전혀 위협될 것이 없었습니다. 그래서 그들과 화평하게 지냈습니다.

시스라는 추격당하는 처지라 다급하기도 했고 또 설마 겐 족속이 배반이야 하겠는가 하는 마음도 있어서 안심하고 야엘의 장막을 찾았습니다. 야엘은 그를 아주 친절하게 맞이했습니다. "야엘이 나가 시스라를 영접하며 그에게 말하되 '나의 주여, 들어오소서. 내게로 들어오시고 두려워하지 마소서' 하매 그 장막에 들어가니 야엘이 이불로 덮으니라. 시스라가 그에게 말하되 '청하노니 내게 물을 조금 마시우라. 내가 목이 마르도다' 하매 젖부대를 열어 그에게 마시우고 그를 덮으니 그가 또 가로되 '장막 문에 섰다가 만일 사람이 와서 네게 묻기를 여기 어떤 사람이 있느냐 하거든 너는 없다 하라' 하고"(4:18-20).

여자가 한번 마음을 먹으면 얼마나 무서운지 모릅니다. 시스라는 야엘을 전혀 의심하지 않았습니다. 야엘이 너무나도 자연스럽게 자신을 영접하며 극진하게 대해 주었기 때문입니다. 외간 남자에게 이불을 덮어 준다는 것은 굉장한 대접입니다. 물 대신 젖을 준 것도 대단한 호의입니다. 그래서 시스라는 야엘을 의심하기는커녕 밖에서 망을 좀 봐 달라고까지 부탁한 후에 깊은 잠에 빠졌습니다.

우리나라에도 야엘과 비슷한 여성이 있었습니다. 그는 진주의 자랑인 논개입니다. 논개는 적장을 극진하게 대접하여 자기를 믿게 한 후, 손가락이 풀리지 않도록 열 손가락에 모두 가락지를 끼고는 그를 끌어안고 물에 빠져 버렸습니다. 지금도 촉석루 옆의 다리에는 논개가 끼었던 가락지를 상징하는 가락지가 만들어져 있습니다. 야엘은 적장을 끌어안고 떨어지는 대신 그의 머리에 말뚝을 박았습니다. "그가 곤비하여 깊이 잠든지라. 헤벨의 아내 야엘이 장막 말뚝을 취하고 손에 방망이를 들고 그에게로 가만히 들어가서 말뚝을 그 살쩍에 박으매 말뚝이 꿰뚫고 땅에 박히니 시스라가 기절하여 죽으니라"(4:21).

유목민 여자들은 장막 치는 일에 전문가였습니다. 그들은 매일 말뚝으로 장막치는 일을 했습니다. 야엘은 시스라가 깊이 잠든 것을 보고, 장막 말뚝을 가지고 들어가 머리에 박음으로써 확실하게 일을 끝내 버렸습니다. 여기에서 "살쩍"은 관자놀이를 가리키는 말입니다. 여자를 절대로 우습게 보면 안 됩니다. 여자들이 늘 사용하는 기구들이 무엇입니까? 식칼이나 가스, 포크 같은 것들이 아닙니까? 또 옛날 한국 여자들은 다듬이 방망이를 사용했습니다. 이렇게 여자들 주위에는 항상 무서운 무기들이 있습니다. 여자들이 그런 기구들을 평화를 위해 사용하기에 망정이지, 만약 분노해서 그 기구들을 무기로 사용한다면 아마 세상은 끝장이 나고 말 것입니다.

그렇다면 야엘은 왜 자기들과 평화적인 관계를 맺고 있는 시스라를 죽였을까요? 물론 야엘 개인적으로는 시스라에게 감정이 없었습니다. 그러나 그는 이스라엘의 은혜에 빚진 자였습니다. 물론 자신은 이스라엘 백성이 아닙니다. 그러나 이스라엘을 통해 은혜의 부스러기를 얻어먹은 사람입니다. 야엘은 이스라엘이 하는 짓이 다 옳은 것은 아니지만, 야빈이 이스라엘을 멸절시키려 하는 것은 정말 옳지 않은 일이라고 생각했을 것입니다.

어쩌면 야엘의 이런 행동 때문에 동족 전체가 야빈의 복수를 당할지도 모릅니다. 그의 집 전체가 가나안 사람들과 원수가 될지도 몰라요. 그럼에도 불구하고 야엘은 이스라엘이 어려울 때 외면하지 않았습니다. 다른 사람들 같았으면 시스라가 어디 있는지 바락에게 알려 주는 것만으로도 할 일을 다 했다고 생각했을 것입니다. 그러나 야엘은 자기가 직접 이 일을 끝내기로 작정했습니다. 그래서 시스라의 머리를 말뚝으로 박아서 영원히 도망칠 수 없게 만들어 버렸습니다.

요즘 우리나라에서도 여자들이 맹활약을 하고 있는 것 같습니다. 얼마 전에는 어느 신용 금고에 강도가 들었는데 여직원이 매를 맞아 가면서도 끝까지 붙들고 늘어져 그 강도를 잡음으로써 사람들에게 훈훈한 감동을 준 일도 있었습니다.

이렇게 해서 가장 큰 승리의 상급은 이방 여자 야엘에게 돌아가게 되었습니다. 이것을 통해 하나님께서 보여 주고자 하신 것이 무엇입니까? 하나님은 바락처럼 분명한 말씀을 듣고서도 주저하는 정규 회원보다는, 은혜의 부스러기를 얻어먹으면서도 기회가 주어졌을 때 외면하지 않고 싸우는 이방인을 높이 보신다는 것입니다. 하나님께서는 그의 은혜를 거지같이 구걸하던 겐 족속을 사랑하셨습니다. 그분은 이때 이미 선교의 전략을 짜 놓고 계셨습니다. 수많은 말씀을 듣고서도 말씀만으로 만족하지 못하고 주저앉아 있는 이스라엘 백성보다는, 만나의 찌꺼기를 먹으면서도 하나님을 사랑하고 사모하는 자들에게 더 큰 상급을 주시겠다는 것입니다. 이처럼 하나님의 나라에서는 먼저 된 자가 나중 되고 나중 된 자가 먼저 되는 일이 항상 일어납니다. 하나님께서는 자기 만족에 빠져 있는 자들을 기뻐하지 않으십니다. 자신의 부족함을 알고 하나님의 은혜를 구걸하며 아주 작은 기회가 주어져도 회피하지 않고 적극적으로 싸우는 사람들을 축복하여 하나님 나라의 주인공으로 삼으십니다.

야엘은 전쟁을 연습한 정식 군인이 아니었습니다. 단지 자기 장막의 말뚝을 열심히 박으며 살아온 주부였을 뿐입니다. 여자라면 누구나 호의호식하고 싶지 누가 그 뜨거운 광야를 떠돌아다니면서 말뚝이나 박고 싶겠습니까? 그러나 그는 남편을 잘못 만나서 말뚝이나 박고 산다고 불평하지 않고 자기에게 주어진 일을 열심히 했습니다. 그리고 그렇게 열심히 말뚝 박던 실력으로 시스라의 머리를 한 번에 박아 버렸습니다.

하나님의 나라는 가만히 있는 사람에게 주어지지 않습니다. 좋은 설교를 들으면서도 가만히 있는 사람은 하나님 나라의 엑스트라가 될 수밖에 없습니다. 그러나 아무도 알아주지 않고 자격도 없지만 자기에게 주어진 자리에서 하나님 나라를 위해 최선을 다하는 사람에게 하나님은 반드시 기회를 주시며 큰 상급으로 수고와 눈물을 갚아 주십니다.

육체를 위해 사는 사람은 육체의 열매를 거두게 되어 있습니다. 돈 벌려고 평생 쫓아다닌 사람은 돈이나 번 것으로 만족해야 합니다. 은혜니 하나님의 나라니 하고 떠들면 안 돼요. 자기 삶의 목적이 돈 버는 것이었으면 그냥 그 돈 쓰면서 살다가 죽는 겁니다. 돈 보고 결혼하기로 한 사람은 평생 백화점에서 인파에 깔려 가며 구두 사고 핸드백 사고 옷 사면서 사는 걸로 끝나는 겁니다. 우리는 심은 대로 거두게 되어 있습니다.

오늘날 많은 사람들이 안정된 직업을 원합니다. 그러나 안정된 직업이나 직책이 보장해 줄 수 있는 것은 아무것도 없습니다. 중요한 것은 그가 무엇을 위해 사느냐, 무엇을 위해 수고하느냐 하는 것입니다. 육체를 위해 살지 마십시오. 가진 것이 없고 능력이 없어도 주어진 자리에서 하나님의 나라를 위해 최선을 다하십시오. 그러면 하나님께서 그 나라의 주인공으로 삼으시고 큰 상급으로 위로해 주실 것입니다.

10
승리의 노래 (1)

> 이 날에 드보라와 아비노암의 아들 바락이 노래하여 가로되……
> 사사기 5:1 - 18

　우리나라와 일본의 축구 시합은 단순한 운동경기의 차원을 넘어 양 국민 사이의 자존심 대결이 되고 있습니다. 지난번 월드컵 예선 때 우리나라 대표팀이 1 대 0으로 일본에 지고 있다가 후반에 연달아 두 골을 넣는 바람에 역전승을 하게 되자 온 국민의 입에서는 환호성이 터져 나왔습니다. 사람들은 말로 표현할 수 없는 기쁨이나 슬픔 또는 놀라움을 느낄 때 소리를 지릅니다. 이길 줄 알았던 경기에서 이겼을 때에는 이런 환호성을 지르지 않습니다. 그냥 "잘했네. 우리가 이길 줄 알았지" 하는 식으로 칭찬할 뿐입니다. 그러나 도저히 이길 수 없었던 패색 짙은 경기에서 끝까지 사력을 다해 뛴 결과 놀라운 역전승을 거두게 될 때, 사람들은 자리에서 벌떡 일어나 이런 승리의 환호성을 지르게 되어 있습니다. 이와 같은 승리의 환호성은 우리 그리스도인들의 신앙생활에서 절정을 이루고 있는 부분이자 우리 삶에 절대로 없어서는 안 되는 축복입니다.

그리스도인들이 이 세상에 살면서 가장 이해하지 못하는 상황은, 자기 나름대로 열심히 신앙생활을 하려고 애썼는데도 불구하고 현실의 벽에 부딪쳐서 그 작은 믿음이 산산조각 나는 것입니다. 분명히 하나님은 나를 사랑하시며 믿는 자들의 기도를 들으신다고 말씀하셨습니다. 그런데 권력을 가졌거나 돈을 가진 사람들 앞에서, 또는 냉혹한 현실 가운데서 자기 믿음이 아무것도 아닌 것으로 드러날 때 그리스도인들은 절망하지 않을 수 없습니다. 그럴 때 마음 속에서 고개를 쳐드는 생각이 무엇입니까? 이렇게 끝까지 무기력하게 하나님만 의지해야 하느냐, 아니면 더 늦기 전에 인간적인 방법으로 살 길을 찾아야 하느냐 하는 것입니다. 이것은 그리스도인들에게 가장 무서운 시험입니다.

그런데 내가 원해서건 어쩔 수 없어서건 끝까지 하나님을 의지했는데 어느 한순간 하나님이 나타나셔서 모든 상황을 뒤집고 나의 절망을 승리로 바꾸시는 때가 있습니다. 그때 우리는 자리에서 벌떡 일어나 환호성을 지르며 승리의 찬송을 터뜨리게 되어 있습니다.

오늘 본문에 기록되어 있는 드보라의 노래는 바로 이런 승리의 노래입니다. 야빈과 시스라의 철병거는 드보라나 이스라엘 백성들에게 도저히 감당할 수 없는 현실의 벽이었습니다. 아무리 믿음을 가지고 하나님을 의지한다 해도 도저히 뛰어넘을 수 없는 벽이었어요. 이스라엘 백성들은 그 앞에서 숨도 제대로 쉬지 못했습니다. 그 철병거와 싸워 이길 수 있다는 생각은 꿈에도 할 수 없었습니다. 그러나 그들이 드보라의 설교를 듣고 다볼 산에서 시스라의 군대와 싸웠을 때, 하나님께서 갑자기 나타나 그들을 승리하게 하셨습니다. 그 한순간에 20년 동안 그들을 지배하고 있던 어둠의 세력은 물러가고 환한 자유와 기쁨의 아침이 찾아왔습니다. 이제는 그들을 두렵게 하거나 놀라게 할 자가 아무도 없게 되었습니다. 이때 터져 나온 것이 바로 드보라가 부른 승리의 노래입니다.

사람들은 아주 좋은 일이 있으면 거의 짐승처럼 소리를 질러댑니다. 그러나 이스라엘 백성들은 소리만 지른 것이 아니라 찬양을 통해 하나님이 행하신 일을 놀라울 정도로 섬세하게 재구성해 냈습니다. 이들에게 예배는 죽은 의식이 아니었습니다. 하나님의 놀라운 승리를 재연하는 드라마였고 승리의 축제였습니다. 오늘 우리들의 예배도 우리의 삶 가운데 주신 놀라운 승리를 재연하며 하나님을 찬양하는 승리의 축제가 되기를 바랍니다.

드보라의 찬송은 두 부분으로 나누어 볼 수 있습니다. 5장 18절까지는 이 전쟁에 대한 드보라의 평가입니다. 전쟁이 일어날 때까지 이스라엘 백성들이 어떤 상태에 있었으며 드보라 자신이 어떻게 일어서게 되었는가, 또 그가 일어섰을 때 기꺼이 동참한 자들과 이기적인 생각으로 끝까지 침묵을 지킨 자들이 누구인가에 대해 기록하고 있습니다. 그리고 31절까지에서는 전쟁의 상황을 좀더 실제적으로 묘사하고 있습니다. 특히 이 찬송은 두 여인의 등장으로 절정에 이릅니다. 한 사람은 말뚝을 들고 들어가 시스라의 머리를 박은 여인입니다. 또 한 사람은 자기 아들이 죽임을 당한 줄도 모른 채 늦도록 초조하게 기다리고 있는 여인입니다.

하나님을 찬양할 이유

구약의 찬송들을 보면 자신이 먼저 하나님을 찬양하면서 함께 찬양할 사람들을 초청하거나, 혹은 찬양의 이유를 설명하고 있는 경우가 많습니다. 5장 1절은 "이 날에 드보라와 아비노암의 아들 바락이 노래하여 가로되"라고 말씀하고 있습니다. "이 날"은 하나님께서 드보라와 바락에게 놀라운 승리를 주신 날입니다.

모든 싸움이 끝난 후 그들이 생각한 것이 무엇입니까? 아무리 생각해도 자신들이 어떻게 그 엄청난 시스라의 군대를 이겼는지 이해가 안 된다는 것입니다. 물론 하나님이 도와 주셔서 이겼습니다. 그러나 실제 상황은 말처럼 그렇게 간단하지가 않았습니다. 그들은 시스라의 철병거 앞에서 너무 많이 절망했고 너무 많이 좌절했습니다. 그들과 싸워서 이긴다는 것은 상상할 수도 없는 일이었습니다. 그러나 실제로 그들은 이겼고 적들은 죽임을 당했습니다. 이 엄청난 사실을 어떻게 받아들일 수 있으며 어떻게 자신들의 삶 속에 정리해 낼 수가 있겠습니까?

사람이 너무 엄청난 일을 겪으면 마음 속에 정리가 잘 되지 않는 법입니다. 계속 그 일이 머리와 감정을 지배하는 바람에 정상적인 생활을 할 수가 없습니다. 어떻게 해서든지 그 일을 삶의 한 페이지로 정리해서 결론을 내려야 다음 현실로 넘어갈 수 있을 텐데 좀처럼 정리가 되질 않아요. 그럴 때 어떻게 해야 합니까? 하나님을 찬양해야 합니다. 혼자서가 아니라 함께할 수 있는 모든 자들이 다 모여 하나님을 찬양하고 높여 드릴 때, 비로소 그 일의 결론이 나게 되어 있습니다. 그래서 드보라와 바락은 이 엄청난 승리를 얻은 날, 하나님을 찬양했습니다.

드보라의 찬송은 이렇게 시작됩니다.

> 이스라엘의 두령이 그를 영솔하였고
> 백성이 즐거이 헌신하였으니
> 여호와를 찬송하라!
> 너희 왕들아, 들으라! 방백들아, 귀를 기울이라!
> 나 곧 내가 여호와를 노래할 것이요
> 이스라엘의 하나님 여호와를 찬송하리로다 (5:2-3).

"이스라엘의 두령이 그를 영솔하였고"라는 것은 아마도 그들이 이 전쟁을 이끌었다는 뜻인 것 같습니다. 왜냐하면 그 뒤에 "백성이 즐거이 헌신하였으니"라는 말이 연이어 나오기 때문입니다. 이스라엘에는 왕이 없었기 때문에 전쟁에 참가하는 자들은 강제징용을 당해서 간 것이 아니라 자발적으로 참가한 것이었습니다. 두령들도 자진해서 백성들을 이끌었고 백성들도 기꺼이 전쟁에 뛰어들어 싸웠습니다.

어쩌면 이것이 하나님 백성들의 전형적인 싸움 형태인 것 같습니다. 즉 각자 하나님의 말씀을 듣고 깨달아 자신의 위치에서 앞장설 사람은 앞장서고 뒤따를 사람은 뒤따르는 것입니다. 앞장선 사람이라고 해서 잘난 체할 것도 없고 뒤따르는 사람이라 해서 부끄러워할 것도 없습니다. 하나님의 전쟁을 구경만 한 것이 아니라 조금이라도 기여한 자들은 모두 이 승리의 노래를 부를 자격이 있습니다.

물론 그들은 지금까지 이런 식으로 노래하지 못했습니다. 노래는 커녕 숨소리조차 제대로 내지 못했습니다. 2절에 나오는 "두령"은 '강한 자'라는 뜻이지만 실제로 그들은 강하지 못했습니다. 그들은 모두 두려워했고 자신의 무력함을 부끄러워했으며 절망과 좌절과 분노에 빠져 있었습니다.

하나님의 백성들이 역경에 봉착했을 때 가장 답답한 것이 무엇입니까? 하나님을 의지하느라 세상적인 방법을 제대로 써 보지 못했다는 것입니다. 차라리 남들이 다 써 보는 세상적인 방법이라도 써 보았다면 그렇게까지 답답하거나 억울하지는 않을 것입니다. 그러나 하나님만 믿고 기도하다가 기회를 다 놓치는 바람에 이제는 옴짝달싹 못 하게 되었다는 사실이 마음에 더 큰 분노와 좌절을 가져옵니다. "아이구, 이 바보야! 하나님을 믿더라도 적당히 믿어야지 고지식하게 끝까지 믿으면 어떻게 하냐!" 하면서 자기에게 화가 나고, 자기 믿음이 부끄러워지기 시작합니다. "하나님 믿는다는 사람이 왜 저 모양 저 꼴일까?"라는 소리가 들릴 때마다 죽고 싶어요. 이스라엘 백성들은 지금까지 도살당할 양과 같았습니다. 도살당할 양이 무슨 말을 하겠으며, 누구의 도움을 기대할 수 있겠습니까?

그런데 한순간에 하나님이 나타나 상황을 뒤집어엎으시고 그들의 오른손을 높이 들어 주셨습니다. 그러자 마치 벙어리의 말문이 트이듯이 이들의 입에서 말이 쏟아져 나오기 시작했습니다. 지금까지 숨도 못 쉬던 그들의 입에서 노래가 터져 나오기 시작했습니다. 그 동안 두렵고 부끄러워서 아무 소리도 못 하고 눈치만 보고 있던 그들에게 하나님께서 기회를 주시니, 그 동안 못했던 말들을 당당하게 쏟아 낼 수 있게 되었습니다.

지금 이들은 누구에게 이 말들을 쏟아 내고 있습니까? "너희 왕들"과 "방백들"에게 쏟아 내고 있습니다. 여기 나오는 왕과 방백들은 주변 나라의 왕과 방백들입니다. 잠재적으로는 모두 야빈이나 시스라 같은 자들입니다. 그들도 기회만 있으면 언제라도 이런 식으로 이스라엘을 공격할 사람들입니다. 그들은 이스라엘의 무력함을 무시하고 조롱했습니다. 그러나 하나님께서 승리를 주시자, 이런 모든 자들을 향해 당당하게 자신을 드러낼 수 있게 되었습니다.

하나님의 영광스러운 임재

어려움에 빠져 있는 성도들은 마치 자신이 끝없는 어두운 터널 속을 걸어가고 있는 것처럼 느낍니다. 좋은 소식은 어디에서도 들려오지 않습니다. 끝없는 고생과 두려움만 앞에 놓여 있는 것 같습니다. 한평생 이렇게 고생만 하다가 비참하게 죽을 것 같은 두려움이 계속 마음에 파고듭니다. 그런데 어느 한순간 하나님의 때가 이르면 어떻게 됩니까? 그 동안 자신을 덮고 있던 어둠의 그림자가 갑자기 걷히면서 한순간에 영광의 아침이 찾아옵니다. 정신을 차릴 수 없을 정도로 상황이 급격히 변하면서 고통스러웠던 모든 것들이 치료되기 시작합니다.

드보라는 이런 경험에 대해 이렇게 노래하고 있습니다.

> 여호와여, 주께서 세일에서부터 나오시고
> 에돔 들에서부터 진행하실 때에
> 땅이 진동하고 하늘도 새어서
> 구름이 물을 내렸나이다 (5:4).

이스라엘 백성들은 40년 동안 캄캄한 밤에 광야 길을 걷곤 했습니다. 그들의 눈앞에 펼쳐진 것은 끝없는 어둠이었습니다. 어쩌면 이렇게 영원한 어둠 속을 걷다가 죽을지도 모른다는 두려움이 그들을 엄습했습니다. 물론 밤이 지나면 아침이 오는 것이 상식이지만, 어려움 가운데 빠져 있는 성도들의 처지에서는 아침을 기대하기가 어려운 법입니다. 그러나 이스라엘 백성들은 광야에서 아주 웅장한 장면을 목격했습니다. 그것은 동쪽 에돔 들에서 해가 떠오르는 장면이었습니다. 처음에는 동쪽이 약간씩 불그스름해지는 듯하다가 한순간에 찬란한 태양이 떠오르면서 온 세상을 환희의 도가니로 바꾸어 놓곤 했습니다. 이스라엘 백성들은 에돔에서 떠오르던 이 하나님의 태양을 두고두고 떠올리면서 그의 임재를 생각했습니다. 그래서 그들은 '하나님께서 데만에서 나오시며 에돔에서 나타나신다' 는 표현을 자주 썼습니다.

광야에서 해가 뜨는 광경은 그렇게 찬란할 수가 없습니다. 특히나 거친 광야에서 해가 뜨는 광경은 너무나 웅장합니다. 우리나라에서는 주로 산에서 해가 뜨지만 광야에서는 지면에서부터 뜨기 때문에 그 모습이 더더욱 찬란하고 웅장합니다. 햇살이 마치 화살처럼 뻗어나와 감히 눈을 뜨고 볼 수가 없을 정도입니다.

그런데 드보라는 "땅이 진동하고 하늘도 새어서 구름이 물을 내렸나이다"라고 함으로써, 하나님의 임재를 해가 아니라 비로 묘사하고 있습니다. 하나님은 기대하지 않았던 폭우로 임재하셨습니다. 시스라의 철병거 900승은 이스라엘 백성들에게 절대적인 두려움이었습니다. 이 철병거를 상대로 싸운다는 것은 미친 짓이나 다름없었습니다. 그들은 철병거가 두려워서 산에서 내려오지도 못한 채 벌벌 떨고 있었습니다. 그때 어떤 일이 일어났습니까? 생각지도 않았던 엄청난 비가 쏟아지더니 기손 강이 범람하기 시작했습니다. 시스라의 철병거는 진흙탕에 빠진 수레처럼 무용지물이 되고 말았습니다.

이때 드보라는 하나님의 임재를 체험했습니다. 하나님께서 정말 자기를 사랑하시며 자기 기도를 들으신다는 것을 온몸으로 체험했습니다. 아마 드보라는 쏟아지는 빗속에서 울고 웃고 뛰면서 춤을 추었을 것입니다. 지금까지는 하나님의 사랑을 머리로만 알았는데, 이제는 도저히 부인할 수 없도록 온몸으로 느끼게 되었기 때문입니다. 이처럼 하나님이 자신을 사랑하신다는 것이 온몸으로 느껴질 때 기뻐 뛰며 노래하지 않을 사람이 없습니다.

비를 통해 하나님의 임재를 느낀 사람들이 최근에도 있었습니다. 그들은 브라질에서 산불을 진화한 소방대원들입니다. 얼마 전, 엘니뇨 현상으로 생긴 이상 가뭄 때문에 브라질의 밀림이 타 들어갔습니다. 브라질의 밀림이 타는 것은 지구의 허파가 타는 것과 같습니다. 사람들은 헬기를 비롯하여 온갖 수단을 다 동원해서 불을 끄려고 했지만 이 엄청난 산불은 진화되지 않았습니다. 그런데 어느 한순간 갑자기 폭우가 쏟아지면서 한순간에 산불이 모두 꺼져 버렸습니다. 그때 그들이 무엇을 느꼈겠습니까? 하나님의 위대하심과 광대하심입니다. 하나님의 임재입니다. 그 임재 앞에 헬기는 장난감에 불과했습니다. 그들은 폭우를 맞으며 기뻐 뛰었습니다.

  그리스도인들은 악의 세력 앞에서 자기의 믿음이 너무나도 보잘 것 없이 느껴질 때 가장 힘듭니다. 폭력을 휘두르는 자 앞에서, 돈과 권력을 가진 자 앞에서, 강한 기질을 가진 사람 앞에서 나의 믿음은 너무나도 무력하고 초라해 보입니다. 그리고 악의 세력이 이처럼 나를 덮치고 있는데도 하나님은 침묵하고 계십니다. 아무리 기도해도 외면하시는 것만 같습니다. 예를 들어 가족이 말도 안 되는 사고로 다치거나 목숨을 잃었는데 아무 보상도 받지 못하게 되었을 때, 직장에서 쫓겨나 생계가 막연한데도 아무 길도 보여 주시지 않을 때, 우리는 정말 견디기 힘든 고통을 느낍니다. 나는 속이 답답해서 미치겠는데, 하나님의 뜻은 보이지 않고 내가 할 수 있는 일 또한 전혀 없습니다. 물론 그렇다고 하나님을 버리지는 못합니다. 그러나 신앙생활의 기쁨은 사라져 버립니다. 이럴 때 교회에서 기뻐하라는 설교를 들으면 속에서부터 분노가 솟구치지요. "내 처지가 안 되어 봤으니 저런 소릴 하지, 한번 내 처지가 되어 보라고 해! 그러면 저런 사치스러운 소리 못 할걸!"

  우리가 알아야 할 것은 믿는 자들에게는 반드시 이런 일이 일어난다는 것입니다. 그러면 이런 일을 통해 하나님께서 우리에게 보여 주시고자 하는 바가 도대체 무엇입니까? 머리로 믿는 것만으로는 아무것도 할 수 없다는 그것입니다. 아무리 성경을 많이 읽고 신학 책을 많이 읽었어도, 아무리 교회에 오래 다녔고 성경공부를 많이 했어도 소용 없다는 거예요. 거듭 말하지만 하나님의 나라는 말에 있지 않고 능력에 있습니다. 하나님께서는 이런 어려움을 통해 '우리는 하나님의 도우심이 없으면 아무것도 할 수 없는 연약한 존재'라는 것을 깨닫게 하십니다. 지금까지 우리가 하나님을 얼마나 많이 기다리시게 했습니까? 이제는 우리가 기다려야 할 차례입니다. 이제는 하나님의 작은 숨소리 하나라도 놓치지 않기 위해 민감하게 기다리지 않을 수가 없습니다. 그의 도우심이 없이는 도저히 살 길이 없기 때문입니다.

하나님께서는 이런 악의 세력을 사용하셔서, 내 안에도 그들과 똑같은 교만과 죄의 성향이 있는 것을 깨닫고 깊이 회개하게 하십니다. 여기에서 깊이 회개한다는 것은 '나'라는 존재는 완전히 죽고, 이제부터는 살든지 죽든지 하나님께 모든 것을 맡긴다는 뜻입니다. 그러면 고난 가운데서도 하나님을 찬양할 수 있게 됩니다. 형편은 하나도 달라진 것이 없어요. 그런데도 내가 하나님을 바로 알게 되었다는 그 한 가지 사실 때문에 기뻐하고 만족하게 됩니다. 그때, 갑자기 하나님이 임재하십니다. 하나님의 폭우가 쏟아지기 시작합니다.

신앙생활을 제대로 하려고 할 때 나오는 질문은 "왜 하나님은 악을 허용하시는가?" 하는 것입니다. 그 답이 여기 있습니다. 하나님께서는 어느 누구도 줄 수 없는 이런 놀라운 축복을 주시려고 악을 허용하십니다. 그 축복을 받을 때 우리는 하나님을 더 크게 찬양하지 않을 수 없습니다.

하나님께서 일어나 그 은혜의 빛을 비추실 때 어떤 일이 일어납니까? 그 엄청난 어려움들이 한순간에 축복으로 변하는데, 그 변화의 속도가 정신을 차릴 수 없을 정도로 빠릅니다. 그러나 무엇보다 중요한 것은 하나님이 그토록 나를 사랑하신다는 것을 온몸으로 체험하게 된다는 것입니다. "물론 성경에는 날 사랑하신다고 써 있지요. 하지만 난 인정 못 합니다. 하나님이 날 사랑하신다면 내가 왜 이 모양 이 꼴입니까? 왜 아버지가 실직하고 어머니가 병이 듭니까? 난 못 믿어요!' 그러나 그 사랑을 온몸으로 느끼게 될 때가 옵니다. 그때, 울지 않을 사람이 없고 감격에 떨지 않을 사람이 없습니다. 그 기쁨 앞에 세상의 모든 자랑거리들은 그 빛을 잃고 맙니다. 학벌이나 돈이나 직장이나 재산이 아무 의미가 없어져요. 그저 내가 어떻게 이 하나님을 알게 되었는지가 놀라울 뿐입니다. 이것이 바로 복음의 영광스러운 아침입니다.

지금까지 이스라엘은 어떠했는가?

드보라의 노래는 6절에서 갑자기 분위기가 바뀝니다. 지금까지 영광스러운 하나님의 임재를 노래했던 것과 달리, 그 동안 이스라엘 백성들이 얼마나 무력하고 비참하게 살아왔는지를 고백하고 있습니다.

아낫의 아들 삼갈의 날에
또는 야엘의 날에는 대로가 비었고
행인들은 소로로 다녔도다 (5:6).

삼갈이 블레셋 사람들을 쳐죽인 이후부터 야엘이 시스라의 머리에 말뚝을 박은 이 순간까지 이스라엘 사람들은 대로로 다니지 못했습니다. 행인들은 길도 제대로 갖추어지지 못한 비밀통로로 다녔습니다. 그 이유가 무엇입니까? 대로에는 시스라의 철병거와 약탈자들이 있었기 때문입니다.

이스라엘에 관원이 그치고 그쳤더니
나 드보라가 일어났고
내가 일어나서 이스라엘의 어미가 되었도다 (5:7).

"이스라엘에 관원이 그치고 그쳤더니"라는 말을 직역하면 '이스라엘 평지에 사람이 없었다'가 됩니다. "그치고 그쳤더니"는 사람이 전혀 없었다는 뜻입니다. 사람이 전혀 없으니 거기에 무슨 관원들이 있겠으며 지도자들이 있겠습니까? 다시 말해서 이스라엘 백성들은 평지를 떠나 떠돌이 생활을 하고 있었으며 도망자 생활을 하고 있었다는 것입니다. 드보라가 일어난 때는 이처럼 이스라엘이 가장 절망적인 상황에 빠져 있던 때였습니다.

드보라는 12절에서 "깰지어다, 깰지어다, 드보라여! 깰지어다, 너는 노래할지어다!"라고 노래합니다. 물론 이것은 승리의 순간에 멍하니 있지 말고 정신을 차려서 백성들을 모아 하나님을 찬양하게 하라고 스스로 재촉하는 말로 들립니다. 그러나 그 전에도 드보라는 자기 자신에게 수없이 이 말을 했습니다. 이 승리의 순간이 오기 전에도 계속해서 "드보라여, 깨어라, 깨어라! 낙심하지 마라, 주저앉지 마라"고 수없이 되뇌었습니다. 왜 그랬을까요? 그가 말씀을 들고 일어났을 때 이스라엘 백성들의 형편이 너무나 처참해서 도저히 말씀으로 회복될 것 같지 않았기 때문입니다. 드보라 자신의 마음 속에도 자꾸 주저앉고 싶고 도망치고 싶은 유혹이 있었습니다. 그때마다 드보라는 "드보라, 정신 차려! 지금이 어느 때인데 안일한 생각을 하는 거야? 죽을 때 죽더라도 말씀으로 결판을 내야 할 것 아니야?" 하면서 자신을 일깨웠습니다.

  너무 심하게 망가져 있는 사람에게 하나님의 말씀을 전하는 것은 소 귀에 경 읽기나 다름없어 보입니다. 며칠 굶은 사람이나 병들어 누워 있는 사람을 보고 있자면 그들에게 필요한 것은 말씀이 아니라 밥이고 약이라는 생각이 끊임없이 들게 마련입니다. 그처럼 절박한 상황에서 가진 것이라고는 말씀 하나밖에 없는 여자가 할 수 있는 일이 무엇이 있었겠습니까? 아마 드보라는 자신이 부름받았다는 사실이 그 순간보다 더 후회스러웠던 적이 없었을 것입니다. 그러나 그는 끝까지 말씀의 능력을 믿었습니다.

무리가 새 신들을 택하였으므로
그때에 전쟁이 성문에 미쳤으나
이스라엘 40,000명 중에
방패와 창이 보였던고?(5:8)

이스라엘 백성들은 하나님의 말씀보다는 다른 신들을 택했습니다. 그리고 적이 바로 눈앞에 닥쳤는데도 창이나 방패를 가지고 나온 자가 이스라엘 백성 40,000명 중에 아무도 없었습니다. 즉 싸우려고 나선 사람이 아무도 없었다는 것입니다. 그들은 전부 주저앉아 있었습니다. 물론 표면적으로만 보면 그들이 그 정도로 연약했기 때문인 것 같지만 정작 중요한 이유는 그들이 '새 신들을 택했다'는 데 있었습니다.

하나님 백성의 힘은 하나님을 끝까지 붙드는 데서 나옵니다. 한번 하나님을 믿었으면 죽든지 살든지 끝까지 붙들어야 합니다. 하나님의 백성은 영적으로 깨어 있어야 합니다. 잠들면 안 돼요. 춥다고 해서 졸면 얼어 죽게 되어 있습니다. 산에서 왜 얼어 죽습니까? 졸리니까 자는 거예요. 그러니까 체온이 떨어져서 죽는 것입니다. 하나님의 백성은 아무리 졸려도 깨어 있어야 합니다. 그래야 살아남습니다.

그런데 낙심하고 있는 드보라에게 힘을 주는 일이 생겼습니다. 말씀을 듣고 자발적으로 하나님께 헌신하는 자들이 나타나기 시작한 것입니다. 이스라엘 40,000명 중에는 방패와 창을 가진 사람이 없었지만, 그래도 그 중에 드보라가 전한 말씀에 반응을 나타낸 소수의 사람들이 있었습니다.

내 마음이 이스라엘의 방백을 사모함은
그들이 백성 중에서 즐거이 헌신하였음이라.
여호와를 찬송하라!(5:9)

이스라엘 지도자들 중에는 영적으로 완전히 죽지 않은 자들이 있었습니다. 물론 그들의 숫자는 많지 않았습니다. 더욱이 강한 지파 출신들도 아니었습니다. 그들은 주로 스불론과 납달리 지파 사람들이었습니다. 그러나 이 소수의 헌신이 드보라에게 사모하는 마음을 불러일으켰습니다. 여기에서 '사모한다'는 것은 강한 소망을 가진다는 뜻입니다. 아무리 믿음의 어머니라 하더라도 혼자서는 오래 견디기 어렵습니다. 말씀을 듣고 그것이 옳은 줄 알며 드보라와 함께 하기로 자원한 자들이 있었기 때문에 이스라엘을 구원할 수 있었던 것입니다. 13절도 같은 표현입니다.

그때에 남은 귀인과
백성이 내려왔고
여호와께서 나를 위하여

용사를 치시려고 강림하셨도다.

"남은 귀인과 백성"은 그리 많지 않은 이스라엘 백성들을 가리킵니다. 그러나 이들은 하나님의 말씀에 기꺼이 헌신했습니다. 하나님께서는 드보라와 함께하셔서 그가 전한 말씀이 땅에 떨어지지 않게 하셨습니다.

흰 나귀를 탄 자들,
귀한 화문석에 앉은 자들,
길에 행하는 자들아, 선파할지어다.
활 쏘는 자의 지껄임에서 멀리 떨어진 물긷는 곳에서도
여호와의 의로우신 일을 칭술하라.
그의 이스라엘을 다스리시는 의로우신 일을 칭술하라.
그때에 여호와의 백성이
성문에 내려갔도다(5:10-11).

여기서 "흰 나귀를 탄 자들"이나 "귀한 화문석에 앉은 자들"은 귀인을 가리키고, "길에 행하는 자들"은 평민을 가리킵니다. 아마도 이들은 이번 전쟁과 상관이 없었던 지역의 백성들이었던 것 같습니다. 그들은 활 쏘는 자의 소리가 들리지 않는 우물 곁에서 한가하게 자기 양 떼를 먹이던 자들입니다. 드보라는 그들을 원망하지 않습니다. 그러나 그들도 하나님이 행하신 이 놀라운 구원을 알아야 한다고 말하고 있습니다. 왜냐하면 하나님이 행하신 일은 감출 수가 없기 때문입니다.

빛은 감추어질 수가 없습니다. 산 위에 있는 동네가 숨기울 수 없는 것처럼, 연약하지만 헌신된 자들을 통해 하신 일은 아무리 구석진 곳에서 일어난 일이라 하더라도 숨겨질 수가 없습니다. 혹시 여러분 중에 아무도 모르게 선행을 하는 분이 있습니까? 낙심하지 마십시오. 하나님께서 반드시 모든 사람에게 알리실 날이 있습니다. 왜냐하면 이것은 여러분의 일이 아니라 하나님의 일이기 때문입니다. 하나님께서는 그분만 바라보는 자를 결코 부끄럽게 만들지 않으십니다.

세상에서는 누가 수석 합격을 했느냐, 누가 어떤 성공을 했느냐가 뉴스거리가 됩니다. 고난 가운데 있는 성도들의 이야기는 뉴스거리가 아니라 조롱거리일 뿐입니다. 믿지 않는 사람들과 한자리에 모일 기회가 있을 때에도 그리스도인들은 입을 다물고 있을 때가 많습니다. 차려 준 음식이나 먹다가 오기 십상이지요. 이렇게 남들 앞에 내세울 말이 없다 보니 때로는 아예 모임 자체를 피하기도 합니다.

그러나 하나님께서는 말씀을 붙드는 자들을 그냥 내버려 두시지 않습니다. 어느 한순간 그를 들어서 사용하기 시작하십니다. 그러면 흰 나귀를 탄 자도, 화문석에 앉은 자도, 길을 가는 평범한 자도 그의 이야기를 하지 않을 수 없게 됩니다. 그의 이야기는 온 세상에

퍼져나갈 것입니다. 왜냐하면 그가 한 일보다 더 특별한 일은 없기 때문입니다.

함께한 자들과 외면한 자들

드보라는 이 영적인 싸움에 함께한 자들에게 감사를 표하고 있습니다.

> 에브라임에게서 나온 자는 아말렉에 뿌리박힌 자요
> 그 다음에 베냐민은 너희 백성 중에 섞였으며
> 마길에게서는 다스리는 자들이 내려왔고
> 스불론에게서는 대장군의 지팡이를 잡은 자가 내려왔도다.
> 잇사갈의 방백들이 드보라와 함께하니
> 잇사갈의 심사를 바락도 가졌도다.
> 그 발을 좇아 골짜기로 달려 내려가니
> 르우벤 시냇가에
> 큰 결심이 있었도다 (5:14-16).

여기에 기록된 사람들은 모두 드보라와 함께 싸운 자들입니다. 드보라는 여기에서 방백이요 대장군이라고 부르고 있지만, 사실 그들은 보잘것없는 사람들이었습니다. 그러나 그들은 이번 싸움에 기꺼이 동참했고, 따라서 이 승리의 노래를 함께 부를 자격이 있었습니다.

그 중에 에브라임 지역 사람들이 있었는데, 그들은 정상적인 이스라엘 사람들이 아니라 아말렉의 피가 섞인 자들이었습니다. 아마도 아말렉의 후손 가운데 일부가 이 싸움에 동참했던 것 같습니다. 야엘도 겐 사람으로서 이스라엘을 도왔지만, 에브라임 지역에도 그런 사람들이 있었습니다. 베냐민 지파 사람들은 독자적인 군대를 형성하지 않고 이스라엘 백성 중에 섞여 있었습니다. 이것은 그들의 인원이 많지 않았다는 뜻입니다.

마길은 므낫세 지파로서, 아마 지도자들만 몇 명 참가했던 것 같습니다. 그런데 스불론은 이 몇 명 되지 않는 므낫세 사람들의 종노릇을 톡톡히 했던 것으로 보입니다. 아마 므낫세 사람들은 몇 명 오지도 않았으면서 상관 노릇을 하려 든 것 같습니다. 그럼에도 불구하고 스불론 사람들은 기꺼이 그들을 섬겼습니다. 여기에서 '대장군의 지팡이를 잡았다'는 것은 비서 노릇이나 부관 역할을 했다는 뜻입니다. 어떤 기관에 실무를 전혀 모르는 상관이 부임하면 그 밑에 있는 사람은 자기 일도 해야 하고 그 상관도 챙겨야 하는 이중의 부담을 지게 됩니다. 스불론 지파는 아무 불평 없이 이 일을 잘 해냈습니다.

잇사갈이 드보라 편에 선 것은 아주 큰 힘이 되었습니다. '잇사갈의 심사를 바락도 가졌다'는 것은 바락도 잇사갈 사람들처럼 우직하게 무조건 드보라를 믿어 주었다는 것입니다. 이스라엘 지파 중에서 가장 우직한 지파가 잇사갈 지파입니다. 그들은 한번 믿으면 마음을 바꿀 줄 몰랐습니다. 그들은 기회주의적이지 않았습니다. 그것이 이번에 큰 힘으로 나타나게 되었습니다.

그러나 르우벤 지파는 아무것도 하지 않았습니다. "르우벤 시냇가에 큰 결심이 있었도다"라는 말을 보면, 아마 그들도 드보라의 소식을 듣고 시냇가에서 큰 결심을 했던 것 같습니다. 그러나 그것이 전부였습니다. 그들은 움직이지 않았습니다.

네가 양의 우리 가운데 앉아서
목자의 저 부는 소리를 들음은 어찜이뇨?
르우벤 시냇가에서
마음에 크게 살핌이 있도다 (5:16).

르우벤 지파는 처음에는 분명히 참가하겠다고 했습니다. 그러나 그들은 전쟁의 나팔 소리 대신 목자의 피리 부는 소리를 냈습니다. 그 이유가 무엇입니까? 마음이 흔들렸기 때문입니다. 그들은 전쟁에 참가하기보다는 양을 돌보는 일이 더 중요하다고 판단한 것입니다. 그래서 처음에 큰 소리를 한 번 내긴 냈지만, 그 후로 아무것도 하지 않았습니다.

길르앗은 요단 저편에 거하거늘
단은 배에 머무름은 어찜이뇨?
아셀은 해빈에 앉고
자기 시냇가에 거하도다 (5:17).

길르앗 사람들은 길이 멀어서 오지 못하고 단 지파는 배로 무역을 하느라고 오지 못했습니다. 또 아셀 사람들은 자신들의 편안한 삶을 망치고 싶지 않아서 오지 않았습니다. 이들은 그 나름대로 여러 가지 이유를 들어 이 영적 전쟁에 참가하지 않았습니다.

스불론은 죽음을 무릅쓰고 생명을 아끼지 아니한 백성이요
납달리도 들의 높은 곳에서 그러하도다 (5:18).

결국 전쟁의 승리는 죽음을 두려워하지 않은 스불론과 납달리에게 돌아가게 되었습니다. 그리고 우직하게 끝까지 드보라를 믿었던 바락과 잇사갈 지파에게 돌아가게 되었습니다. 그러면 르우벤이나 단이나 아셀 지파는 어떻게 되는 것입니까? 이번 전쟁에 참가하지 않았다고 해서 전쟁을 피할 수 있는 것이 아닙니다. 그들은 자기들의 싸움을 또 싸워야 했습니다. 실제로 르우벤은 길르앗 동편 땅 때문에 두고두고 전쟁을 치르게 되었습니다. 또 단은 블레셋과 싸우게 되었으며, 므낫세는 미디안 사람들의 침공을 받았습니다.

하나님의 백성이 가만히 앉아서 편안하게 살려고 들면 반드시 학대받게 되어 있습니다. 그리스도인이 세상에서 아무 어려움 없이 지내는 것이 오히려 이상한 것입니다. 밖에서는 전쟁이 한창 벌어지고 있는데 우리는 아무 일 없이 지내는 것은 정상적인 상태가 아닙니다. 그리스도인이 세상에서 가장 안전할 때는 영적으로 싸울 때입니다. 어려운 문제를 앞에 두고 하나님 앞에 매달릴 때야말로 가장 안전한 때입니다. 한번 돌이켜 보십시오. 우리 삶에 어려움이 닥쳤을 때 얼마나 하나님께 기도하고 매달렸습니까? 하나님의 말씀 한 마디 한 마디와 주위에 일어나는 일들 한 가지 한 가지에 얼마나 민감했습니까? 내 속에서 일어나는 죄성과 유혹을 얼마나 두려워했습니까?

편안해지면 자꾸 세상으로 떠내려가게 되어 있습니다. 그래서 꼭 싸워야 할 때에도 양을 돌보거나 무역을 해야 한다는 핑계로 싸움을 외면하게 됩니다. 예수님께서 유대인들에게 가르치신 비유와 너무나도 비슷하지 않습니까? 어느 나라의 왕이 성대한 잔치를 벌여놓고 사람들을 초청했습니다. 그런데 사람들마다 이 핑계 저 핑계 대면서 오지 않았습니다. 이것은 그 왕을 인정하지 않는다는 뜻입니다. 결국 그 왕이 어떻게 했습니까? 종들을 길거리로 내보내서 거지와 다리 저는 자들과 이방인들을 불러와 잔치 자리를 채웠습니다.

하나님께서 나에게 어려움을 주셨습니까? 그렇다면 반드시 거기에 반응해야 합니다. 대단한 반응을 하라는 것이 아닙니다. 내 수준에서, 내 믿음의 분량에서 책임을 지면 됩니다. 그렇게 하지 않으면 하나님 나라에서 귀한 것을 얻을 수도, 승리의 노래를 부를 수도 없습니다. 그런 사람은 이 세상에서 가진 것으로 자신을 배불릴 수밖에 없습니다.

하나님께서는 우리에게 좋은 것만 주지 않으십니다. 때때로 우리가 이해할 수 없는 악을 허용하셔서 우리 안에 있는 교만과 죄성을 보게 하시고 그분의 능력 앞에 다시 한 번 무릎 꿇게 하십니다. 그때 우리가 해야 할 일이 무엇입니까? 영혼의 잠을 자지 않는 것입니다. 편안하고 안일한 생각을 버리는 것입니다. 드보라처럼 자기 이름을 불러 가면서 스스로 흔들어 깨우는 것입니다. 잠이 쏟아진다고 해서 그대로 잠이 들면 얼어 죽을 수밖에 없습니다. 자신을 연약하게 만들지 마십시오. 이 핑계 저 핑계 대면서 주저하지 마십시오. 자신을 설득해서 하나님 앞에 나아가십시오.

나에게 생긴 어려움은 다른 사람이 풀어야 할 문제가 아닙니다. 내가 믿음으로 풀어야 할 문제입니다. 그 문제를 외면하고 도망치면 안 됩니다. 그 문제를 외면하면 고생은 고생대로 하면서도 믿음의 유익은 전혀 얻지 못하게 됩니다. 싸움을 외면하는 성도들의 특징은 긴장하지 않는 것입니다. 그런 사람들과 이야기를 나누어 보면 세상 사람들과 다를 바가 하나도 없습니다. 하나님의 뜻대로 싸우고자 하는 의지가 전혀 보이지 않습니다.

내가 모든 것을 책임질 수는 없어도 내 믿음의 분량 안에서 싸우다 보면 이 승리의 노래를 부를 날이 옵니다. 하나님이 데만에서부터, 에돔에서부터 화살보다 더 예리한 햇살을 비추며 찬란하게 등장하시는 영광스러운 복음의 아침이 옵니다. 그러므로 어둠이 아무리 계속되어도 낙심하지 마십시오. 싸움을 포기하지 않으면 한순간에 아침에 찾아올 것입니다. 그러면 모든 상황이 뒤바뀔 것입니다. 형제들과 친척들 중에 가장 불쌍했던 내가 하나님께 가장 사랑받는 자요 복받은 자로 나타날 것입니다. 그 감격은 찬송 외에는 정리할 길이 없을 정도로 크고 놀라울 것입니다. 그때 우리는 마음껏 승리의 노래를 부르며 기뻐하게 될 것입니다.

11
승리의 노래 (2)

> ……여호와여, 주의 대적은 다 이와 같이 망하게 하시고 주를 사랑하는 자
> 는 해가 힘있게 돋음 같게 하시옵소서……
>
> 사사기 5:19-31

얼마 전 신문에는 캄보디아 킬링필드의 주인공 폴 포트가 심장마비로 사망했다는 기사와 함께 그가 죽어서 침대 위에 누워 있는 사진이 실렸습니다. 킬링필드는 캄보디아가 공산화되면서 크메르 루즈 정권이 수백만 명을 학살한 일을 일컫는 말입니다. 수백만 명이 그렇게 학살당했음에도 불구하고 전 세계 사람들은 그 참혹한 실상을 바로 알지 못했습니다. 이 엄청난 사실은 거기서 살아서 도망친 한 기자의 고발로 비로소 세계에 알려졌습니다. 사실 아무리 많은 사람이 죽어도 눈으로 현장을 보지 못하면 그 비참함을 깨닫지 못하는 법입니다. 누군가 그 생생한 현장을 사진으로 찍어서 보여 주

면 그제서야 비로소 그 만행에 치를 떨면서 다시는 악한 세력과 추악한 선전에 넘어가지 않게 되는 것이지요.

드보라가 부른 승리의 노래는 두 부분으로 나눌 수 있습니다. 우리가 이미 살펴본 앞부분은 이 전쟁에 대한 총론과 같아서, 전체 내용을 개괄적으로 설명하는 내용으로 이루어져 있습니다. 반면에 오늘 살펴볼 뒷부분에서 드보라는 마치 종군기자처럼 전쟁의 구체적인 현장에 뛰어들어 그 장면을 사진처럼 생생하게 우리에게 전해 주고 있습니다.

오늘 본문은 세 부분으로 구성되어 있습니다. 첫째 부분은 하나님께서 이 전쟁에 어떻게 개입하셨는가를 다루고 있습니다. 드보라는 이스라엘 백성들이 절망하고 있었을 때 하나님이 어떻게 개입하셔서 전세를 뒤집어엎고 승리를 주셨는지 생생하게 묘사하고 있습니다. 둘째 부분에는 이방 여자 헤벨의 아내 야엘의 용기가 기록되고 있습니다. 그리고 셋째 부분에는 시스라가 죽었다는 사실을 모른 채 해가 지도록 아들의 귀환을 기다리는 늙은 어미의 불안한 심정이 묘사되고 있습니다.

오늘 본문에는 여성이 아니면 도저히 그려 낼 수 없는 섬세함이 잘 드러나 있습니다. 드보라는 언어 사용을 최대한 절제하면서도 이스라엘의 승리를 아주 실감나게 재현해 냈습니다. 고함만 지른다고 좋은 노래가 되는 것이 아닙니다. 자신의 감정을 억제하면서도 생생하게 표현할 때 사람들은 감동을 받게 되어 있습니다. 드보라는 이 노래를 통해 하나님이 승리를 주신 현장을 재구성함으로써, 모든 사람들을 그 현장 속으로 초청하고 있습니다.

운동경기를 관람하는 방식에는 두 가지가 있습니다. 어떤 사람들은 실제로 경기장에 가서 손에 땀을 쥐면서 한 순간 한 순간의 동작을 음미하는가 하면, 또 어떤 사람들은 경기가 다 끝난 후 결과만 묻기도 합니다. 저 같은 경우에도 순간 순간의 긴장을 견디기가 힘들어서 경기를 끝까지 못 볼 때가 많습니다. 그러나 정말 운동을 좋아하는 사람들은 몇 대 몇으로 이기고 졌느냐에는 별 관심이 없습니다. 그보다는 순간 순간 엎치락뒤치락하는 긴장의 묘미를 즐기지요.

그러나 전쟁은 죽고 사는 문제가 걸린 일이기 때문에 운동경기 보듯이 구경할 수가 없습니다. 그럼에도 불구하고 드보라는 할 수 있는 한 많은 백성들을 이 싸움의 현장으로 초청해 들이고 있습니다. 왜냐하면 모든 그리스도인들은 이와 비슷한 성격의 싸움을 치러야 하기 때문입니다. 하나님께서는 우리 믿는 자들에게 세상적인 힘을 주시지 않습니다. 그래서 세상 사람들이 자기들의 힘을 믿고 공격해 올 때 절망하기 쉽습니다. 하나님께서는 어려움 가운데 있는 그리스도인들을 쉽게 도와 주시지 않습니다. 직접 겪어 보지 않은 사람은 그때의 절망감과 답답함을 도저히 알 수 없을 것입니다. 그런데 어느 한순간, 에돔에서 해가 떠오르듯이 하나님이 나타나셔서 어려운 상황을 뒤집어엎고 놀라운 승리를 주실 때가 있습니다. 그때, 이런 승리의 노래가 터져 나오게 되어 있습니다.

이 드보라의 노래 가운데 나타난 승리는 모든 그리스도인들의 승리요 나의 승리입니다. 드보라는 하나님이 주신 이런 승리는 결코 잊어서는 안 된다고 믿었습니다. 그래서 찬송을 통해 그 놀라운 승리의 현장을 재구성해 놓고 그 현장에 우리를 초청하고 있습니다.

이스라엘의 두려움

우리 믿는 자들이 가장 힘든 때는, 이 세상의 어려운 상황 가운데 자신의 믿음이 전혀 소용 없는 것처럼 보일 때입니다. 세상 사람들은 무언가 가진 것도 있고 믿는 바도 있습니다. 그러나 하나님의 백성들은 아무것도 가진 것이 없습니다. 하나님께서 그 백성들을 믿음으로 살게 하시려고 아무것도 주시지 않았기 때문입니다. 이런 무방비 상태에서 세상 사람들의 공격을 받을 때 얼마나 절망스러운지 모릅니다.

> 열왕이 와서 싸울 때에
> 가나안 열왕이
> 므깃도 물가 다아낙에서 싸웠으나
> 돈을 탈취하지 못하였도다 (5:19).

"므깃도 물가 다아낙"은 이스라엘 백성들에게 영원히 잊을 수 없는 곳이었습니다. 왜냐하면 이곳에서의 전투야말로 하나님의 백성들이 이 세상에 존재할 수 있느냐, 아니면 영원히 멸망할 수밖에 없느냐를 가르는 분수령이었기 때문입니다.

가나안 열왕들은 이스라엘을 치기 위해 므깃도 물가 다아낙에 모였습니다. 하솔 왕 야빈은 왜 자기 혼자 나오지 않고 다른 가나안 왕들까지 충동질해서 함께 나온 것일까요? 이스라엘 백성들의 기를 완전히 죽여 놓기 위해서입니다. 아마도 야빈은 주위에 있는 가나안 왕들에게 "이스라엘 백성들은 완전히 무방비 상태이므로 나와 함께 가기만 하면 별 수고 없이 엄청나게 많은 전리품을 얻게 될 것"이라고 충동질했던 것 같습니다. 사실 이것은 전혀 틀린 말은 아니었습니다. 그들이 보기에 이스라엘 백성들에게는 스스로를 지킬 만한 무기나 병거가 없었습니다. 그래서 왕들은 이스라엘 백성들이 가지고 있는 것들을 자기들의 것이나 다름없이 여기고 그들을 멸망시키기 위해 함께 모였습니다.

'폼생폼사'라는 말도 있듯이 군인들은 멋 부리기를 굉장히 좋아합니다. 특히 특수부대 병사들은 군복에 붙인 여러 가지 마크와 장식들을 여자나 아이들 앞에서 자랑하기 좋아합니다. 이처럼 세상 사람들은 어떤 식으로든 자신들의 힘을 과시하고 싶어합니다. 그런데 특히 누구 앞에서 과시하고 싶어합니까? 결정적인 무기가 없는 하나님의 백성 앞에서 과시하고 싶어합니다. 사실 마귀는 하나님의 백성들을 멸망시킬 수 없습니다. 하나님의 허락 없이는 그들의 머리카락

락 하나도 건드리지 못합니다. 그러니까 어떻게 하려 듭니까? 세상의 힘있는 자들을 다 끌어모아 하나님의 백성들을 기죽이려 듭니다. 현실 앞에서 믿음이란 너무나도 무력하며, 이런 상황에서 하나님만 의지한다는 것은 미친 짓에 불과하다는 생각을 불어넣으려 듭니다.

이와 비슷한 예가 존 번연의 〈천로역정〉에 나옵니다. 믿음의 길을 가던 주인공 크리스천은 사자 두 마리가 길가에 있는 것을 보게 됩니다. 그는 너무나 겁이 난 나머지 믿음의 길을 포기하려고 했습니다. 실제로 이 사자들을 보고 믿음의 행진을 포기한 사람들도 많았습니다. 그러나 어떤 이가 그에게 그 사자들을 자세히 보라고 했습니다. 그래서 자세히 보니 발이 쇠사슬에 묶여 있었습니다. 사자들은 이빨을 드러내면서 포효하며 겁을 줄 수는 있었지만 덤벼들어서 해칠 수는 없었던 것입니다.

지금 므깃도에서 어떤 일이 일어나고 있습니까? 온 세상 왕들이 모여 이스라엘 백성들을 위협하고 있습니다. 그러나 이스라엘 백성들은 스스로를 지킬 만한 결정적인 무기가 없습니다. 그들은 마치 도살당할 양 같습니다. 언제 죽느냐가 문제일 뿐, 살아남을 가능성은 전혀 없어 보입니다.

> 그때에 군마가 빨리 달리니
> 말굽 소리는 땅을 울리도다 (5:22).

이 구절은 그때 가나안 사람들의 말발굽 소리가 이스라엘 백성들에게 얼마나 무섭게 들렸는지를 잘 묘사하고 있습니다. 마치 한국전쟁 때 북한 탱크 소리와 같습니다. 소총만 들고 있던 한국 군인들에게 북한의 탱크는 너무나도 절망적인 대상이었습니다.

이스라엘 백성들에게는 말이 없었습니다. 그들이 가나안 땅에 들어왔을 때 하나님께서 모든 말의 뒷발 힘줄을 끊으라고 명령하셨기 때문입니다. 이스라엘 백성들은 믿음으로 말의 힘줄을 다 끊어 버렸습니다. 그런데 막상 전쟁이 터지니까 말이 그렇게 아쉬울 수가 없었습니다. 가나안 사람들이 타고 질주하는 말과 병거가 얼마나 두렵게 보였는지 모릅니다.

군마가 빨리 달리는 소리는 이스라엘 백성들의 믿음을 시험하는 소리였습니다. 하나님께서는 이스라엘 백성들에게 말을 사용하지 못하게 하셨지만 실제 전쟁에서는 말이 너무나도 중요했습니다. 아마 그들은 하나님이 시키시는 대로 순진하게 따른 것을 후회했을 것입니다. 하나님께서는 이 세상에서 하나님 한 분만 의지하게 하기 위해, 모든 것을 주시는 대신 결정적인 것을 꼭 한 가지씩 빼 놓으십니다. 그런데 바로 그 한 가지가 없어서 어려움이 생길 때 하나님을 향한 원망과 분노가 일어나게 되어 있습니다. 사실 그것은 단순한 후회나 원망의 감정이 아닙니다. 거의 지옥에 갔다 오는 것과 맞먹는 불신앙의 분노입니다.

예를 들어 하나님이 믿음을 주셔서 집을 소유하지 않기로 결단했는데, 갑자기 집세가 뛰는 바람에 당장 살 곳이 없어질 수 있습니다. 믿음으로 결혼을 늦추었는데, 바로 그것 때문에 어려움이 생길 수도 있습니다. 또 믿음으로 자격증을 포기했는데, 바로 그 자격증이 없어서 원하던 직장에 못 들어가는 일도 생길 수 있습니다. 물론 그 포기한 부분 때문에 참된 신앙을 가지게 된 것은 사실입니다. 그러나 바로 그것이 없어서 결정적인 어려움을 겪을 때, 엄청난 불안과 분노가 터져 나오게 되어 있습니다. 처음에는 자기 자신의 무능함이 원망스럽게 느껴집니다. 그 다음에는 이런 일이 생기도록 내버려 두신 하나님을 향해 원망이 터져 나옵니다.

　이스라엘 백성들은 가나안 왕들과도 싸워야 했지만, 그보다 더 큰 싸움이 그들의 내부에서 일어나고 있었습니다. 그것은 이럴 때라도 끝까지 하나님 한 분만 믿고 기다려야 하느냐, 아니면 아직도 시간이 있을 때 그들 나름대로 살 길을 찾아야 하느냐 하는 싸움이었습니다. 하나님은 그들에게 말을 주지 않으셨습니다. 그런데 막상 전쟁이 터지고 나니 말이 얼마나 중요한지 모릅니다. 말을 타고 들려오는 적군의 소리가 그들의 영혼을 다 흔들어 놓고 있었습니다. 이것이 하나님의 백성들에게 가장 견디기 힘든 부분입니다.

　이스라엘 백성들이 광야를 여행할 때를 한번 생각해 보십시오. 그 많은 사람들을 광야로 데리고 간다는 것은 사실 말이 안 되는 일입니다. 한두 명도 아니고 일이십 명도 아닌, 수십만 수백만 명을 물도 없고 양식도 없는 광야로 데리고 간다는 것은 그들을 다 죽이겠다는 말과 같아요. 그런데도 하나님께서는 이스라엘 백성들을 광야로 데리고 가셨습니다. 왜 그렇게 하셨습니까? 사람이 떡으로만 사는 것이 아니요 하나님의 말씀으로 산다는 것을 경험하게 하시기 위해서였습니다. 하나님의 백성들은 눈에 보이는 것으로 사는 것이 아니라 눈에 보이지 않는 하나님의 능력을 믿는 믿음으로 삽니다. 말은 쉽지만 실제로 그런 상황에 부딪혀 보면 얼마나 어려운지 모릅니다. 내가 굶는 것은 그래도 나아요. 어린 자식들이 굶는 것을 보아야 할 때, 얼마나 하나님이 원망스럽게 느껴지는지 모릅니다.

이스라엘 백성들은 하나님만 믿고 따라가다가 한계에 부딪칠 때마다 하나님을 원망했습니다. 양식이 없어서 굶으면 원망했고, 물이 없어서 목마르면 원망했으며, 아무 무기도 없는데 적들이 공격해 오면 원망했습니다. 하나님은 그들이 하나님을 불신하고 원망한 곳의 이름을 '므리바'라고 부르셨습니다. '므리바'는 '하나님과 싸웠다'는 뜻입니다. 이스라엘 백성들이 걸어 온 길은 전부 므리바로 이어져 있었습니다. 그들은 어려움이 생길 때마다 하나님과 싸웠습니다.

제가 걸어 온 길 역시 그들이 걸었던 길과 다르지 않다는 것을 생각하면 가슴이 아픕니다. 마음 속에 '방법이 없다'는 생각이 들 때마다 저는 므리바 반석을 만들었습니다. 믿음으로 살려고 했는데 그 믿음이 통하지 않을 때마다, 믿음이 한계에 다다를 때마다 하나님을 바라보고 영광을 돌리기는커녕 나의 무능함을 탓하며 영적으로로 침체되어 하나님을 원망했습니다. 제가 살아온 길 또한 전부 므리바로 이어져 있습니다. 제가 구약 시대에 살았더라면 벌써 징계를 받아 죽었을 것입니다.

드보라는 계속해서 이렇게 노래합니다.

> 내 영혼아, 네가 힘있는 자를 밟았도다!(5:21 하).

드보라는 '내 발아, 네가 힘있는 자를 밟았도다!' 라고 노래하지 않습니다. 드보라는 지금까지 말씀과 현실의 격차 앞에서 자신의 영혼이 얼마나 흔들렸으며 두려움에 떨었는지 감추지 않았습니다. 그러나 마침내 그는 자신의 영혼을 붙들었습니다. 그의 영혼은 고개를 쳐드는 불신앙을 밟았고 하나님을 원망하는 마음을 밟았으며 가장 강한 자들을 밟았습니다.

드보라와 이스라엘 백성들은 시스라의 군대와 싸우기 전에 먼저 자신들 안에 있는 원망하는 마음, 불평하는 마음과 싸워야 했습니다. 자기들 안에서 솟구치는 그 불신앙을 밟지 못했다면 강한 자 또한 결코 밟을 수 없었을 것입니다. 이처럼 믿음은 내 속에 끊임없이 일어나는 욕심과 잡생각들을 밟고 하나님의 주권에 복종하는 것입니다.

하나님의 개입

하나님께서는 이 세상에 악한 자들이 득세할 때 바로 나서지 않으십니다. 오래 침묵하시다가 결정적인 순간에 개입해서 악한 자들을 내리치십니다.

> 별들이 하늘에서부터 싸우되
> 그 다니는 길에서 시스라와 싸웠도다.
> 기손 강은 그 무리를 표류시켰으니
> 이 기손 강은 옛 강이라.
> 내 영혼아, 네가 힘있는 자를 밟았도다!(5:20-21)

"별들이 하늘에서부터 싸우되"가 무슨 뜻입니까? 이것은 갑자기 우레와 벽력이 내리쳤다는 뜻입니다. 역사는 하늘에서부터 나타나기 시작했습니다. 이들이 전쟁할 무렵은 전혀 비가 올 만한 때가 아니었습니다. 그러니까 시스라의 군대가 마음껏 철병거를 끌고 나온 것입니다. 시스라의 군대라고 해서 바보들만 모인 것이 아닙니다. 그들 나름대로 때와 시간을 다 살펴본 후에 안전하다는 판단을 내렸기 때문에 철병거를 끌고 온 것입니다. 그런데 별들이 하늘에서 시스라와 싸우기 시작했습니다. 천둥과 벽력이 시스라의 군대만 따라다니면서 공격했습니다. 그리고 엄청난 폭우가 쏟아지는 바람에 시스라의 철병거는 모두 물에 빠지고 군대는 표류하게 되었습니다.

사람들은 군사의 수나 말의 수를 믿습니다. 그러나 하나님은 자연 자체를 종으로 부리십니다. 천둥과 벽력, 비와 바람, 모기와 파리와 개구리가 다 하나님의 부하들입니다. 하나님께는 얼마나 많은 방법들이 있는지 모릅니다. 하나님께서는 교만한 자들을 마음껏 교만하게 내버려 두신 후, 어느 한순간 자신의 능력으로 내리치십니다. 물론 그 전에도 겸손하게 하나님만 의지하며 살아온 사람들은 두려워할 필요가 없습니다. 이때야말로 구원의 날이요 승리의 순간이기 때문입니다. 그러나 믿는다고 하면서도 세상적인 방식으로 살아 온 사람들은 어려움을 겪지 않을 수 없을 것입니다. 그들이 살 수 있는 방법은 빨리 말의 힘줄을 끊고 자기의 영혼만 건지는 것입니다.

그렇다면 왜 하나님께서는 당신의 백성들이 어려움을 당하고 있는데도 바로 개입하시지 않고 최후의 순간까지 기다리시는 것일까요? 그것은 우리 안에도 바로 이런 악의 요소들이 있기 때문입니다. 우리 안에도 약한 자를 약탈하고 자기 욕심만 채우려는 본능이 있습니다. 입으로는 하나님 한 분만 의지한다고 하지만 실제로는 세상적인 방법으로 살려는 욕구가 있습니다. 말을 안 해서 그렇지 속을 들여다보면 욕심이 꽉 차 있어요. 믿지 않는 사람들이 "우리는 세상 것만 욕심내는데, 저 예수쟁이들은 천국도 욕심내고 세상도 욕심내네!" 하고 놀랄 정도입니다.

이처럼 하나님이 우리 믿는 자들을 악의 세력에 넘겨서 마음껏 우리를 괴롭히게 하시는 기간을 '악한 날'이라고 합니다. 그때 하나님을 원망하지 마십시오. 겨우 한두 해 고생에 죽는 소리를 하면서 하나님께 "저한테 이러실 수 있습니까!" 하고 따진다면, 하나님은 "너희가 그 동안 어떻게 살아왔는지 한번 생각해 봐라"고 하실 것입니다. 우리가 지금까지 얼마나 오랫동안 하나님을 대적하고 괴롭히며 세상적인 방식으로 살아왔습니까?

우리는 이런 악한 날을 통해 우리 안에 있는 악한 본성을 발견하고 치를 떨게 됩니다. 지금까지는 '사람이 살다 보면 잘못할 수도 있지'라고 생각했습니다. 그러나 그 실상을 한번 겪고 나니 어떻습니까? 악은 조금이라도 용납해서는 안 된다는 것을 깨닫습니다. 그래서 그때부터 철저하게 악과 싸우는 입장에 서게 됩니다. 악을 겪어 보지 않은 사람은 자꾸 악을 동정하려고 합니다. 그러나 악에게 한번 당해 본 사람은 절대로 악과 타협하려고 하지 않습니다. 악과 비슷하게만 보여도 타협하지 않습니다. 하나님이 원하시는 것은 바로 이렇게 분명한 태도입니다.

23절에서 드보라는 메로스 사람들에 대한 섭섭한 마음을 숨김없이 표현하고 있습니다.

여호와의 사자의 말씀에 "메로스를 저주하라.
너희가 거듭거듭 그 거민을 저주할 것은
그들이 와서 여호와를 돕지 아니하며

여호와를 도와 용사를 치지 아니함이니라" 하시도다.

메로스 거민은 납달리 땅에 살던 메로스 사람들을 가리키는 말입니다. 이스라엘 백성들이 죽을 힘을 다해 야빈의 군대와 싸울 때 그들은 구경만 했습니다. 하나님이 함께하시는 전쟁이라고 해서 무조건 쉬운 것은 아닙니다. 이스라엘 백성들은 사력을 다해 싸워야 했고, 아주 위태한 지경에 빠지기도 했던 것 같습니다. 그럴 때 메로스 사람들이 조금만 도와 주었더라면 큰 힘이 되었을 텐데 그들은 끝까지 모른 체했습니다. 자기들은 먹을 것도 못 먹고 잠도 못 자면서 목숨을 걸고 싸우고 있는데 다른 한쪽에서는 두 다리 쭉 뻗고 먹을 것 다 먹고 잘 것 다 자면서 편히 지내고 있다면 얼마나 분한 마음이 들겠습니까? '누구는 저렇게 편히 발 뻗고 자는데 우리는 왜 이런 고생을 해야 하느냐'는 생각이 들지 않겠습니까?

참된 신앙을 가진 사람들에게 가장 무서운 적은 영적인 싸움을 포기하고 세상적인 방법으로 사는 사람들입니다. 이런 자들은 믿음 때문에 고생하는 사람들을 싫어합니다. 그렇게 구차하게 살기가 싫다는 거예요. 고아원 출신이 같은 고아원 출신을 더 모르는 체하는 이유가 무엇입니까? 자신의 과거를 떠올리기가 싫기 때문입니다. 메로스 사람들은 영적인 싸움을 싫어하는 자들이었습니다. 그들은 자신들을 가나안 사람으로 여겼습니다. '우리는 가나안 사람이니까 너희들 싸움에 상관하지 않겠다'는 것입니다.

우리나라 독재정권 당시 큰 상처를 입고 미국으로 건너간 분들은 가능한 한 한국을 잊고 한국말도 쓰지 않으면서 미국인으로 살려고 애를 썼습니다. 그러나 결국 부인할 수 없는 것이 무엇입니까? 자기 안에 한국인의 피가 흐르고 있다는 사실입니다. 아무리 큰 상처를 입었어도 한국의 사정이 어렵다는 소식이 들리면 가슴이 아프고, 그 동안 모아 놓은 금괴라도 보내서 돕고 싶은 마음이 듭니다.

참된 하나님의 백성이라면 믿음 때문에 고난당하는 자들이 아무리 싫어도 끝내 외면하지는 못합니다. 물론 자기는 잘사는 것이 좋고 세상적으로 성공하는 것이 좋지요. 그러나 아무리 부인하려 해도 고난받는 하나님의 백성들을 머리에서 깨끗이 지울 수는 없습니다. 그래서 한편으로는 싫어하면서도 결국에는 그들의 어려움에 개입하지 않을 수가 없습니다.

그러나 메로스 사람들은 하나님의 백성이라고 하면서도 끝까지 이 어려움에 동참하지 않았습니다. 그들은 이스라엘 백성들의 마음을 무너뜨려서 하마터면 영적인 전쟁을 포기하게 만들 뻔한 장본인들이었습니다. 여호와의 사자는 메로스를 영원히 저주하라고 하십니다. 드보라도 거듭거듭 저주하고 또 저주하라고 합니다. 고생하지 않고 자기 잇속만 챙기는 반질반질한 그리스도인은 믿음으로 살려고 하는 사람들을 실족하게 만들기 때문입니다. 그들은 결코 하나님의 축복을 받지 못할 것입니다. 고난을 함께 받지 않으면 영광도 함께 얻지 못합니다.

하나님이 준비하신 영웅

드보라의 찬송 후반부에는 두 명의 여성이 등장합니다. 이것은 이 찬송의 절정을 이루는 부분입니다. 첫번째로 등장하는 여성은 므깃도 전쟁의 영웅 야엘입니다.

겐 사람 헤벨의 아내 야엘은
다른 여인보다 복을 받을 것이니
장막에 거한 여인보다 더욱 복을 받을 것이로다 (5:24).

야엘은 이스라엘 사람이 아니었습니다. 이드로의 후손인 겐 족속이었습니다. 겐 족속은 광야에서 줄곧 이스라엘 백성들을 따라오면서 은혜의 찌꺼기를 얻어먹은 영적 거지들이었습니다. 그런데 이번 전쟁의 최고 상급은 바로 이 겐 족속의 여자에게 돌아갔습니다.

그 이유가 무엇입니까? 표면적인 이유는 이스라엘의 장군 바락이 말씀만 붙들지 못하고 인간적으로 드보라에게 매달린 데 있습니다. 말씀만 믿고 나갔다면 바락이 시스라를 죽일 수도 있었을 것입니다. 그러나 바락은 그렇게 하지 못하고 드보라를 끌어들였습니다.

그러나 더 근본적인 이유는, 하나님께서 이방인들을 얼마나 사랑하시며 그들이 하나님 나라에서 얼마나 중요한 역할을 감당할 것인지를 보여 주시기로 미리 작정하신 데 있습니다. 하나님은 율법 한

토막, 만나 한 조각이라도 얻어먹기 위해 계속 광야 길을 따라온 겐족속을 귀히 여기셨습니다. 이스라엘 백성들이 보기에는 은혜 밖에 있는 자들이었고 축복을 구걸하는 자들이었지만, 하나님이 보실 때에는 이스라엘 정규 백성보다 훨씬 더 존귀하며 중요한 역할을 감당할 사람들이었습니다. 하나님은 야엘을 통해 이것을 보여 주고자 하신 것입니다.

예수님이 두로 지방에 가셨을 때, 한 이방인 여자가 귀신들린 딸을 고쳐 달라고 청했습니다. 그때 예수님이 자녀에게 줄 떡을 개에게 주는 자가 없다고 말씀하시자, 여자는 "주여, 옳소이다마는 개들도 제 주인의 상에서 떨어지는 부스러기를 먹나이다"(마 15:27)라고 대답했습니다. 여기에서 "개들"이란 자기 같은 이방인을 가리키는 말입니다. 아무리 이방인들이라도 그 은혜의 부스러기는 얻어먹을 수 있지 않느냐는 것입니다. 자기 딸을 고쳐 주시는 것은 은혜의 부스러기가 아니냐는 것입니다.

드보라는 야엘이 "장막에 거한 여인"보다 더 복이 있다고 말합니다. "장막에 거한 여인"은 존귀한 부인을 가리킵니다. 즉 하나님의 은혜를 받는 일에서 어느 누구보다 존귀하며 우선권이 있는 이스라엘의 부인들을 가리키는 말입니다. 이스라엘의 부인들은 누구보다 먼저 하나님께 나아갈 수 있으며 누구보다 먼저 말씀을 들을 수 있는 특권을 가지고 있었습니다. 그러나 그들은 이 특권이 얼마나 귀한 것인지 몰랐습니다. 오히려 자기들이 너무나도 영적으로만 사는 바람에 세상적인 정보에서 다른 사람들보다 뒤진다고 생각했습니다. 그래서 말씀을 듣는 데 적극적으로 나서기는커녕 세상의 부스러기를 주워먹으려고 혈안이 되어 있었습니다. 하나님께서는 이런 이스라엘 여자들의 축복을 빼앗아 이방 여자 야엘에게 주셨습니다.

드보라는 야엘이 시스라를 죽이는 장면을 상세하게 재구성하고 있습니다. 같은 여자의 입장에서 볼 때에도 야엘의 행동은 아주 침착하고 대범했습니다. 드보라는 먼저 야엘이 도망쳐 온 시스라를 잘 영접함으로써 그가 아무 의심 없이 야엘에게 몸을 의탁하게 되는 장면을 노래합니다.

> 시스라가 물을 구하매 우유를 주되
> 곧 엉긴 젖을 귀한 그릇에 담아 주었고 (5:25)

우리는 야엘의 대담함에 놀라지 않을 수 없습니다. 야엘은 물을 청하는 시스라에게 우유를 주어서, 그것도 엉긴 우유를 귀한 그릇에 담아 주어서 전혀 의심을 품지 못하게 했습니다. 야엘은 어떻게 이렇게 감쪽같이 시스라를 속일 수 있었을까요? 하나님께서 함께하셨기 때문입니다. 이럴 때는 마치 하나님께서 옆에서 무엇을 어떻게 하라고 일일이 일러 주시는 것 같습니다. 하나님은 야엘과 함께하시면서 그를 뱀처럼 지혜롭게 하셨습니다.

손으로 장막 말뚝을 잡으며

오른손에 장인의 방망이를 들고

그 방망이로 시스라를 쳐서 머리를 뚫되

곧 살쩍을 꿰뚫었도다 (5:26).

얼마나 대담한 행동입니까? 아마 직접 시스라를 죽이지 않고 그가 누워 있는 곳을 알려 주기만 했어도 야엘의 상은 적지 않았을 것입니다. 그러나 야엘은 기회를 놓치는 여자가 아니었습니다. 이스라엘을 괴롭히는 적이 자기 손에 걸려드는 것은 흔한 일이 아니라는 것을 알았습니다. 이것은 평생에 한 번 찾아올까 말까 한 기회입니다. 또 야엘이 누군가를 부르러 간 사이에 시스라가 잠이 깨어 도망이라도 친다면 또다시 이스라엘 백성들을 괴롭히게 되지 않겠습니까?

메로스 사람들은 이스라엘 백성들이 고통받는 것을 보면서도 못 본 체했지만 야엘은 말뚝을 들고 들어가 시스라의 머리를 땅에 박아 버렸습니다. 그렇다면 누가 참 이스라엘입니까? 이스라엘이 고통받는 것을 뻔히 보면서도 모른 체한 메로스 사람들입니까? 직접 관련된 일이 아닌데도 이스라엘을 위해 위험을 감수한 야엘입니까?

드보라는 이어서 시스라의 멸망을 아주 강렬하게 표현하고 있습니다.

그가 그의 발 앞에 꾸부러지며

엎드러지고 쓰러졌고

그의 발 앞에 꾸부러져 엎드러져서

그 꾸부러진 곳에 엎드러져 죽었도다 (5:27).

드보라는 그가 꾸부러지고 엎드러지고 쓰러졌다는 말을 반복하다가 "죽었도다"라는 말로 끝을 냅니다. 이것은 시스라가 야엘의 손에 죽은 것이 이스라엘 백성들에게 얼마나 엄청난 사건이었는지를 강력하게 표현한 것입니다. 예를 들어 박정희 대통령이 중정부장 김재규의 총에 죽는다는 것은 상상도 할 수 없는 일이었습니다. 누가 감히 박정희 대통령이 죽을 것이라고 생각했겠습니까? 그러나 그도 연약한 한 인간이었습니다. 그도 꾸부러지고 엎드러지고 쓰러져 죽었습니다. 도저히 총알이 들어갈 것 같지 않았던 그의 몸에도 총알이 박혔습니다.

이스라엘 백성들이 볼 때 시스라는 도저히 죽을 수 없는 절대자였습니다. 그의 머리에 말뚝이 들어갈 수 있으리라고 생각한 사람은 아무도 없었을 것입니다. 그들은 시스라가 영원히 살아서 이스라엘 백성을 괴롭힐 것이라고 생각했습니다. 그러나 그의 머리에도 말뚝을 박으니 들어갔습니다. 이스라엘 백성들은 상상도 못 했지만, 그도 꾸부러지고 엎드러지고 쓰러져 죽었습니다. 그것도 이방 여자의 발 아래 비참하게 죽었습니다.

드보라는 야엘의 존귀함을 알고 있었습니다. 그래서 야엘이 한 일을 찬양으로 재구성함으로써 그를 높이신 하나님을 찬양하며, 이스라엘의 어머니로서 이스라엘 백성 전체를 대표하여 야엘에게 감사하고 있습니다. 이방 여자 야엘은 더 이상 주인의 상에서 떨어지는 부스러기를 먹는 개가 아닙니다. 그는 이스라엘의 구원자요 하나님의 사자입니다.

시스라를 기다리는 늙은 어미

드보라의 노래는 늦은 시간까지 돌아오지 않는 아들을 초조하게 기다리는 늙은 어미의 심정을 묘사하는 데서 극치를 이룹니다.

> 시스라의 어미가 창문으로 바라보며
> 살창에서 부르짖기를
> "그의 병거가 어찌하여 더디 오는고?
> 그의 병거 바퀴가 어찌하여 더디 구는고?" 하매 (5:28)

이것은 여성이 아니면 절대로 그려 낼 수 없는 섬세한 감정의 표현입니다. 사실 시스라의 백성들이 울며 통곡하는 장면보다는 아들이 돌아오기를 초조하게 기다리는 늙은 어미의 심정으로 노래를 끝내는 편이 훨씬 더 감동적입니다.

육감적으로 불길함을 느낀 시스라의 늙은 어미는 자꾸 창밖을 내다보면서 왜 전쟁터에 나간 아들이 이제껏 돌아오지 않느냐고 소리를 지릅니다. 아마도 귀가 어두워서 소리를 더 크게 질렀는지도 모르겠습니다. 시스라의 어미는 왜 하필 오늘따라 병거 바퀴가 더디게 구르느냐고 불평합니다. "오늘 같은 날 빨리 돌아와서 이 어미의 마음을 편케 하면 좋으련만 왜 이리 오지 않느냐"면서 초조하게 기다립니다.

청중들은 머리에 말뚝이 박힌 채 야엘의 발 밑에서 비참하게 죽어 있는 시스라의 모습을 이미 보았습니다. 그러나 그 사실을 모르는 늙은 어미는 눈이 빠지게 아들을 기다리고 있습니다. 악당일수록 자기 가족은 끔찍히 생각하는 것 같습니다. 시스라는 전쟁에서 이기고 돌아올 때마다 어머니에게 먼저 문안인사를 했습니다. 그리고 전리품 중에서 가장 좋은 것을 드렸습니다. 아마 그는 죄 없는 이스라엘 백성들에게서 빼앗은 것들도 어머니에게 바쳤을 것입니다. 그러나 이제는 그 효도도 끝나고 말았습니다. 시스라의 어미는 자식이 병거를 몰고 들어오는 소리를 영원히 듣지 못할 것입니다. 지금까지 이스라엘 백성들의 가슴에 말뚝을 박았던 시스라는 이제 그 자신이 말뚝에 박힌 모습으로 자기 어미의 가슴에 영원히 말뚝을 박게 될 것입니다.

아마 똑똑한 시녀들은 그들 나름대로 시스라의 어미를 위로하려 들 것입니다.

그 지혜로운 시녀들이 대답하였겠고
그도 스스로 대답하기를
"그들이 어찌 노략물을 얻지 못하였으랴?
그것을 나누지 못하였으랴?
사람마다 한두 처녀를 얻었으리로다.
시스라는 채색옷을 노략하였으리니
그것은 수놓은 채색옷이리로다.
곧 양편에 수놓은 채색옷이니
노략한 자의 목에 꾸미리로다" 하였으리라 (5:29-30).

시스라의 늙은 어미와 시녀들은 아마도 노략질한 것이 너무 많아서 더디 오는 것이 분명하다고 스스로 위로할 것입니다. 사람마다 처녀를 한두 명씩 노략질해 오려면 얼마나 시간이 걸리겠습니까? 숨은 처녀들을 다 찾아 내야지요, 비싸게 팔아먹으려면 상처 입지 않게 곱게 잡아 와야지요, 아무래도 시간이 오래 걸리리라는 것입니다. 마치 도둑질하러 나간 형을 기다리는 동생들의 모습 같습니다. 형이 올 시간이 지났는데도 도무지 나타나지 않을 때 동생들의 마음 속에는 별의별 생각이 다 듭니다. '형이 왜 아직까지 오지 않을까? 혹시 들켜서 잡힌 건 아닐까? 총격전을 벌이다가 경찰의 총에 맞은 건 아닐까?' 그러다가 스스로 위로할 거리를 찾습니다. '아니야, 그럴 리가 없어. 우리 형이 어떤 사람인데. 산전수전 다 겪은 사람이라고. 그러니 이번에도 틀림없이 성공했을 거야. 아마 금고가 너무 커서 들고 오는 데 시간이 드는 거겠지.'

그 당시 최고의 노략물은 처녀들과 양쪽에 수놓은 채색옷이었던 것 같습니다. 처녀는 비싸게 팔아먹을 수 있었고, 채색옷은 여자들에게 인기를 끌었겠지요. 아마 노략질한 채색옷을 목에 걸고 돌아오면 그 옷을 얻으려는 여자들이 저마다 목에 매달리면서 입을 맞추었던 것 같습니다. 그러나 그들의 기대는 물거품이 되고 말 것입니다. 시스라의 병거는 결코 나타나지 않을 것이기 때문입니다.

이 노래의 결론은 31절에 나옵니다.

> 여호와여, 주의 대적은 다 이와 같이 망하게 하시고
> 주를 사랑하는 자는
> 해가 힘있게 돋음 같게 하시옵소서!

바로 이것이 드보라의 신앙고백이며 성경의 약속입니다. 하나님의 백성을 우습게 알고 무력으로 해치려 하는 자들은 결국 시스라처럼 허망하게 망할 것입니다. 그러나 하나님을 사랑하는 자는 해가 힘있게 솟음같이 떠오를 것입니다. 누가 감히 해를 막을 수 있습니까? 누가 감히 떠오르는 해를 주저앉힐 수 있습니까?

여기에서 "해"는 누구입니까? 이방 여자 야엘 같은 사람입니다. 하나님을 사랑하여 광야 저 끝에서 이 끝까지 따라오면서 말씀의 부

스러기라도 얻어먹기를 원하는 사람입니다. 이스라엘의 적에게 복수할 기회가 주어질 때 피하지 않고 정면으로 승부하는 사람입니다. 반면에 자기 힘만 믿고 하나님의 백성을 노략하려 든 시스라와 그 가족들은 머리와 가슴에 말뚝이 박힌 채 영원히 멸망할 것입니다.

이 승리의 노래가 우리들에게도 중요한 이유는 무엇입니까? 이것은 오늘 현대를 살아가는 우리들의 문제이기도 하기 때문입니다. 오늘날에도 여전히 자기 힘을 믿고 사는 자가 잘삽니다. 믿음으로 살려 하는 사람은 강한 자들의 눈에 노략물로밖에 보이지 않습니다. 그들은 하나님만 의지하고 사는 자들을 자기 밥이나 동네북으로 여겨서 심심하면 건드리려고 합니다.

그러나 사랑하는 여러분, 하나님께서 에돔의 태양처럼 떠오르실 때가 있습니다. 그때 우리는 바로 이 드보라의 노래를 부르게 될 것입니다. 결국 하나님은 살아 계시며 자기를 바라는 자를 결코 저버리지 않으신다는 것, 하나님은 이 세상에서 가장 강한 자보다 더 강한 분이시라는 것이 입증될 것이기 때문입니다. 그는 영원히 찬양받으시기에 합당한 분이십니다!

부록

차례에 따른 성경본문

1. 사사 시대의 시작 (1:1 - 21)

여호수아가 죽은 후에 이스라엘 자손이 여호와께 묻자와 가로되 "우리 중 누가 먼저 올라가서 가나안 사람과 싸우리이까?" 여호와께서 가라사대 "유다가 올라갈지니라. 보라, 내가 이 땅을 그 손에 붙였노라" 하시니라. 유다가 그 형제 시므온에게 이르되 "나의 제비뽑아 얻은 땅에 나와 함께 올라가서 가나안 사람과 싸우자. 그리하면 나도 너의 제비뽑아 얻은 땅에 함께 가리라." 이에 시므온이 그와 함께 가니라. 유다가 올라가매 여호와께서 가나안 사람과 브리스 사람을 그들의 손에 붙이신지라. 그들이 베섹에서 10,000명을 죽이고 또 베섹에서 아도니 베섹을 만나서 그와 싸워 가나안 사람과 브리스 사람을 죽이니 아도니 베섹이 도망하는지라. 그를 쫓아가서 잡아 그 수족의 엄지가락을 끊으매 아도니 베섹이 가로되 "옛적에 70 왕이 그 수족의 엄지가락을 찍히고 내 상 아래서 먹을 것을 줍더니 하나님이 나의 행한 대로 내게 갚으심이로다" 하니라. 무리가 그를 끌고 예루살렘에 이르렀더니 그가 거기서 죽었더라. 유다 자손이 예루살렘을 쳐서 취하여 칼날로 치고 성을 불살랐으며 그 후에 유다 자손이 내려가서 산지와 남방과 평지에 거한 가나안 사람과 싸웠고 유다가 또 가서 헤브론에

거한 가나안 사람을 쳐서 세새와 아히만과 달매를 죽였더라. 헤브론의
본이름은 기럇 아르바이었더라. 거기서 나아가서 드빌의 거민들을 쳤으니
드빌의 본이름은 기럇 세벨이라. 갈렙이 말하기를 "기럇 세벨을 쳐서 그것을
취하는 자에게는 내 딸 악사를 아내로 주리라" 하였더니 갈렙의 아우요
그나스의 아들인 옷니엘이 그것을 취한 고로 갈렙이 그 딸 악사를 그에게
아내로 주었더라. 악사가 출가할 때에 그에게 청하여 자기 아비에게 밭을
구하자 하고 나귀에서 내리매 갈렙이 묻되 "네가 무엇을 원하느냐?" 가로되
"내게 복을 주소서. 아버지께서 나를 남방으로 보내시니 샘물도 내게
주소서" 하매 갈렙이 윗샘과 아랫샘을 그에게 주었더라. 모세의 장인은 겐
사람이라. 그 자손이 유다 자손과 함께 종려나무 성읍에서 올라가서 아랏
남방의 유다 황무지에 이르러 그 백성 중에 거하니라. 유다가 그 형제
시므온과 함께 가서 스밧에 거한 가나안 사람을 쳐서 그곳을 진멸하였으므로
그 성읍 이름을 '호르마'라 하니라. 유다가 또 가사와 그 경내와 아스글론과
그 경내와 에그론과 그 경내를 취하였고 여호와께서 유다와 함께하신 고로
그가 산지 거민을 쫓아내었으나 골짜기의 거민들은 철병거가 있으므로
그들을 쫓아내지 못하였으며 무리가 모세의 명한 대로 헤브론을 갈렙에게
주었더니 그가 거기서 아낙의 세 아들을 쫓아내었고 베냐민 자손은
예루살렘에 거한 여부스 사람을 쫓아내지 못하였으므로 여부스 사람이
베냐민 자손과 함께 오늘날까지 예루살렘에 거하더라.

2. 타협과 공존 (1:22-36)

요셉 족속도 벧엘을 치러 올라가니 여호와께서 그와 함께하시니라. 요셉
족속이 벧엘을 정탐케 하였는데 그 성읍의 본이름은 루스라. 탐정이 그

성읍에서 한 사람의 나오는 것을 보고 그에게 이르되 "청하노니 이 성읍의 입구를 우리에게 가르치라. 그리하면 너를 선대하리라" 하매 그 사람이 성읍의 입구를 가르친지라. 이에 칼날로 그 성읍을 쳤으되 오직 그 사람과 그 가족을 놓아 보내매 그 사람이 헷 사람의 땅에 가서 성읍을 건축하고 그 이름을 '루스'라 하였더니 오늘날까지 그곳의 이름이더라. 므낫세가 벧스안과 그 향리의 거민과 다아낙과 그 향리의 거민과 돌과 그 향리의 거민과 이블르암과 그 향리의 거민과 므깃도와 그 향리의 거민들을 쫓아내지 못하매 가나안 사람이 결심하고 그 땅에 거하였더니 이스라엘이 강성한 후에야 가나안 사람에게 사역을 시켰고 다 쫓아내지 아니하였더라.
에브라임이 게셀에 거한 가나안 사람을 쫓아내지 못하매 가나안 사람이 게셀에서 그들 중에 거하였더라. 스불론은 기드론 거민과 나할롤 거민을 쫓아내지 못하였으나 가나안 사람이 그들 중에 거하여 사역을 하였더라. 아셀이 악고 거민과 시돈 거민과 알랍과 악십과 헬바와 아빅과 르홉 거민을 쫓아내지 못하고 그 땅 거민 가나안 사람 가운데 거하였으니 이는 쫓아내지 못함이었더라. 납달리가 벧세메스 거민과 벧아낫 거민을 쫓아내지 못하고 그 땅 거민 가나안 사람 가운데 거하였으나 벧세메스와 벧아낫 거민들이 그들에게 사역을 하였더라. 아모리 사람이 단 자손을 산지로 쫓아들이고 골짜기에 내려오기를 용납지 아니하고 결심하고 헤레스 산과 아얄론과 사알빔에 거하였더니 요셉 족속이 강성하매 아모리 사람이 필경은 사역을 하였으며 아모리 사람의 지계는 아그랍빔 비탈의 바위부터 그 위였더라.

3. 길갈 세대의 애통 (2:1-10)

여호와의 사자가 길갈에서부터 보김에 이르러 가로되 "내가 너희로

애굽에서 나오게 하고 인도하여 너희 열조에게 맹세한 땅으로 이끌어 왔으며
또 내가 이르기를 '내가 너희에게 세운 언약을 영원히 어기지 아니하리니
너희는 이 땅 거민과 언약을 세우지 말며 그들의 단을 헐라' 하였거늘
너희가 내 목소리를 청종치 아니하였도다. 그리 함은 어찜이뇨? 그러므로
내가 또 말하기를 '내가 그들을 너희 앞에서 쫓아내지 아니하리니 그들이
너희 옆구리에 가시가 될 것이며 그들의 신들이 너희에게 올무가 되리라'
하였노라." 여호와의 사자가 이스라엘 모든 자손에게 이 말씀을 이르매
백성이 소리를 높여 운지라. 그러므로 그곳을 이름하여 '보김'이라 하니라.
무리가 거기서 여호와께 제사를 드렸더라. 전에 여호수아가 백성을 보내매
이스라엘 자손이 각기 그 기업으로 가서 땅을 차지하였고 백성이 여호수아의
사는 날 동안과 여호수아 뒤에 생존한 장로들, 곧 여호와께서 이스라엘을
위하여 행하신 모든 큰 일을 본 자의 사는 날 동안에 여호와를 섬겼더라.
여호와의 종 눈의 아들 여호수아가 110세에 죽으매 무리가 그의 기업의 경내
에브라임 산지 가아스 산 북 딤낫 헤레스에 장사하였고 그 세대 사람도 다
그 열조에게로 돌아갔고 그 후에 일어난 다른 세대는 여호와를 알지 못하며
여호와께서 이스라엘을 위하여 행하신 일도 알지 못하였더라.

4. 어둠의 시대를 밝힌 사사들 (2:11 - 23)

이스라엘 자손이 여호와의 목전에 악을 행하여 바알들을 섬기며 애굽 땅에서
그들을 인도하여 내신 그 열조의 하나님 여호와를 버리고 다른 신, 곧 그
사방에 있는 백성의 신들을 좇아 그들에게 절하여 여호와를 진노하시게
하였으되 곧 그들이 여호와를 버리고 바알과 아스다롯을 섬겼으므로
여호와께서 이스라엘에게 진노하사 노략하는 자의 손에 붙여 그들로 노략을

당케 하시며 또 사방 모든 대적의 손에 파시매 그들이 다시는 대적을 당치
못하였으며 그들이 어디를 가든지 여호와의 손이 그들에게 재앙을 내리시매
곧 여호와께서 말씀하신 것과 같고 여호와께서 그들에게 맹세하신 것과
같아서 그들의 괴로움이 심하였더라. 여호와께서 사사를 세우사 노략하는
자의 손에서 그들을 건져 내게 하셨으나 그들이 그 사사도 청종치 아니하고
돌이켜 다른 신들을 음란하듯 좇아 그들에게 절하고 여호와의 명령을
순종하던 그 열조의 행한 길을 속히 치우쳐 떠나서 그와 같이 행치
아니하였더라. 여호와께서 그들을 위하여 사사를 세우실 때에는 그 사사와
함께하셨고 그 사사의 사는 날 동안에는 여호와께서 그들을 대적의 손에서
구원하셨으니 이는 그들이 대적에게 압박과 괴롭게 함을 받아 슬피
부르짖으므로 여호와께서 뜻을 돌이키셨음이어늘 그 사사가 죽은 후에는
그들이 돌이켜 그 열조보다 더욱 패괴하여 다른 신들을 좇아 섬겨 그들에게
절하고 그 행위와 패역한 길을 그치지 아니하였으므로 여호와께서
이스라엘에게 진노하여 이르시되 "이 백성이 내가 그 열조와 세운 언약을
어기고 나의 목소리를 청종치 아니하였은즉 나도 여호수아가 죽을 때에
남겨 둔 열국을 다시는 그들의 앞에서 하나도 쫓아내지 아니하리니 이는
이스라엘이 그 열조의 지킨 것같이 나 여호와의 도를 지켜 행하나 아니하나
그들로 시험하려 함이라" 하시니라. 그 열국을 머물러 두사 속히 쫓아내지
아니하시며 여호수아의 손에 붙이지 아니하셨음이 이를 인함이었더라.

5. 고통은 외부로부터 (3:1 - 11)

여호와께서 가나안 전쟁을 알지 못한 이스라엘을 시험하려 하시며 이스라엘
자손의 세대 중에 아직 전쟁을 알지 못하는 자에게 그것을 가르쳐 알게 하려

하사 남겨 두신 열국은 블레셋 다섯 방백과 가나안 모든 사람과 시돈 사람과
바알 헤르몬 산에서부터 하맛 어구까지 레바논 산에 거하는 히위 사람이라.
남겨 두신 이 열국으로 이스라엘을 시험하사 여호와께서 모세로 그들의
열조에게 명하신 명령들을 청종하나 알고자 하셨더라. 이스라엘 자손은
마침내 가나안 사람과 헷 사람과 아모리 사람과 브리스 사람과 히위 사람과
여부스 사람 사이에 거하여 그들의 딸들을 취하여 아내를 삼으며 자기
딸들을 그들의 아들에게 주며 또 그들의 신들을 섬겼더라. 이스라엘 자손이
여호와 목전에 악을 행하여 자기들의 하나님 여호와를 잊어버리고 바알들과
아세라들을 섬긴지라. 여호와께서 이스라엘에게 진노하사 그들을
메소보다미아 왕 구산 리사다임의 손에 파셨으므로 이스라엘 자손이 구산
리사다임을 8년을 섬겼더니 이스라엘 자손이 여호와께 부르짖으매
여호와께서 그들을 위하여 한 구원자를 세워 구원하게 하시니 그는 곧
갈렙의 아우 그나스의 아들 옷니엘이라. 여호와의 신이 그에게 임하셨으므로
그가 이스라엘 사사가 되어 나가서 싸울 때에 여호와께서 메소보다미아 왕
구산 리사다임을 그 손에 붙이시매 옷니엘의 손이 구산 리사다임을
이기니라. 그 땅이 태평한 지 40년에 그나스의 아들 옷니엘이 죽었더라.

6. 장애인 사사 에훗 (3:12 - 30)

이스라엘 자손이 또 여호와의 목전에 악을 행하니라. 이스라엘 자손이
여호와의 목전에 악을 행하므로 여호와께서 모압 왕 에글론을 강성케 하사
그들을 대적하게 하시매 에글론이 암몬과 아말렉 자손들을 모아가지고 와서
이스라엘을 쳐서 종려나무 성읍을 점령한지라. 이에 이스라엘 자손이 모압
왕 에글론을 18년을 섬기니라. 이스라엘 자손이 여호와께 부르짖으매

여호와께서 그들을 위하여 한 구원자를 세우셨으니 그는 곧 베냐민 사람
게라의 아들 왼손잡이 에훗이라. 이스라엘 자손이 그를 의탁하여 모압 왕
에글론에게 공물을 바칠 때에 에훗이 장이 한 규빗 되는 좌우에 날선 칼을
만들어 우편 다리 옷 속에 차고 공물을 모압 왕 에글론에게 바쳤는데
에글론은 심히 비둔한 자이었더라. 에훗이 공물 바치기를 마친 후에 공물을
메고 온 자들을 보내고 자기는 길갈 근처 돌 뜨는 곳에서부터 돌아와서
가로되 "왕이여, 내가 은밀한 일을 왕에게 고하려 하나이다." 왕이 명하여
"종용케 하라!" 하매 모셔 선 자들이 다 물러간지라. 에훗이 왕의 앞으로
나아가니 왕은 서늘한 다락방에 홀로 앉아 있는 중이라. 에훗이 가로되
"내가 하나님의 명을 받들어 왕에게 고할 일이 있나이다" 하매 왕이 그
좌석에서 일어나니 에훗이 왼손으로 우편 다리에서 칼을 빼어 왕의 몸을
찌르매 칼자루도 날을 따라 들어가서 그 끝이 등 뒤까지 나갔고 그가 칼을
그 몸에서 빼어내지 아니하였으므로 기름이 칼날에 엉기었더라. 에훗이
현관에 나와서 다락문들을 닫아 잠그니라. 에훗이 나간 후에 왕의 신하들이
와서 다락문이 잠겼음을 보고 가로되 "왕이 필연 다락방에서 발을
가리우신다" 하고 그들이 오래 기다려도 왕이 다락문을 열지 아니하는지라.
열쇠를 취하여 열고 본즉 자기 주가 이미 죽어 땅에 엎드러졌더라. 그들의
기다리는 동안에 에훗이 피하여 돌 뜨는 곳을 지나 스이라로 도망하니라.
그가 이르러서는 에브라임 산지에서 나팔을 불매 이스라엘 자손이 산지에서
그를 따라 내려오니 에훗이 앞서 가며 무리에게 이르되 "나를 따르라.
여호와께서 너희 대적 모압 사람을 너희의 손에 붙이셨느니라" 하매 무리가
에훗을 따라 내려가서 모압 맞은편 요단 강 나루를 잡아 지켜 한 사람도
건너지 못하게 하였고 그때에 모압 사람 10,000명 가량을 죽였으니 다

역사(力士)요 용사라. 한 사람도 피하지 못하였더라. 그 날에 모압 사람이 이스라엘의 수하에 항복하매 그 땅이 80년 동안 태평하였더라.

7. 농부 출신 사사 삼갈 (3:31)

에훗의 후에 아낫의 아들 삼갈이 사사로 있어 소 모는 막대기로 블레셋 사람 600명을 죽였고 그도 이스라엘을 구원하였더라.

8. 주부 출신 사사 드보라 (4:1 - 10)

에훗의 죽은 후에 이스라엘 자손이 또 여호와의 목전에 악을 행하매 여호와께서 하솔에 도읍한 가나안 왕 야빈의 손에 그들을 파셨는데 그 군대장관은 이방 하로셋에 거하는 시스라요 야빈 왕은 철병거 900승이 있어서 20년 동안 이스라엘 자손을 심히 학대한 고로 이스라엘 자손이 여호와께 부르짖었더라. 그때에 랍비돗의 아내 여선지 드보라가 이스라엘의 사사가 되었는데 그는 에브라임 산지 라마와 벧엘 사이 드보라의 종려나무 아래 거하였고 이스라엘 자손은 그에게 나아가 재판을 받더라. 드보라가 보내어 아비노암의 아들 바락을 납달리 게데스에서 불러다가 그에게 이르되 "이스라엘 하나님 여호와께서 이같이 명하지 아니하셨느냐? 이르시기를 '너는 납달리 자손과 스불론 자손 10,000명을 거느리고 다볼 산으로 가라. 내가 야빈의 군대 장관 시스라와 그 병거들과 그 무리를 기손 강으로 이끌어 네게 이르게 하고 그를 네 손에 붙이리라' 하셨느니라." 바락이 그에게 이르되 "당신이 나와 함께 가면 내가 가려니와 당신이 나와 함께 가지 아니하면 나는 가지 않겠노라." 가로되 "내가 반드시 너와 함께 가리라. 그러나 네가 이제 가는 일로는 영광을 얻지 못하리니 이는 여호와께서 시스라를 여인의 손에 파실 것임이니라" 하고 드보라가 일어나 바락과 함께 게데스로 가니라. 바락이 스불론과 납달리를 게데스로 부르니 10,000인이 그를 따라 올라가고 드보라도 그와 함께 올라가니라.

9. 이방 여자 야엘의 승리 (4:11 - 24)

모세의 장인 호밥의 자손 중 겐 사람 헤벨이 자기 족속을 떠나 게데스에 가까운 사아난님 상수리나무 곁에 이르러 장막을 쳤더라. 아비노암의 아들 바락이 다볼 산에 오른 것을 혹이 시스라에게 고하매 시스라가 모든 병거, 곧 철병거 900승과 자기와 함께 있는 온 군사를 이방 하로셋에서부터 기손 강으로 모은지라. 드보라가 바락에게 이르되 "일어나라! 이는 여호와께서 시스라를 네 손에 붙이신 날이라. 여호와께서 너의 앞서 행하지 아니하시느냐?" 이에 바락이 10,000명을 거느리고 다볼 산에서 내려가니 여호와께서 바락의 앞에서 시스라와 그 모든 병거와 그 온 군대를 칼날로 쳐서 패하게 하시매 시스라가 병거에서 내려 도보로 도망한지라. 바락이 그 병거들과 군대를 추격하여 이방 하로셋에 이르니 시스라의 온 군대가 다 칼에 엎드러졌고 남은 자가 없었더라. 시스라가 도보로 도망하여 겐 사람 헤벨의 아내 야엘의 장막에 이르렀으니 하솔 왕 야빈은 겐 사람 헤벨의 집과 화평이 있음이라. 야엘이 나가 시스라를 영접하며 그에게 말하되 "나의 주여, 들어오소서. 내게로 들어오시고 두려워하지 마소서" 하매 그 장막에 들어가니 야엘이 이불로 덮으니라. 시스라가 그에게 말하되 "청하노니 내게 물을 조금 마시우라. 내가 목이 마르도다" 하매 젖부대를 열어 그에게 마시우고 그를 덮으니 그가 또 가로되 "장막 문에 섰다가 만일 사람이 와서 네게 묻기를 '여기 어떤 사람이 있느냐?' 하거든 너는 '없다' 하라" 하고,

그가 곤비하여 깊이 잠든지라. 헤벨의 아내 야엘이 장막 말뚝을 취하고 손에 방망이를 들고 그에게로 가만히 가서 말뚝을 그 살쩍에 박으매 말뚝이 꿰뚫고 땅에 박히니 시스라가 기절하여 죽으니라. 바락이 시스라를 따를 때에 야엘이 나가서 그를 맞아 가로되 "오라, 내가 너의 찾는 사람을 네게 보이리라." 바락이 그에게 들어가 보니 시스라가 죽어 누웠고 말뚝은 그 살쩍에 박혔더라. 이와 같이 이 날에 하나님이 가나안 왕 야빈을 이스라엘 자손 앞에 패하게 하신지라. 이스라엘 자손의 손이 가나안 왕 야빈을 점점 더 이기어서 마침내 가나안 왕 야빈을 진멸하였더라.

10. 승리의 노래 (1) (5:1-18)
이 날에 드보라와 아비노암의 아들 바락이 노래하여 가로되

이스라엘의 두령이 그를 영솔하였고
백성이 즐거이 헌신하였으니
여호와를 찬송하라!
너희 왕들아, 들으라! 방백들아, 귀를 기울이라!
나 곧 내가 여호와를 노래할 것이요
이스라엘의 하나님 여호와를 찬송하리로다.

여호와여, 주께서 세일에서부터 나오시고
에돔 들에서부터 진행하실 때에
땅이 진동하고 하늘도 새어서
구름이 물을 내렸나이다.

산들이 여호와 앞에서 진동하니
저 시내 산도 이스라엘 하나님 여호와 앞에서 진동하였도다.

아낫의 아들 삼갈의 날에
또는 야엘의 날에는 대로가 비었고
행인들은 소로로 다녔도다.
이스라엘에 관원이 그치고 그쳤더니
나 드보라가 일어났고
내가 일어나서 이스라엘의 어미가 되었도다.
무리가 새 신들을 택하였으므로
그때에 전쟁이 성문에 미쳤으나
이스라엘 40,000명 중에 방패와 창이 보였던고?
내 마음이 이스라엘의 방백을 사모함은
그들이 백성 중에서 즐거이 헌신하였음이라.
여호와를 찬송하라!

흰 나귀를 탄 자들,
귀한 화문석에 앉은 자들,
길에 행하는 자들아, 선파할지어다.
활 쏘는 자의 지껄임에서 멀리 떨어진 물 긷는 곳에서도
여호와의 의로우신 일을 칭술하라.
그의 이스라엘을 다스리시는 의로우신 일을 칭술하라.
그때에 여호와의 백성이 성문에 내려갔도다.

깰지어다, 깰지어다, 드보라여!
깰지어다, 깰지어다, 너는 노래할지어다!
일어날지어다, 바락이여!
아비노암의 아들이여, 네 사로잡은 자를 끌고 갈지어다.

그때에 남은 귀인과 백성이 내려왔고
여호와께서 나를 위하여
용사를 치시려고 강림하셨도다.
에브라임에게서 나온 자는 아말렉에 뿌리박힌 자요
그 다음에 베냐민은 너희 백성 중에 섞였으며
마길에게서는 다스리는 자들이 내려왔고
스불론에게서는 대장군의 지팡이를 잡은 자가 내려왔도다.
잇사갈의 방백들이 드보라와 함께하니
잇사갈의 심사를 바락도 가졌도다.
그 발을 좇아 골짜기로 달려 내려가니
르우벤 시냇가에 큰 결심이 있었도다.
네가 양의 우리 가운데 앉아서
목자의 저 부는 소리를 들음은 어찜이뇨?
르우벤 시냇가에서
마음에 크게 살핌이 있도다.
길르앗은 요단 저편에 거하거늘
단은 배에 머무름은 어찜이뇨?
아셀은 해빈에 앉고

자기 시냇가에 거하도다.
스불론은 죽음을 무릅쓰고
생명을 아끼지 아니한 백성이요
납달리도 들의 높은 곳에서 그러하도다.

11. 승리의 노래 (2) (5:19 - 31)

열왕이 와서 싸울 때에
가나안 열왕이
므깃도 물가 다아낙에서 싸웠으나
돈을 탈취하지 못하였도다.
별들이 하늘에서부터 싸우되
그 다니는 길에서 시스라와 싸웠도다.
기손 강은 그 무리를 표류시켰으니
이 기손 강은 옛 강이라.
내 영혼아, 네가 힘있는 자를 밟았도다!
그때에 군마가 빨리 달리니
말굽 소리는 땅을 울리도다.
여호와의 사자의 말씀에 "메로스를 저주하라.
너희가 거듭거듭 그 거민을 저주할 것은
그들이 와서 여호와를 돕지 아니하며
여호와를 도와 용사를 치지 아니함이니라" 하시도다.

겐 사람 헤벨의 아내 야엘은

다른 여인보다 복을 받을 것이니
장막에 거한 여인보다 더욱 복을 받을 것이로다.
시스라가 물을 구하매 우유를 주되
곧 엉긴 젖을 귀한 그릇에 담아 주었고
손으로 장막 말뚝을 잡으며
오른손에 장인의 방망이를 들고
그 방망이로 시스라를 쳐서 머리를 뚫되
곧 살쩍을 꿰뚫었도다.
그가 그의 발 앞에 꾸부러지며
엎드러지고 쓰러졌고
그의 발 앞에 꾸부러져 엎드러져서
그 꾸부러진 곳에 엎드러져 죽었도다.

시스라의 어미가 창문으로 바라보며
살창에서 부르짖기를
"그의 병거가 어찌하여 더디 오는고?
그의 병거 바퀴가 어찌하여 더디 구는고?" 하매
그 지혜로운 시녀들이 대답하였겠고
그도 스스로 대답하기를
"그들이 어찌 노략물을 얻지 못하였으랴?
그것을 나누지 못하였으랴?
사람마다 한두 처녀를 얻었으리로다.
시스라는 채색옷을 노략하였으리니

그것은 수놓은 채색옷이리로다.

곧 양편에 수놓은 채색옷이리니

노략한 자의 목에 꾸미리로다" 하였으리라.

여호와여, 주의 대적은 다 이와 같이 망하게 하시고

주를 사랑하는 자는 해가 힘있게 돋음 같게 하시옵소서!

하니라. 그 땅이 40년 동안 태평하였더라.